FRECUENCIAS DIRECTO

Español comunicativo para el siglo XXI

A1 A2 B1

Libro del estudiante

Equipo **Frecuencias**

Edinumen

Hugo Roberto Wingeyer, doctor en Lingüística Aplicada, es vicedecano de la Facultad de Humanidades de la Universidad del Nordeste (Chaco, Argentina).
La profesora y escritora Eloísa Covarrubias imparte talleres de narrativa y poesía en el Instituto Sonorense de Cultura (Hermosillo, México).

ISBN - Libro del estudiante: 978-84-9179-697-8
Depósito legal: M-8247-2022

Impreso en España
Printed in Spain
0525

Coordinación pedagógica:
M.ª José Gelabert

Coordinación editorial:
Mar Menéndez, Amelia Guerrero y Carlos Oliva

Maquetación:
Juanjo López, Sara Serrano, Elena Lázaro y Carlos Casado

Diseño de portada y maqueta:
Carlos Casado y Juanjo López

Ilustraciones:
Carlos Casado

Estudio de grabación:
Producciones Activawords

Impresión:
Gráficas Glodami

Vídeos:
Serie *Hostal Babel*, creada y producida por Edinumen

Créditos fotográficos en pág. 304

Editorial Edinumen
José Celestino Mutis, 4. 28028 Madrid. España
Teléfono: (34) 91 308 51 42
Correo electrónico: edinumen@edinumen.es
www.edinumen.es

¡En Edinumen nos apasiona el español!

Desde nuestros inicios hace ya más de 30 años, nuestro objetivo ha sido siempre mejorar la experiencia del aprendizaje de español en todo el mundo. Nos enorgullece decir que el cien por cien de nuestros recursos están dedicados exclusivamente a la enseñanza y aprendizaje de español como lengua extranjera y segunda lengua.

Durante todos estos años, hemos tenido el enorme privilegio de trabajar al lado de entusiastas profesionales del español que viven y desarrollan su labor en multitud de países y, por lo tanto, representan realidades diferentes. Así, hemos constatado los cambios que se han ido produciendo y hemos afrontado juntos nuevos retos para lograr el objetivo que compartimos: que los estudiantes que deciden aprender español sean capaces de disfrutar también de un apasionante universo sociocultural y lingüístico tan completo como enriquecedor.

Este reto es hoy especialmente emocionante. Gracias al desarrollo de las nuevas tecnologías, la interacción entre culturas y personas interconectadas desde todos los lugares del mundo es permanente y se produce a un ritmo inimaginable hasta ahora. Los hablantes de español del siglo XXI son interlocutores en un universo compuesto por realidades lingüísticas y culturales muy diversas que se nutren entre sí.

En los últimos años ha habido un intento justificado de integrar en los materiales didácticos muestras de lengua que se asemejen lo más posible a los modelos reales. En este sentido, **Frecuencias DIRECTO** incorpora, por primera vez en un manual de ELE, una extensa muestra de ejemplos extraídos de las bases de datos o corpus[1] que, siempre al hilo de los contenidos tratados, ilustran variantes de carácter léxico, gramatical o comunicativo con el fin de acercar al estudiante a las diferentes realidades sociolingüísticas hispánicas.

Además, **Frecuencias DIRECTO** se ha desarrollado metodológicamente en dos ejes: el aprendizaje por contenidos y la resolución de tareas que permiten al estudiante poner en práctica los conocimientos adquiridos anteriormente, lo que favorece un aprendizaje activo y eficaz.

Por último, queremos destacar la colaboración entre **Edinumen**, especialistas en ELE, y la **Real Academia Española (RAE)** en la génesis del proyecto, así como el asesoramiento de la RAE en el uso de los corpus y su revisión final del presente trabajo. Sin su ayuda y apoyo este manual no podría haber visto la luz.

Estamos muy ilusionados de presentar este nuevo manual de ELE, que da respuesta a las necesidades de estudiantes y docentes para un aprendizaje real en el siglo XXI.

[1] Colección de textos de todos los países hispanohablantes en formato electrónico, con varios millones de palabras, que la Real Academia Española (RAE) ha codificado y clasificado y que permiten la búsqueda a través de formas, lemas, categorías gramaticales, zonas geográficas, etc.

Edinumen

Especialistas en ELE

FRECUENCIAS Español comunicativo para el siglo XXI

DIRECTO

Frecuencias DIRECTO es el nuevo curso de español que da respuesta a las necesidades de estudiantes y docentes para un aprendizaje real en el siglo XXI.

Frecuencias DIRECTO sigue las recomendaciones del *Marco común europeo de referencia para las lenguas (MCER)* y su sílabo se ha elaborado a partir del *Plan curricular del Instituto Cervantes*.

El curso favorece un aprendizaje **activo**, de manera que el conocimiento de la lengua es **real**, **significativo y adaptado** a las **necesidades** del estudiante.

Una propuesta metodológica eficaz

Frecuencias DIRECTO combina el **aprendizaje por contenidos** con la **resolución**, en una fase posterior, de **tareas** en las que el estudiante tiene que poner en funcionamiento los conocimientos adquiridos previamente. Esta combinación facilita el aprendizaje, ya que los contenidos se van presentando **de manera progresiva** a lo largo de los apartados, de modo que el estudiante, al enfrentarse a las tareas, ha adquirido ya todas las herramientas que necesita para resolverlas con éxito.

Las actividades que se presentan son **significativas social y emocionalmente**, conectan con el estudiante y lo involucran en su aprendizaje. Estas actividades aumentan la **motivación** y favorecen la asimilación de lo aprendido.

La incorporación de los corpus de la RAE: CORPES XXI y CREA

Frecuencias DIRECTO incluye una extensa muestra de **ejemplos reales** extraídos de los corpus de la RAE para mostrar usos auténticos de lengua, con **variantes** que ejemplifican la riqueza lingüística del mundo hispánico, algunas **frecuencias** de uso y **combinatoria** de palabras, así como fenómenos de carácter **gramatical o comunicativo**.

Las muestras se destacan claramente en el manual a través de cuadros estratégicamente colocados junto a los contenidos a los que hacen referencia.

> RAE
>
> GRAMÁTICA
>
> En las zonas voseantes de América, el imperativo tiene una forma propia para la persona vos *(hablá, bebé, abrí, empezá, volvé, elegí, tené, hacé, poné, vení, salí, decí…)*: ***Empezá** vos, por favor./**Comé, comé**, está muy bueno.*

Una visión global del mundo hispánico

La presencia de aspectos **culturales e interculturales** a lo largo de las actividades, así como en el apartado "Cultura", y la integración destacada de las **variantes hispánicas** facilitan la creación de una conciencia global del mundo hispánico y la adquisición de habilidades de comunicación por parte del estudiante. Todo esto le permite desenvolverse con éxito en una realidad lingüística y cultural tan compleja como la de la comunidad hispanohablante.

Un atractivo y motivador material audiovisual

Frecuencias DIRECTO presenta la serie ***Hostal Babel***, comedia de situación específicamente creada para el manual, en la que, a través de una anécdota y su resolución, se repasan los contenidos de cada unidad. La serie está protagonizada por cinco personajes de distintos países de habla hispana.

Un diseño a doble página que facilita el aprendizaje

Frecuencias DIRECTO aporta un **atractivo y moderno diseño a doble página** que permite presentar los contenidos de manera **motivadora**, **clara y ordenada**, lo que facilita el aprendizaje.

En colaboración con la Real Academia Española (RAE)

La **Real Academia Española (RAE)** es miembro de la Asociación de Academias de la Lengua Española (ASALE), que se formó en México en 1951 y que está integrada actualmente por las veintitrés academias de la lengua española existentes en el mundo (veinte en América, además de España, Filipinas y Guinea Ecuatorial).
Su objetivo es llevar a cabo una política lingüística panhispánica trabajando unidas para conseguir la integridad y el crecimiento de la lengua española.

Entre sus logros cabe destacar la publicación, en coautoría, del *Diccionario de la lengua española* a partir de su XXII edición, la *Ortografía* en sus ediciones de 1999 y 2010, y el *Diccionario panhispánico de dudas* (2005), así como la elaboración de distintas bases de datos o corpus.

Frecuencias DIRECTO es un proyecto desarrollado por **Edinumen** con la colaboración de la **Real Academia Española**. Esta colaboración se ha centrado en dos aspectos:

- por un lado, Edinumen ha tomado en consideración los corpus lingüísticos y bases de datos que la RAE ofrece, así como su conocimiento del uso del español, para el desarrollo del curso;
- por otro lado, el manual ha sido revisado por la Real Academia Española como lingüística, léxica y gramaticalmente correcto.

Los corpus: CORPES XXI y CREA

El **Corpus del Español del Siglo XXI (CORPES XXI)** es un proyecto impulsado por la Asociación de Academias de la Lengua Española (ASALE). Está formado por diferentes tipos de textos de todos los países del mundo hispánico. Reúne un conjunto de 400 millones de formas y palabras, con una distribución de un 70 % de América y un 30 % de España, que aparecen en textos producidos a partir de 2001.

El **Corpus de Referencia del Español Actual (CREA)** está diseñado para proporcionar información exhaustiva acerca de la lengua en un momento determinado de su historia y es lo suficientemente extenso para representar todas sus variedades relevantes. Se compone de una amplia variedad de textos escritos y orales, producidos en todos los países de habla hispana entre 1975 y 2004 y en los que es posible la búsqueda por formas, lemas y categorías gramaticales.

Frecuencias DIRECTO, curso de español revisado por la RAE y que incluye muestras auténticas de los corpus lingüísticos.

Estructura del libro

Frecuencias DIRECTO está compuesto por **veintidós unidades didácticas** estructuradas en ocho apartados con unos objetivos específicos:

- **presentación** de los contenidos de la unidad;
- activación de los **conocimientos previos** de los estudiantes sobre el tema;
- presentación y actividades para la adquisición de **vocabulario**;
- presentación y práctica de los **contenidos gramaticales**;
- **secuencia comunicativa** para poner en práctica los conocimientos adquiridos, a través de tareas significativas y el **desarrollo de las cuatro destrezas**;
- presentación de **contenidos culturales** relacionados con el universo hispánico;
- actividades de **vídeo** sobre la serie *Hostal Babel*, que presenta en un contexto real y cotidiano los contenidos tratados en cada unidad;
- **evaluación** de lo aprendido y reflexión sobre el aprendizaje.

Los diferentes apartados han sido pensados para que se realicen en **una o dos sesiones** de clase cada uno de ellos, dependiendo de las necesidades y la progresión específica de cada grupo de estudiantes.

Las tareas están diseñadas para trabajar en **diferentes dinámicas: de modo individual**, **en parejas**, **en grupos pequeños y todo el grupo**, fomentando de esta manera el trabajo colaborativo y el intercambio de conocimientos entre los diferentes miembros de la clase. Estas dinámicas aparecen indicadas con las siguientes etiquetas:

En parejas **En grupos pequeños** **Todo el grupo**

Frecuencias DIRECTO viene acompañado de un apéndice de **Pronunciación y ortografía** con doce fichas prácticas que trabajan el componente fonético y ortográfico y que pueden presentarse en clase según las necesidades específicas de cada grupo.

La ELEteca (extensión digital)

La **ELEteca** es una completa **plataforma *e-learning*** con funcionalidades y contenidos digitales que facilitan la enseñanza/aprendizaje de la lengua.

La ELEteca de **Frecuencias DIRECTO** ofrece **actividades interactivas** para la práctica en línea de los principales contenidos de cada apartado de las unidades, todo el **material audiovisual** del curso y una gran variedad de recursos tanto para el estudiante como para el docente.

Para entrar en la ELEteca, regístrate con el código que aparece en el interior de la cubierta en:

https://eleteca.edinumen.es/

HOSTAL *Babel*

Frecuencias DIRECTO presenta esta serie de ficción, en la que, a través del humor, se recogen los contenidos principales de cada unidad.

La acción transcurre principalmente en el **hostal Babel**, un lugar de encuentro en el que conviven cuatro estudiantes y Bea, la dueña del hostal.

El hostal Babel es un lugar divertido, familiar y con cierto toque bohemio. Un lugar ideal para vivir innumerables experiencias que acompañarán a los estudiantes a lo largo de todo el manual.

BEA

33 años, española

La dueña del hostal. Una mujer simpática, trabajadora, divertida y dinámica. Siempre de buen humor, lo mismo hace de amiga que de psicóloga o de árbitra en los conflictos que surgen en el hostal.

CARLA

24 años, argentina

Estudiante universitaria de Filosofía. Carla es una chica estudiosa, intelectual y formal. También es muy habladora y un poco "sabelotodo".

TERE

19 años, española

Estudiante de Empresariales, aunque poco amiga de las clases y muy amiga de las fiestas y la diversión. Extrovertida, simpática, dormilona y poco aplicada en sus deberes.

LEO

19 años, español

Estudia Química. Es un chico inteligente, aunque tímido, introvertido y con pocas habilidades sociales. Amante del cine fantástico, los cómics, la parapsicología y los videojuegos.

HUGO

20 años, mexicano

Estudia Veterinaria, es vegano, animalista y amante del yoga y de la vida sana. Aunque tiene algunos conflictos en el hostal, acaba entablando una gran amistad con sus compañeros.

No te pierdas ***Hostal Babel***, un lugar de encuentro para la amistad, la tolerancia y la mezcla de culturas.

Estructura de las unidades y elementos gráficos guía visual

Portada. En ella se encuentran resumidos los objetivos principales de cada unidad, así como una imagen y preguntas que introducen el tema y activan la motivación.

¿Qué sabes? Apartado con actividades para sondear los conocimientos previos de los estudiantes sobre el tema a tratar, a la vez que se anticipa el vocabulario, algunas estructuras gramaticales y elementos culturales de los apartados sucesivos.

Preguntas de motivación.

Objetivos de aprendizaje.

Dinámica recomendada para las diferentes actividades.

Cuadro de atención que sirve para resaltar o recordar los contenidos importantes.

Palabras. Secuencia de actividades de léxico que facilitan el aprendizaje del vocabulario contextualizado según el tema de la unidad. Las actividades están destinadas a que los estudiantes descubran palabras o expresiones y aprendan a combinarlas y a usarlas en contexto. Este aprendizaje se lleva a cabo a través de textos orales o escritos, imágenes, definiciones, cuadros semánticos... que permiten deducir e interpretar su significado.

En este apartado, los cuadros de la RAE constatan diferencias léxicas entre el español de España y el de América con ejemplos extraídos de los corpus.

Gramática. La gramática se presenta sistematizada a través de cuadros diseñados para facilitar su aprendizaje y de actividades de reconocimiento y práctica guiada de los contenidos tratados.

En este apartado, los cuadros de la RAE presentan información referida a cuestiones gramaticales (contraste entre el español de España y el de América, frecuencias de uso, regímenes verbales, etc.) con ejemplos extraídos de los corpus.

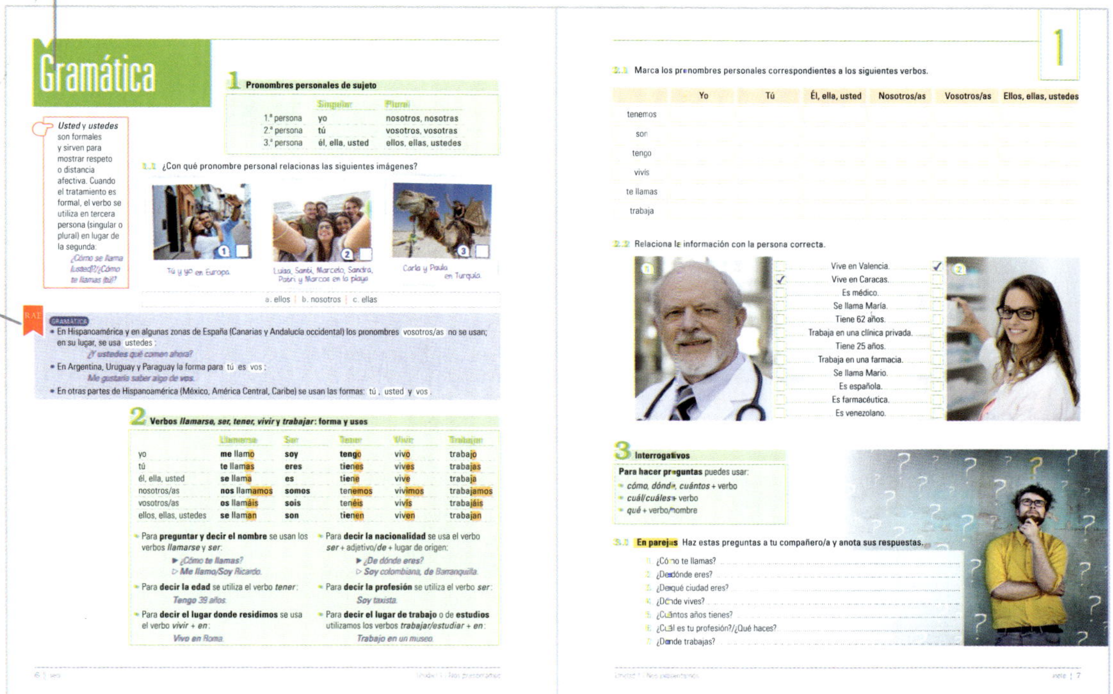

Practica en contexto. El estudiante aprende a interactuar a través de las diferentes tareas presentadas en una secuencia didáctica coherente y significativa. Mediante estas tareas el estudiante pone en práctica los conocimientos adquiridos hasta el momento con actividades de comprensión y producción orales y escritas, interactuando según las diferentes dinámicas propuestas.

Uso de elementos visuales para la realización de muchas de las actividades.

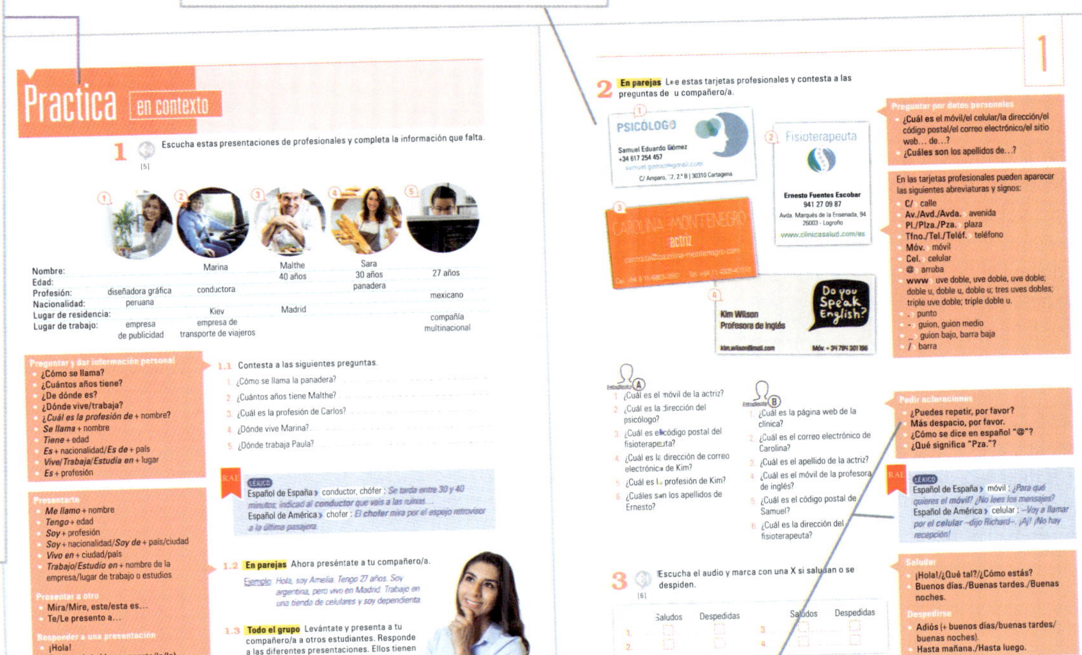

Los cuadros funcionales se presentan en el momento adecuado de la secuencia como una herramienta que el estudiante utiliza para resolver con éxito la tarea propuesta.

Cultura. Los contenidos culturales se presentan en una secuencia muy visual y dinámica en la que se tratan temas socioculturales de España e Hispanoamérica.

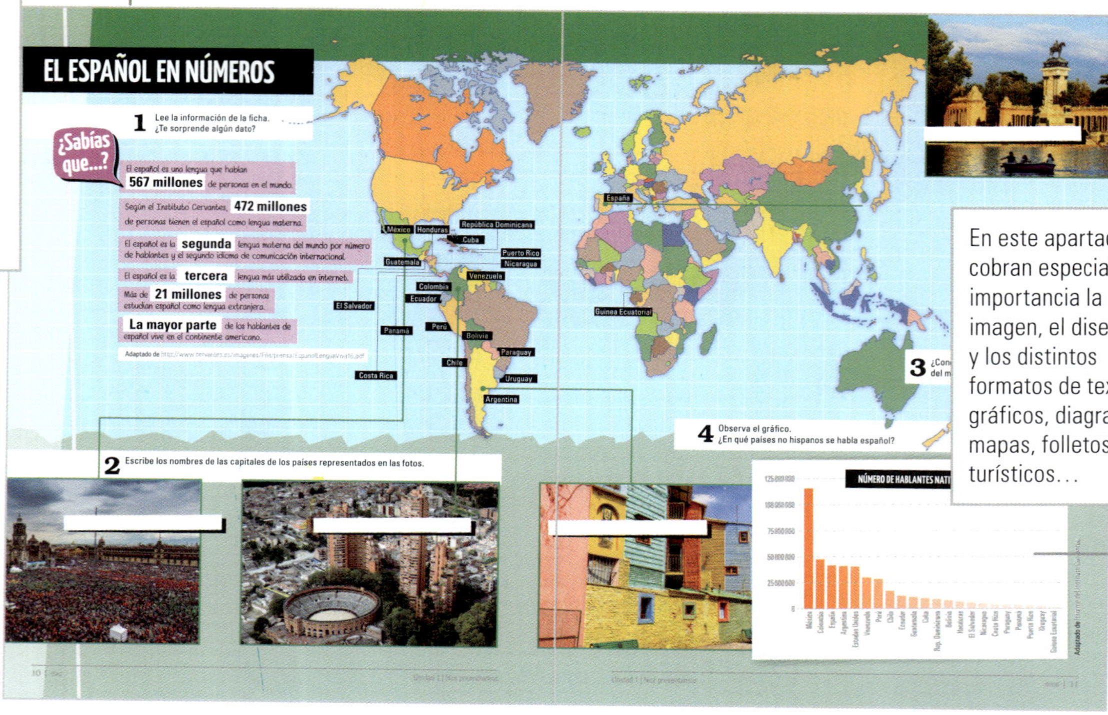

En este apartado cobran especial importancia la imagen, el diseño y los distintos formatos de texto: gráficos, diagramas, mapas, folletos turísticos...

Hostal Babel. Serie de ficción ideada para trabajar, a través del componente audiovisual, los contenidos tratados en cada unidad. Cinco personajes que conviven en un hostal para estudiantes desarrollan una relación de amistad. Con anécdotas actuales y divertidas, se van a conocer sus costumbres, su carácter y su forma de vida.

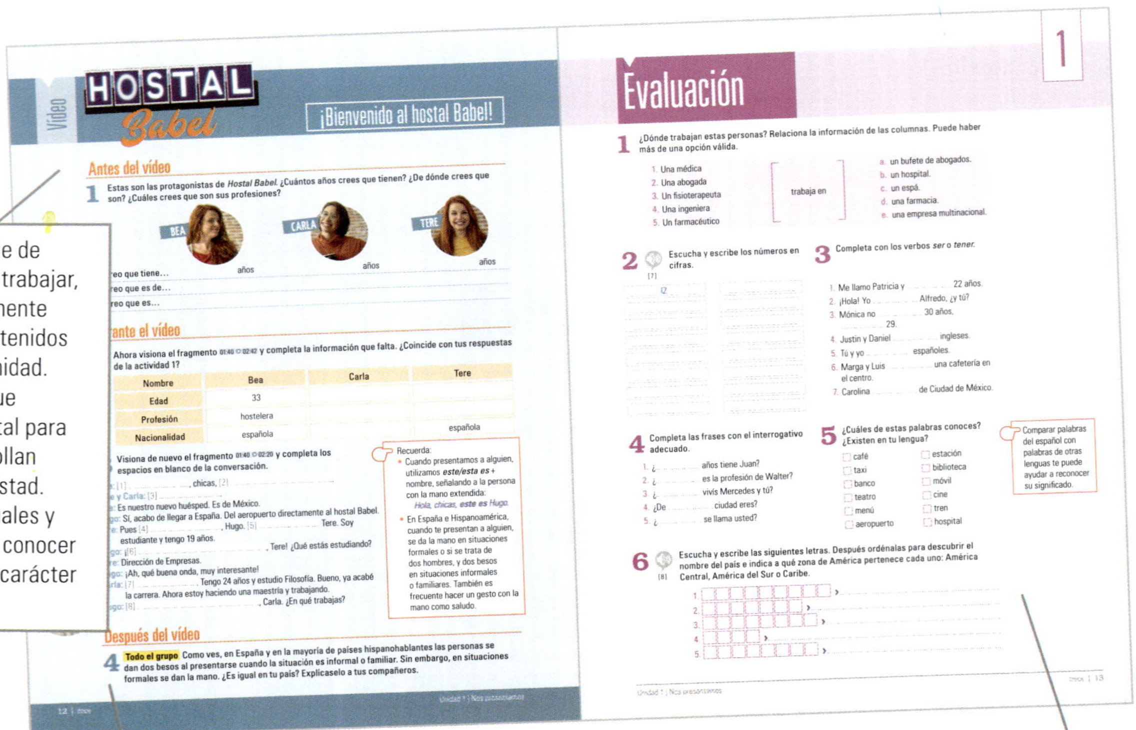

Se presentan diversas actividades para predecir, comprender y comentar la historia, así como para trabajar la comunicación no verbal.

Evaluación. Actividades para evaluar o autoevaluar lo que se ha aprendido en la unidad y que sirven para que el estudiante tome conciencia de su propio aprendizaje. Con ellas, este puede reflexionar acerca de los errores cometidos e identificar aquellos contenidos que necesite repasar.

Índice

Unidad	Comunicación	Gramática	Léxico	Tipos de texto	Técnicas y estrategias	Cultura
5 Igual que todos los días pág. 50	• Preguntar y decir la hora • Hablar de acciones habituales • Hablar de horarios, fechas y partes del día • Expresar frecuencia • Relacionar dos acciones temporalmente • Ordenar las acciones en el tiempo	• Presente de indicativo irregular: irregularidades vocálicas, primera persona irregular • Verbos reflexivos: *despertarse, vestirse...* • Preposiciones para expresar tiempo • Marcadores para ordenar las acciones: *primero, luego, después, por último*	• Acciones cotidianas • Partes del día • Días de la semana • Meses del año	• Texto personal: la agenda • Texto descriptivo: costumbres de los españoles • Texto científico: gráfico sobre los horarios **Vídeo: *Hostal Babel*** • Episodio 5: *El olor de tu café*	• Asociar palabras con un verbo para hacer combinaciones • Identificar a las personas que hablan con sus imágenes correspondientes	• Horarios españoles
6 ¡Me encanta! pág. 62	• Expresar gustos, intereses y preferencias • Expresar acuerdo y desacuerdo con los gustos de otra persona • Pedir en el restaurante • Pedir la cuenta	• Verbos *gustar, encantar, interesar* • Adverbios cuantificadores: *mucho/bastante/poco/nada* • Adverbios *también* y *tampoco*	• Actividades de ocio y tiempo libre • Comida, bebida, platos y tapas	• Texto instructivo: la carta de un restaurante y el menú del día • Texto científico: la encuesta **Vídeo: *Hostal Babel*** • Episodio 6: *Unas tapas muy ricas*	• Completar una definición a través de un esquema • Clasificar actividades a través de un texto con imágenes	• Lugares de interés en Bilbao (España) • Las tapas en España
7 Buenas intenciones pág. 74	• Hablar de planes, intenciones y proyectos • Expresar deseos • Expresar obligación y necesidad • Dar consejos y hacer sugerencias • Proponer y sugerir planes • Aceptar/rechazar una invitación • Dar una opinión y valorar • Expresar causa y finalidad	• Expresiones verbales con infinitivo: *tener que* + infinitivo; *querer* + infinitivo; *ir a* + infinitivo; *pensar* + infinitivo; *hay que* + infinitivo; *necesitar* + infinitivo • Marcadores temporales para expresar futuro: *esta tarde/noche, mañana, la semana que viene...* • Contraste *por/para*	• Excursiones, montaña, sol y playa • Lenguaje del aula • Combinaciones de palabras: verbos + nombres	• Texto descriptivo: información sobre excursiones • Texto conversacional: formas de estudiar un idioma • Texto instructivo: consejos para aprender un idioma **Vídeo: *Hostal Babel*** • Episodio 7: *Uvas y campanadas*	• Cómo rechazar una propuesta o invitación explicando la causa • Conocer diferentes estrategias de aprendizaje de una lengua	• Cuevas del Drach, Covaleda y Navaleno y parque natural Islas Cíes (España) • El parque nacional Canaima (Venezuela) • Tradiciones del Año Nuevo en México, Argentina y España
8 Cuídate pág. 86	• Hablar de enfermedades • Hablar de los estados de ánimo • Dar consejos, órdenes e instrucciones • Pedir permiso, objetos y favores • Aceptar y denegar peticiones	• Imperativo afirmativo: regular e irregular • Pronombres de objeto directo: *me, te, lo, la, te, nos, os, las*	• El cuerpo humano • Enfermedades, dolencias y síntomas • Estados de ánimo • Cambios ortográficos en los verbos que terminan en *-car, -gar, -ger, -gir, -zar*	• Texto instructivo: instrucciones en máquinas • Texto explicativo: artículo **Vídeo: *Hostal Babel*** • Episodio 8: *¿Enferma?*	• Reduplicar el imperativo para conceder permiso • Clasificar palabras por campos semánticos	• La dieta mediterránea

Unidad	Comunicación	Gramática	Léxico	Tipos de texto	Técnicas y estrategias	Cultura
9 ¡Vaya día! pág. 98	• Hablar de acciones terminadas en un tiempo no terminado • Hablar de la existencia o no de algo o de alguien • Hacer valoraciones	• Pretérito perfecto de indicativo regular e irregular • Marcadores temporales para expresar pasado reciente: *esta mañana/tarde, este año/fin de semana, nunca, alguna vez...* • Adjetivos y pronombres indefinidos	• Productos, alimentos, envases y medidas • Experiencias vitales	• Texto descriptivo: correo electrónico • Texto descriptivo: lugares insólitos • Texto explicativo: web de banco de alimentos, campaña solidaria	• Deducir acciones a través de un texto con imágenes	• Lugares insólitos de Hispanoamérica: el Salar de Uyuni, Vinicunca y los cenotes
				Vídeo: *Hostal Babel* • Episodio 9: *Cajas y cajas y cajas...*		
10 Estamos de fiesta pág. 110	• Formular buenos deseos • Proponer planes y hacer sugerencias • Hacer comparaciones • Expresar acuerdo y desacuerdo • Pedir y dar opinión y valorar • Contrargumentar o puntualizar	• Comparativos de igualdad, inferioridad y superioridad – Comparativos de superioridad irregulares: *mejor, peor, mayor, menor* • Contraste *ser/estar* • *Me parece + que/* adjetivo/adverbio de valoración	• Alimentos y bebidas • Utensilios para comer y beber • Celebraciones y fiestas • Expresiones para formular buenos deseos	• Texto descriptivo: descripción física de personas • Texto conversacional: comparación de objetos y lugares	• Aprender léxico a través de una imagen • Identificar verbos que se conjugan del mismo modo • Aprender léxico a partir de la comparación con la lengua materna	• Pirámide de los alimentos • La celebración del cumpleaños en diferentes países hispanos • La fiesta de los quince años en Hispanoamérica
				Vídeo: *Hostal Babel* • Episodio 10: *Lo importante es la tarta*		
11 Viajes con encanto pág. 122	• Narrar acciones terminadas sin relación con el presente • Describir las acciones realizadas durante un viaje • Indicar el comienzo y el final de una acción o de un recorrido • Reaccionar en una conversación	• Pretérito indefinido regular • Pretérito indefinido irregular: algunos verbos irregulares comunes • Marcadores temporales de pretérito indefinido • *Empezar + a +* infinitivo • *Desde... hasta...* • Contraste *ir/irse*	• Viajes • Alojamiento • Turismo	• Texto narrativo: blog de viajes • Texto conversacional: WhatsApp • Texto narrativo: la anécdota	• La tilde para diferenciar formas verbales • Formular preguntas para propiciar y facilitar la conversación	• Turismo en España, Cuba, Colombia y Guanajuato • La isla de Pascua: la leyenda de los moáis
				Vídeo: *Hostal Babel* • Episodio 11: *Fotos y más fotos*		
12 Hemos conectado pág. 134	• Narrar acciones terminadas relacionadas con el presente • Hablar de experiencias vividas o no • Hablar de conocimientos y habilidades • Expresar negación • Interpretar y elaborar un gráfico	• Pretérito perfecto regular e irregular • Contraste *ya/todavía no, aún no* • Contraste *conocer/saber* • Negación: *nunca, jamás, tampoco, nadie...* – Doble negación: *No... nunca, ni... ni...*	• Internet y las nuevas tecnologías • Palabras polisémicas • Experiencias vitales • Decimales	• Texto conversacional: encuesta sobre el uso de las redes sociales • Texto descriptivo: experiencias vitales • Texto gráfico: uso de internet • Texto conversacional: Whatsapp	• Aprender el léxico sobre las nuevas tecnologías a través de iconos • Recursos para aprender español en la red • Traducir a la lengua materna para comparar con la lengua meta	• Voluntariado digital: Campus Solidario de UNIR, Conéct@te y Tecnológico de Monterrey
				Vídeo: *Hostal Babel* • Episodio 12: *Un mensaje que dice: "Error"*		

	Comunicación	Gramática	Léxico	Tipos de texto	Técnicas y estrategias	Cultura
13 Vivencias pág. 146	• Hablar de sucesos, hechos y acciones del pasado situándolos en el tiempo • Contar anécdotas: iniciar el relato, mostrar interés y reaccionar a lo largo del mismo • Escribir una biografía	• Pretérito indefinido irregular: verbos con irregularidad en la tercera persona • Marcadores temporales de pretérito indefinido • Contraste pretéritos perfecto/indefinido • Contraste *ya/todavía no, aún no* (repaso)	• Léxico para contar anécdotas • Inventos e inventores • Actividades cotidianas • Léxico para hacer una reseña biográfica	• Texto narrativo: biografía y anécdotas • Texto conversacional: mensajes de voz entre amigos • Instagram **Vídeo: *Hostal Babel*** • Episodio 13: *Hostal Mabel*	• Leer las instrucciones, la tarea a realizar o tomar notas durante un audio para facilitar la comprensión del texto oral • Reaccionar ante el interlocutor	• Malentendidos culturales • Biografía de Salvador Dalí, Chavela Vargas y Celia Cruz • La Habana (Cuba)
14 ¿Cómo era antes? pág. 158	• Hablar del tiempo atmosférico • Hablar de acciones habituales en el pasado • Narrar y describir en pasado • Expresar acciones anteriores, posteriores o simultáneas a otras	• Pretérito imperfecto regular e irregular • Marcadores temporales de pretérito imperfecto • Contraste pretéritos imperfecto/perfecto/indefinido • Verbos *llover, nevar, hacer frío...* • Pretérito pluscuamperfecto • Marcadores temporales para relacionar dos acciones	• Secciones del periódico • Tiempo atmosférico • Puntos cardinales • Estaciones del año	• Texto expositivo: artículo, la vida de Amy Craton • Texto descriptivo: artículo, *Así era la vida antes de internet* • Texto informativo: artículo, escuela de niños de Exeter, en Inglaterra **Vídeo: *Hostal Babel*** • Episodio 14: *Tarde de lluvia*	• Deducir el nombre de las secciones de un periódico a través de las imágenes • Hacer uso de los titulares de un periódico o revista para conocer y escribir una noticia	• España y sus comunidades autónomas: lenguas oficiales y algunos monumentos representativos
15 Dentro de 50 años pág. 170	• Hablar del futuro • Hacer planes • Hacer predicciones, suposiciones e hipótesis • Hacer promesas • Hablar de acciones futuras que dependen de una condición	• Futuro simple regular e irregular • Usos del futuro simple • Marcadores temporales de futuro • Otras estructuras para expresar futuro: presente de indicativo, *ir a/pensar/querer* + infinitivo • *Si* + presente de indicativo + futuro simple	• Ecología y medioambiente • Reciclaje • Economía lineal y circular • Tipos de energía	• Texto informativo: artículo, el modelo económico actual • Texto argumentativo: artículo, opinión de ciencia • Texto explicativo: – artículo, certamen cinematográfico **Vídeo: *Hostal Babel*** • Episodio 15: *Dentro de mil años*	• Aprender formas verbales y marcadores temporales rentables para hablar del futuro • Analizar una infografía para obtener información	• El punto limpio • Economía lineal vs. economía circular • Festival Internacional de Cine de San Sebastián
16 En línea pág. 182	• Dar órdenes, instrucciones y consejos • Expresar obligación • Expresar posibilidad o capacidad • Pedir, conceder o denegar permiso • Hacer peticiones	• Imperativo afirmativo y negativo regular e irregular • Usos del imperativo • Posición de los pronombres objeto con el imperativo • *Deber* + infinitivo • *Tener que* + infinitivo • *Poder* + infinitivo	• Internet y la publicidad • Compras en línea	• Texto instructivo: – Anuncios publicitaros en internet – Cómo hacer una buena compra por internet **Vídeo: *Hostal Babel*** • Episodio 16: *Lámparas* online	• Recursos para aprender las palabras relacionadas con la publicidad y las compras en línea	• Plataformas de compra en línea: Amazon, eBay, Zalando • La publicidad de los años 80 en España

Apéndices

Libro del estudiante

Niveles

A1 A2 B1

Unidad

1 Nos presentamos

¿Cómo se dice *hola* en tu lengua? ¿Y *buenos días*?

En esta unidad vas a...

- Saludar y despedirte
- Presentarte y presentar a otra persona
- Identificarte: nacionalidad, profesión, edad...
- Deletrear palabras
- Conocer la importancia del español en el mundo

¿Qué sabes?

1 **Todo el grupo** ¿Sabes qué significan estas frases?

¿Cómo se dice en español *laptop*?

Yo me llamo Andrea, ¿y tú cómo te llamas?

¿Cuál es tu profesión?

No trabajo, soy estudiante.

¿Y vosotras de dónde sois?

Yo soy italiana, pero vivo en Suiza. Ella es de Francia.

2 [1] Escucha las letras del abecedario y repite.

ABeCeDario

Aa	a	Gg	ge	Mm	eme	Qq	cu	Vv	uve
Bb	be	Hh	hache	Nn	ene	Rr	erre	Ww	uve doble
Cc	ce	Ii	i	Ññ	eñe	Ss	ese	Xx	equis
Dd	de	Jj	jota	Oo	o	Tt	te	Yy	i griega
Ee	e	Kk	ka	Pp	pe	Uu	u	Zz	zeta
Ff	efe	Ll	ele						

RAE

LÉXICO

En el español de América hay letras que tienen otros nombres:

- b › *be alta* o *be larga*.
- v › *ve, ve baja, ve corta* o *ve chica*.
- w › *ve doble, doble ve*. En México y en algunos países de Centroamérica, *doble u*.
- y › *ye*.

2.1 [2] Escucha el audio y completa los nombres. Luego deletrea tu nombre.

1. _ H _ _ _ _
2. _ _ _ I _
3. K _ _ _ _
4. _ _ _ _ _ A
5. M _ _ _ _ _
6. _ _ _ W _

3 **En parejas** Deletrea el nombre del país con el que relacionas cada imagen.

1 

2 

3 

4 

3.1 **Todo el grupo** Y tú, ¿de dónde eres? ¿Cómo se deletrea? Busca una foto de tu país y enséñala en clase.

Palabras

1 [3] Estos son los números en español del 0 al 111. Escucha y repite.

Los números

0	cero	11	once	22	veint**i**dós	40	cuarenta
1	uno	12	doce	23	veint**i**trés	44	cuarenta **y** cuatro
2	dos	13	trece	24	veint**i**cuatro	50	cincuenta
3	tres	14	catorce	25	veint**i**cinco	60	sesenta
4	cuatro	15	quince	26	veint**i**séis	70	setenta
5	cinco	16	diec**i**séis	27	veint**i**siete	80	ochenta
6	seis	17	diec**i**siete	28	veint**i**ocho	90	noventa
7	siete	18	diec**i**ocho	29	veint**i**nueve	100	cien
8	ocho	19	diec**i**nueve	30	treinta	101	**ciento** uno
9	nueve	20	veinte	31	treinta **y** uno	102	**ciento** dos
10	diez	21	veint**i**uno	32	treinta **y** dos	111	**ciento** once

1.1 [4] Marca cuál de los dos números oyes en cada diálogo.

1. 67 77
2. 2 12
3. 3 13
4. 2 12
5. 60 70
6. 50 15

2 Observa los nombres de estos países y sus gentilicios (nacionalidades) y deduce la información que falta.

País	Masculino singular	Femenino singular	Masculino plural	Femenino plural
Alemania	alem**án**	alem**ana**	aleman**es**	aleman**as**
Argentina	argentin**o**	argentin**a**	argentino**s**	argentina**s**
Brasil		brasil**eña**	brasileño**s**	
Canadá	canad**iense**	canad**iense**	canadiense**s**	canadiense**s**
Dinamarca	dan**és**	dan**esa**	danes**es**	
Estados Unidos		estadounid**ense**		
Marruecos		marroq**uí**	marroquí**es**	
Perú			peruano**s**	
Puerto Rico	puertorriqu**eño**	puertorriqu**eña**		

2.1 Clasifica las nacionalidades según su terminación.

-o/-a	-és/-esa	-ano/-ana	-eño/-eña	-án/-ana	-ense	-iense	-í
argentin**o/a**				alem**án/ana**			

2.2 **En parejas** Piensa en cinco países más y díselos a tu compañero/a. Él/ella responde con el gentilicio (nacionalidad) correspondiente. Puedes consultar el diccionario.

3 **En parejas** ¿Dónde trabajan estas personas? Relaciona las imágenes con las profesiones. Recuerda que, en algunos casos, hay más de una opción válida.

médico/a | recepcionista | camarero/a | cocinero/a | abogado/a
ingeniero/a | enfermero/a | profesor/a | taxista | dependiente/a

cafetería

escuela

tienda

restaurante

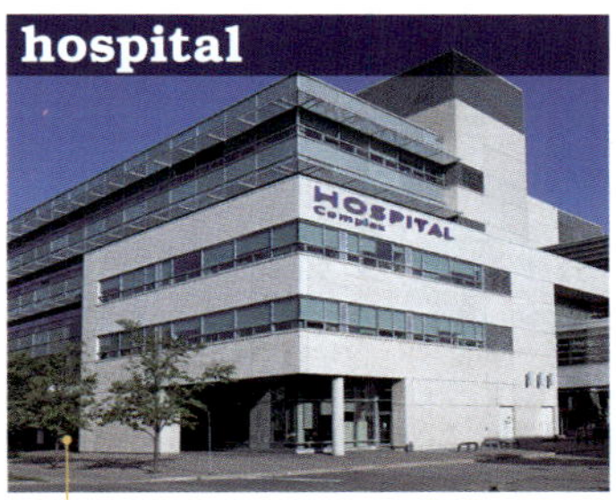

hospital

hotel

empresa

taxi

Relacionar imágenes con palabras te ayuda a aprender vocabulario.

3.1 **En parejas** Piensa en otras profesiones y díselas a tu compañero/a. Debe escribir dónde trabajan.

Ejemplo: *piloto - en un avión*

RAE

LÉXICO

Español de España › camarero/a: *Oiga, por favor, **camarero**, ¿me puede dar un poco de sal?*
Español de América › mesero/a, mozo/a: *El **mesero** se marcha y diez minutos después regresa con un vaso…*

Gramática

> *Usted* y *ustedes* son formales y sirven para mostrar respeto o distancia afectiva. Cuando el tratamiento es formal, el verbo se utiliza en tercera persona (singular o plural) en lugar de la segunda:
>
> *¿Cómo se llama (usted)?/¿Cómo te llamas (tú)?*

1 Pronombres personales de sujeto

	Singular	Plural
1.ª persona	yo	nosotros, nosotras
2.ª persona	tú	vosotros, vosotras
3.ª persona	él, ella, usted	ellos, ellas, ustedes

1.1 ¿Con qué pronombre personal relacionas las siguientes imágenes?

Tú y yo en Europa.

Luisa, Santi, Marcelo, Sandra, Patri y Marcos en la playa

Carla y Paula en Turquía.

a. ellos | **b.** nosotros | **c.** ellas

RAE

GRAMÁTICA

- En Hispanoamérica y en algunas zonas de España (Canarias y Andalucía occidental) los pronombres vosotros/as no se usan; en su lugar, se usa ustedes:
  *¿Y **ustedes** qué comen ahora?*
- En Argentina, Uruguay y Paraguay la forma para tú es vos:
  *Me gustaría saber algo de **vos**.*
- En otras partes de Hispanoamérica (México, América Central, Caribe) se usan las formas: tú, usted y vos.

2 Verbos *llamarse, ser, tener, vivir* y *trabajar*: forma y usos

	Llamarse	Ser	Tener	Vivir	Trabajar
yo	**me** llamo	**soy**	**tengo**	vivo	trabajo
tú	**te** llamas	**eres**	tienes	vives	trabajas
él, ella, usted	**se** llama	**es**	tiene	vive	trabaja
nosotros/as	**nos** llamamos	**somos**	tenemos	vivimos	trabajamos
vosotros/as	**os** llamáis	**sois**	tenéis	vivís	trabajáis
ellos, ellas, ustedes	**se** llaman	**son**	tienen	viven	trabajan

- Para **preguntar y decir el nombre** se usan los verbos *llamarse* y *ser*:
  ▶ *¿Cómo **te llamas**?*
  ▷ ***Me llamo/Soy** Ricardo.*
- Para **decir la edad** se utiliza el verbo *tener*:
  Tengo 39 años.
- Para **decir el lugar donde residimos** se usa el verbo *vivir* + *en*:
  Vivo en Roma.
- Para **decir la nacionalidad** se usa el verbo *ser* + adjetivo/*de* + lugar de origen:
  ▶ *¿**De** dónde **eres**?*
  ▷ ***Soy** colombiana, **de** Barranquilla.*
- Para **decir la profesión** se utiliza el verbo *ser*:
  ***Soy** taxista.*
- Para **decir el lugar de trabajo** o de **estudios** utilizamos los verbos *trabajar/estudiar* + *en*:
  *Trabajo **en** un museo.*

2.1 Marca los pronombres personales correspondientes a los siguientes verbos.

	Yo	Tú	Él, ella, usted	Nosotros/as	Vosotros/as	Ellos, ellas, ustedes
tenemos						
son						
tengo						
vivís						
te llamas						
trabaja						

2.2 Relaciona la información con la persona correcta.

1

1		2
☐	Vive en Valencia.	✓
✓	Vive en Caracas.	☐
☐	Es médico.	☐
☐	Se llama María.	☐
☐	Tiene 62 años.	☐
☐	Trabaja en una clínica privada.	☐
☐	Tiene 25 años.	☐
☐	Trabaja en una farmacia.	☐
☐	Se llama Mario.	☐
☐	Es española.	☐
☐	Es farmacéutica.	☐
☐	Es venezolano.	☐

2

3 Interrogativos

Para hacer preguntas puedes usar:

- ***cómo, dónde, cuántos*** + verbo
- ***cuál/cuáles*** + verbo
- ***qué*** + verbo/nombre

3.1 **En parejas** Haz estas preguntas a tu compañero/a y anota sus respuestas.

1. ¿Cómo te llamas? ....
2. ¿De dónde eres? ....
3. ¿De qué ciudad eres? ....
4. ¿Dónde vives? ....
5. ¿Cuántos años tienes? ....
6. ¿Cuál es tu profesión?/¿Qué haces? ....
7. ¿Dónde trabajas? ....

Practica en contexto

1 [5] Escucha estas presentaciones de profesionales y completa la información que falta.

	1	2	3	4	5
Nombre:		Marina	Malthe	Sara	
Edad:			40 años	30 años	27 años
Profesión:	diseñadora gráfica	conductora		panadera	
Nacionalidad:	peruana				mexicano
Lugar de residencia:		Kiev	Madrid		
Lugar de trabajo:	empresa de publicidad	empresa de transporte de viajeros			compañía multinacional

Preguntar y dar información personal
- ¿Cómo se llama?
- ¿Cuántos años tiene?
- ¿De dónde es?
- ¿Dónde vive/trabaja?
- ***¿Cuál es la profesión de*** + nombre?
- ***Se llama*** + nombre
- ***Tiene*** + edad
- ***Es*** + nacionalidad/***Es de*** + país
- ***Vive/Trabaja/Estudia en*** + lugar
- ***Es*** + profesión

1.1 Contesta a las siguientes preguntas.

1. ¿Cómo se llama la panadera? ....
2. ¿Cuántos años tiene Malthe? ....
3. ¿Cuál es la profesión de Carlos? ....
4. ¿Dónde vive Marina? ....
5. ¿Dónde trabaja Paula? ....

RAE

LÉXICO

Español de España › conductor, chófer : *Se tarda entre 30 y 40 minutos; indicad al **conductor** que vais a las ruinas...*

Español de América › chofer : *El **chofer** mira por el espejo retrovisor a la última pasajera.*

Presentarte
- ***Me llamo*** + nombre
- ***Tengo*** + edad
- ***Soy*** + profesión
- ***Soy*** + nacionalidad/***Soy de*** + país/ciudad
- ***Vivo en*** + ciudad/país
- ***Trabajo/Estudio en*** + nombre de la empresa/lugar de trabajo o estudios

Presentar a otro
- Mira/Mire, este/esta es...
- Te/Le presento a...

Responder a una presentación
- ¡Hola!
- Encantado/a (de conocerte/lo/la).
- Mucho gusto.

1.2 **En parejas** Ahora preséntate a tu compañero/a.

Ejemplo: *Hola, soy Amelia. Tengo 27 años. Soy argentina, pero vivo en Madrid. Trabajo en una tienda de celulares y soy dependienta.*

1.3 **Todo el grupo** Levántate y presenta a tu compañero/a a otros estudiantes. Responde a las diferentes presentaciones. Ellos tienen que saludar y responder al saludo.

2 **En parejas** Lee estas tarjetas profesionales y contesta a las preguntas de tu compañero/a.

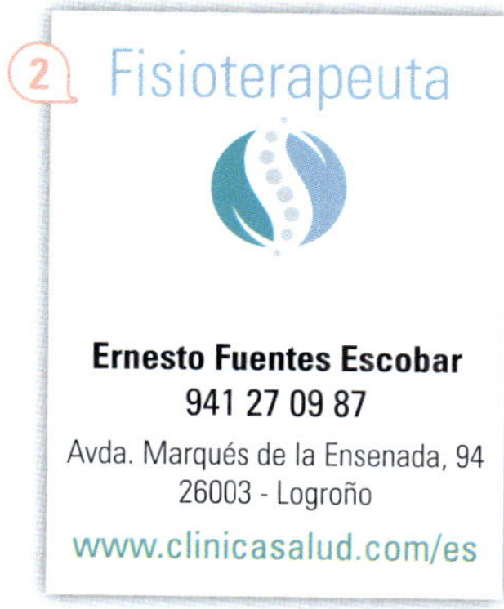

Estudiante A

1. ¿Cuál es el móvil de la actriz?
2. ¿Cuál es la dirección del psicólogo?
3. ¿Cuál es el código postal del fisioterapeuta?
4. ¿Cuál es la dirección de correo electrónico de Kim?
5. ¿Cuál es la profesión de Kim?
6. ¿Cuáles son los apellidos de Ernesto?

Estudiante B

1. ¿Cuál es la página web de la clínica?
2. ¿Cuál es el correo electrónico de Carolina?
3. ¿Cuál es el apellido de la actriz?
4. ¿Cuál es el móvil de la profesora de inglés?
5. ¿Cuál es el código postal de Samuel?
6. ¿Cuál es la dirección del fisioterapeuta?

Preguntar por datos personales

- **¿Cuál es** el móvil/el celular/la dirección/el código postal/el correo electrónico/el sitio web… de…?
- **¿Cuáles son** los apellidos de…?

En las tarjetas profesionales pueden aparecer las siguientes abreviaturas y signos:

- **C/** › calle
- **Av./Avd./Avda.** › avenida
- **Pl./Plza./Pza.** › plaza
- **Tfno./Tel./Teléf.** › teléfono
- **Móv.** › móvil
- **Cel.** › celular
- **@** › arroba
- **www** › uve doble, uve doble, uve doble; doble u, doble u, doble u; tres uves dobles; triple uve doble; triple doble u.
- **.** › punto
- **-** › guion, guion medio
- **_** › guion bajo, barra baja
- **/** › barra

Pedir aclaraciones

- ¿Puedes repetir, por favor?
- Más despacio, por favor.
- ¿Cómo se dice en español "@"?
- ¿Qué significa *Pza.*?

RAE

LÉXICO

Español de España › **móvil**: *¿Para qué quieres el **móvil**? ¿No lees los mensajes?*
Español de América › **celular**: *–Voy a llamar por el **celular** –dijo Richard–. ¡Aj! ¡No hay recepción!*

3 Escucha el audio y marca con una X si saludan o se despiden.

[6]

	Saludos	Despedidas		Saludos	Despedidas
1.	☐	☐	3.	☐	☐
2.	☐	☐	4.	☐	☐

Saludar

- ¡Hola!/¿Qué tal?/¿Cómo estás?
- Buenos días./Buenas tardes./Buenas noches.

Despedirse

- Adiós (+ buenos días/buenas tardes/buenas noches).
- Hasta mañana./Hasta luego.

EL ESPAÑOL EN NÚMEROS

1 Lee la información de la ficha. ¿Te sorprende algún dato?

¿Sabías que...?

El español es una lengua que hablan **567 millones** de personas en el mundo.

Según el Instituto Cervantes, **472 millones** de personas tienen el español como lengua materna.

El español es la **segunda** lengua materna del mundo por número de hablantes y el segundo idioma de comunicación internacional.

El español es la **tercera** lengua más utilizada en internet.

Más de **21 millones** de personas estudian español como lengua extranjera.

La mayor parte de los hablantes de español vive en el continente americano.

Adaptado de http://www.cervantes.es/imagenes/File/prensa/EspanolLenguaViva16.pdf

2 Escribe los nombres de las capitales de los países representados en las fotos.

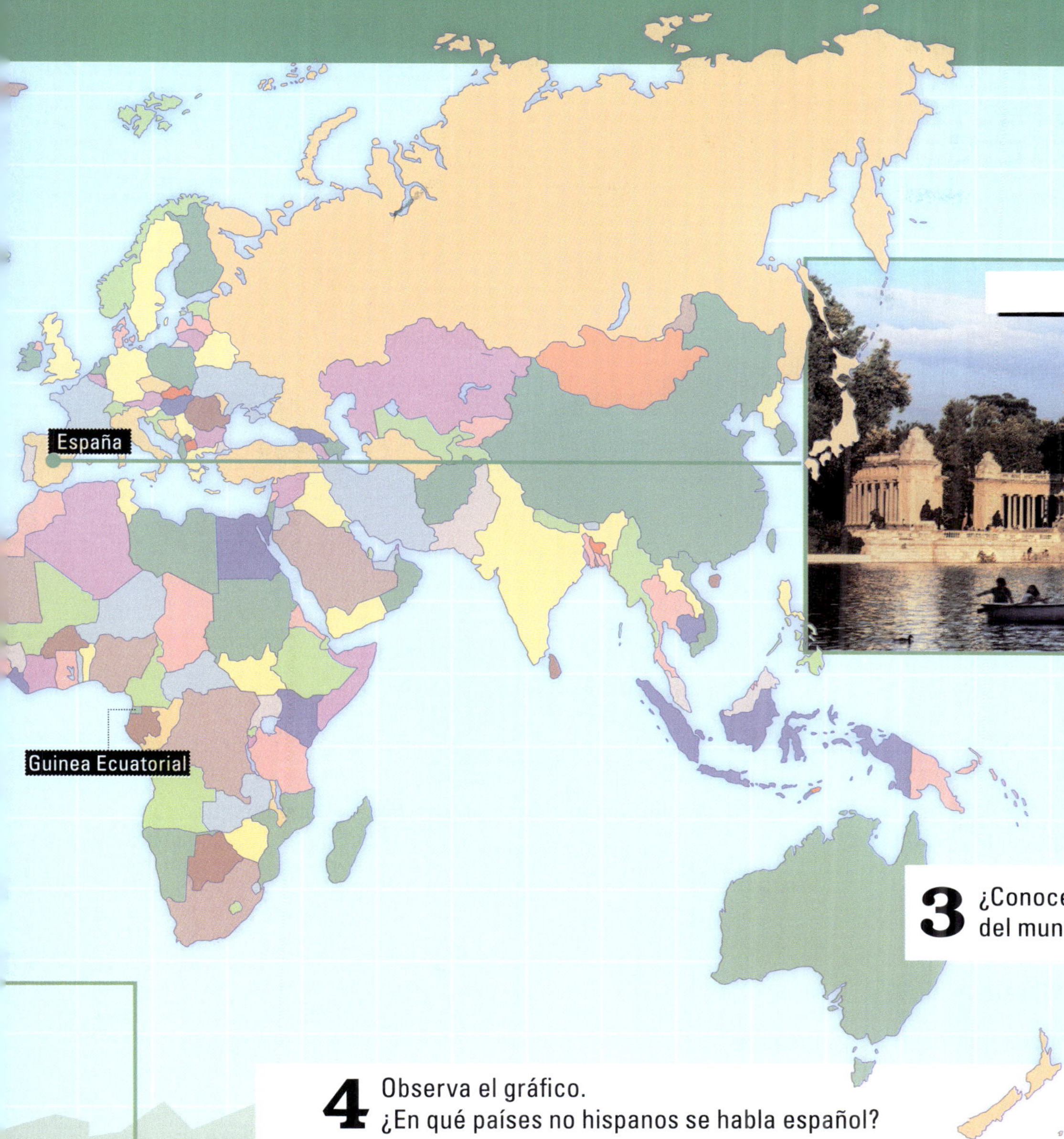

3 ¿Conoces el nombre de otras capitales del mundo hispano?

4 Observa el gráfico.
¿En qué países no hispanos se habla español?

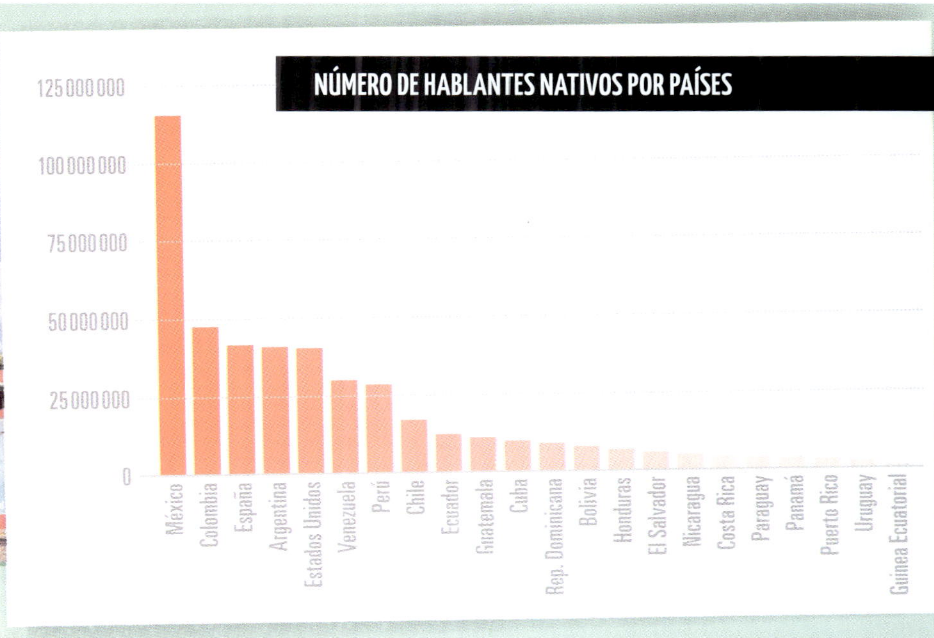

Adaptado de Informe del Instituto Cervantes

HOSTAL Babel

¡Bienvenido al hostal Babel!

Antes del vídeo

1 Estas son las protagonistas de *Hostal Babel*. ¿Cuántos años crees que tienen? ¿De dónde crees que son? ¿Cuáles crees que son sus profesiones?

Creo que tiene... años años años

Creo que es de...

Creo que es...

Durante el vídeo

2 Ahora visiona el fragmento 01:40 ▶ 02:42 y completa la información que falta. ¿Coincide con tus respuestas de la actividad 1?

Nombre	Bea	Carla	Tere
Edad	33		
Profesión	hostelera		
Nacionalidad	española		española

3 Visiona de nuevo el fragmento 01:40 ▶ 02:20 y completa los espacios en blanco de la conversación.

Bea: [1] ...., chicas, [2] ....

Tere y Carla: [3] ....

Bea: Es nuestro nuevo huésped. Es de México.

Hugo: Sí, acabo de llegar a España. Del aeropuerto directamente al hostal Babel.

Tere: Pues [4] ...., Hugo. [5] .... Tere. Soy estudiante y tengo 19 años.

Hugo: ¡[6] ...., Tere! ¿Qué estás estudiando?

Tere: Dirección de Empresas.

Hugo: ¡Ah, qué buena onda, muy interesante!

Carla: [7] .... Tengo 24 años y estudio Filosofía. Bueno, ya acabé la carrera. Ahora estoy haciendo una maestría y trabajando.

Hugo: [8] ...., Carla. ¿En qué trabajas?

Recuerda:

- Cuando presentamos a alguien, utilizamos ***este/esta es*** + nombre, señalando a la persona con la mano extendida:
  *Hola, chicas, **este es** Hugo.*
- En España e Hispanoamérica, cuando te presentan a alguien, se da la mano en situaciones formales o si se trata de dos hombres, y dos besos en situaciones informales o familiares. También es frecuente hacer un gesto con la mano como saludo.

Después del vídeo

4 **Todo el grupo** Como ves, en España y en la mayoría de países hispanohablantes las personas se dan dos besos al presentarse cuando la situación es informal o familiar. Sin embargo, en situaciones formales se dan la mano. ¿Es igual en tu país? Explícaselo a tus compañeros.

Evaluación

1

1 ¿Dónde trabajan estas personas? Relaciona la información de las columnas. Puede haber más de una opción válida.

1. Una médica	trabaja en	a. un bufete de abogados.
2. Una abogada		b. un hospital.
3. Un fisioterapeuta		c. un espá.
4. Una ingeniera		d. una farmacia.
5. Un farmacéutico		e. una empresa multinacional.

2 Escucha y escribe los números en cifras.

[7]

....	....
....	....
....	....
....	....
....	....
....	....
....	....
....	....

3 Completa con los verbos *ser* o *tener*.

1. Me llamo Patricia y .... 22 años.
2. ¡Hola! Yo .... Alfredo, ¿y tú?
3. Mónica no .... 30 años, ... 29.
4. Justin y Daniel .... ingleses.
5. Tú y yo .... españoles.
6. Marga y Luis .... una cafetería en el centro.
7. Carolina .... de Ciudad de México.

4 Completa las frases con el interrogativo adecuado.

1. ¿.................... años tiene Juan?
2. ¿.................... es la profesión de Walter?
3. ¿.................... vivís Mercedes y tú?
4. ¿De .... ciudad eres?
5. ¿.................... se llama usted?

5 ¿Cuáles de estas palabras conoces? ¿Existen en tu lengua?

- ☐ café
- ☐ taxi
- ☐ banco
- ☐ teatro
- ☐ menú
- ☐ aeropuerto
- ☐ estación
- ☐ biblioteca
- ☐ móvil
- ☐ cine
- ☐ tren
- ☐ hospital

Comparar palabras del español con palabras de otras lenguas te puede ayudar a reconocer su significado.

6 Escucha y escribe las siguientes letras. Después ordénalas para descubrir el nombre del país e indica a qué zona de América pertenece cada uno: América Central, América del Sur o Caribe.

[8]

1. ☐☐☐☐☐☐☐☐☐ › ....
2. ☐☐☐☐☐☐☐ › ....
3. ☐☐☐☐☐☐☐☐ › ....
4. ☐☐☐☐ › ....
5. ☐☐☐☐☐☐☐☐ › ....

Unidad

2 Mi casa, mi barrio

¿Cómo es tu barrio, moderno o antiguo?

¿Vives en el centro de la ciudad o a las afueras?

¿Vives en una casa o en un piso?

En esta unidad vas a. . .

- Localizar objetos en el espacio
- Hablar de la existencia o inexistencia de algo o de alguien
- Expresar cantidad
- Hablar de tu barrio y de tu casa
- Conocer una calle emblemática de Barcelona: las Ramblas

¿Qué sabes?

1 **Todo el grupo** ¿Qué hay en un barrio? Habla con tus compañeros.

2 **En parejas** Relaciona los tipos de vivienda con las fotos.

edificio de pisos | urbanización | casa con jardín y piscina | casa con patio | chalé adosado | casa baja

....

....

....

....

....

....

RAE

LÉXICO

Español de España › apartamento/piso : *Gloria quiere vender el **piso** en el que ha vivido toda su vida para irse al extranjero a trabajar.*
Español de América › departamento : *Laura y Consuelo, jóvenes que comparten **departamento**.*

Español de España › piscina : *La urbanización dispone de zonas comunes con jardines, **piscinas** y pistas de pádel.*
Español de México › alberca : *Una casa inmensa, terraza con vista a la playa, **alberca** y un piso con sala de estar.*
Español de Argentina › pileta : *Por ejemplo, nunca meterse en la **pileta** sin avisar a los mayores.*

2.1 **Todo el grupo** ¿Hay viviendas similares en tu país? ¿En qué tipo de casa vives? Busca una imagen y enséñasela al resto de la clase.

Palabras

1 **En parejas** Lee la información de estos anuncios de alquiler y complétalos con las palabras de la tabla. Puedes usar el diccionario.

Tipo de vivienda	Partes de la casa	Muebles	Electrodomésticos	Otros
chalé piso	baño dormitorios salón-comedor	armarios sillas	microondas nevera	garaje calefacción ascensor

A

[1] .... de 65 m², exterior, muy céntrico y luminoso. Dos [2] ...., salón, cocina, [3] .... y tres balcones. Sin amueblar.

Características

Edificio

- Cuatro plantas.
- Sin [4] ....

Equipamiento

- Cocina de gas.
- [5] ....
- Lavadora.
- Aire acondicionado.
- [6] .... central.

B

Precioso [1] .... de 125 m². Dos plantas, vistas al mar, primera línea de playa. Tiene tres dormitorios, [2] ...., cocina, dos baños, terraza de 35 m² y [3] .... para dos coches.

Equipamiento

- Muebles: camas, [4] ...., dos sofás, sillón, televisión, mesa y [5] ....
- Aire acondicionado.
- Cocina equipada: cocina eléctrica, nevera, lavadora, lavavajillas, horno y [6] ....

RAE **LÉXICO**

Español de España › dormitorio/habitación:
Una cocina de considerables dimensiones, un cuarto de baño y tres ***dormitorios*** *perfectamente amueblados.*
Español de América › recámara/dormitorio/cuarto: *Alrededor del patio están las* ***recámaras****, la sala-comedor y la cocina.*

Español de España › salón: *El* ***salón*** *es espacioso y [está] amueblado con refinamiento.*
Español de América › *living*/sala: *Toman el café recién preparado en el* **living**.

Español de España › nevera/frigorífico:
Junto a la ***nevera*** *abierta, Ángela llena un vaso de agua con un botellón de agua de cinco litros.*
Español de América › heladera/refrigerador: *Marta abre la* ***heladera*** *y saca la leche.*

Español de España › lavadora: *Hay que hacer compra, preparar a los niños para el colegio, poner* ***lavadoras****, planchar…*
Español de América › lavarropas:
Para la ropa, blanqueadores, desmanchadores y los detergentes baja espuma para los ***lavarropas*** *automáticos.*

1.1 [9] Escucha a estos agentes inmobiliarios y comprueba tus respuestas.

2 **En parejas** Observa las imágenes, lee las palabras y describe estos barrios.

residencial | céntrico | moderno | tranquilo | antiguo | ruidoso

Ejemplo: *El barrio de la foto 1 es...*

3 **En parejas** Mira el plano de este barrio y haz una lista de los edificios y de los establecimientos que hay. Puedes usar el diccionario si no sabes su significado. Trabaja con tu compañero/a.

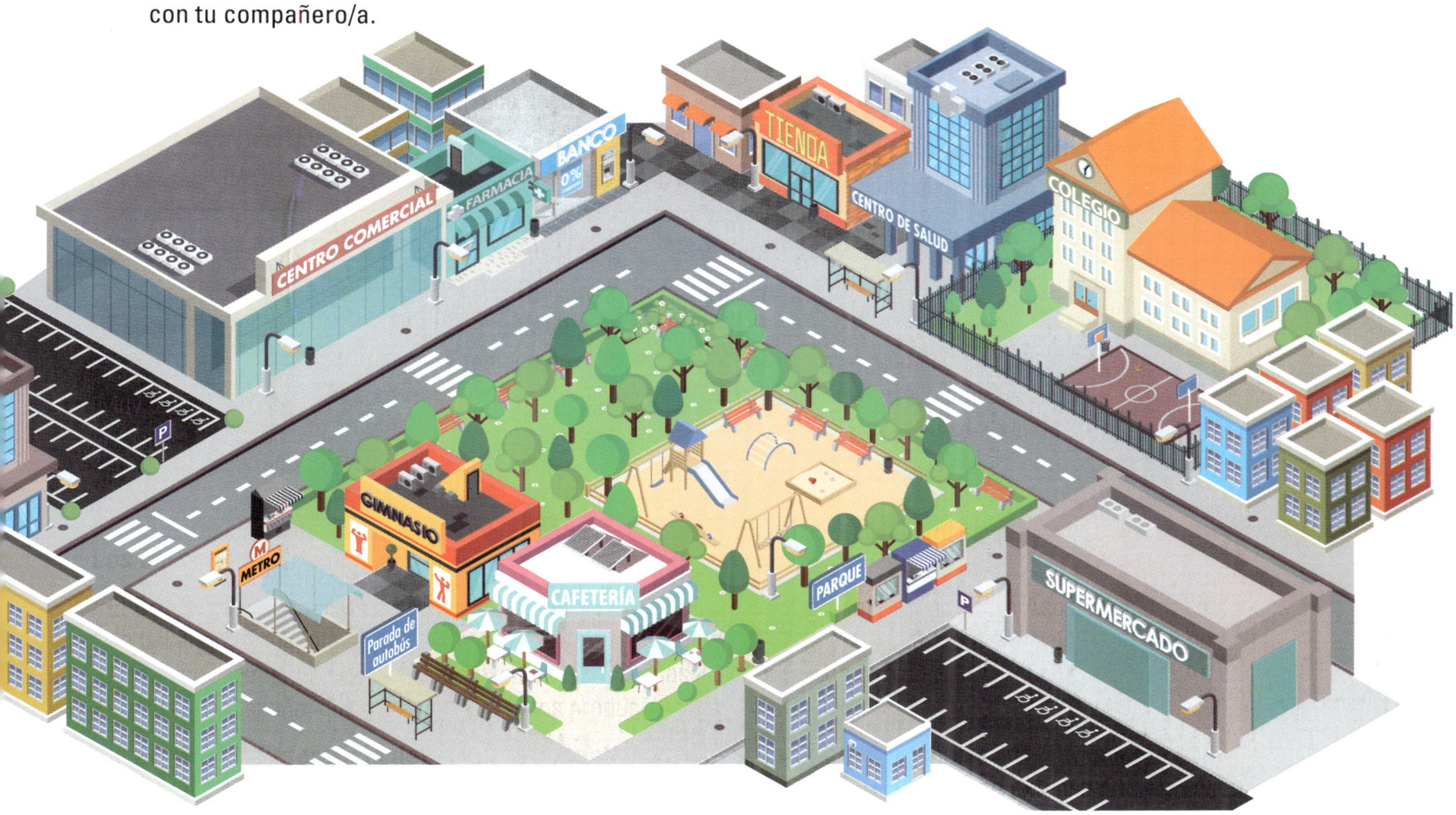

3.1 **Todo el grupo** ¿Qué hay en tu barrio? ¿Qué no hay?

Ejemplo: *En mi barrio hay dos cafeterías, un supermercado, una farmacia y una parada de autobús, pero no hay centro de salud.*

RAE

LÉXICO

Español de España y América › supermercado: *Quiero ir a un **supermercado** para conseguir algunas provisiones.*
Español de Venezuela › automercado:
*Carmen de López estaba haciendo sus compras en el **automercado** San Diego de la Zona Industrial.*

Gramática

1 Género y número de los nombres y los adjetivos

- Género **masculino**
  - Nombres terminados en *-o*: *apartamento, niño, lavabo...*
  - Nombres terminados en *-aje*: *garaje, viaje...*

> Excepciones: ***la** mano, **la** foto, **la** moto, **la** radio...*

- Género **femenino**
  - Nombres terminados en *-a*: *casa, niña, computadora...*
  - Nombres terminados en *-ción*, *-sión*, *-dad*: *estación, televisión, nacionalidad...*

> Excepciones: ***el** día, **el** problema, **el** idioma, **el** tema, **el** sofá...*

- Los nombres referidos a **personas y animales** generalmente tienen los dos géneros: *niño/niña, gato/gata...*
- Hay nombres que usan **palabras diferentes** para el masculino y el femenino: ***hombre**/**mujer**, **padre**/**madre**, **caballo**/**yegua**...*
- Los nombres que se refieren a **cosas** tienen **un solo género**: ***el** libro, **la** casa...*
- Los nombres terminados en **consonante** o en *-e* pueden ser masculinos o femeninos: ***el** lápiz, **la** pared, **el** puente, **el** restaurante, **el** coche, **la** fuente, **la** noche, **la** calle...*
- Formación del **plural**
  - Cuando el nombre termina en **vocal**, se añade *-s*: *piso › pisos; gato › gatos*
  - Cuando el nombre termina en **consonante**, se añade *-es*: *móvil › móviles; televisión › televisiones*

> Fíjate: *lápiz › lápices*

- Los **adjetivos concuerdan** en género y número **con el nombre** al que acompañan: *un barrio bonito/una tienda moderna/unos apartamentos céntricos/unas casas ruidosas...*
- Los adjetivos terminados en **consonante** o en *-e* no varían en el género: *interesante, agradable, dulce, difícil, fácil, útil...: el libro es interesante/la película es interesante...*

1.1 Clasifica estos nombres en su lugar correspondiente de la tabla. Después escribe el plural.

apartamento | madre | habitación | ciudad | televisión | garaje | piso | sofá | idioma | calefacción | restaurante | caballo

Masculino	Femenino	Plural	

1.2 Escribe un nombre para cada uno de los siguientes adjetivos.

Ejemplo: *piso* moderno

1. .... interesante
2. .... buenas
3. .... útil
4. .... luminoso
5. .... agradable
6. .... fácil
7. .... céntrico
8. .... tranquilos

2 Artículo indeterminado y artículo determinado

En español hay dos artículos:

	Indeterminado		Determinado	
	Masculino	**Femenino**	**Masculino**	**Femenino**
Singular	un restaurante	una cafetería	el restaurante	la cafetería
Plural	unos restaurantes	unas cafeterías	los restaurantes	las cafeterías

- Sirve para hablar **por primera vez** de un nombre que es desconocido por nuestro interlocutor:

  *Tengo **un** apartamento en Ibiza.*

- Sirve para hablar de un nombre **ya conocido** por el interlocutor:

  ***El** apartamento tiene dos dormitorios.*

2.1 Escribe los artículos adecuados delante de cada nombre.

un	*el*	bolígrafo	.....	.....	relojes	.....	.....	coche
unas	*las*	mesas	.....	.....	madre	.....	.....	fuentes
.....	.....	días	.....	.....	problemas	.....	.....	calle
.....	.....	calefacción	.....	.....	cocinas	.....	.....	nacionalidad
.....	.....	viaje	.....	.....	sillón	.....	.....	mujeres
.....	.....	fotos	.....	.....	sofás	.....	.....	móvil
.....	.....	idioma	.....	.....	televisión	.....	.....	garajes

Para conocer el género de los nombres puedes fijarte en la información que hay en el diccionario: **Mujer** Del lat. *mulier, -ēris.* 1. **f.** Persona del sexo femenino.

3 Contraste *hay/está(n)*

- Para expresar la **existencia** de algo o de alguien y de su cantidad, se usa la estructura *hay* + *(un/una/unos/unas)* + nombre. *Hay* tiene una sola forma para singular y plural:

  *En mi barrio **hay un** restaurante, **una** peluquería, **tres** escuelas, cafeterías, y árboles y plantas por todas partes.*

- También se usa para hablar de una **cantidad indeterminada**: *Hay* + *mucho/a/os/as - poco/a/os/as* + nombre:

  *En mi barrio hay **muchos** restaurantes pero **pocas** farmacias.*

- Para **localizar** algo o a alguien, se usa: *el/la/los/las* + nombre + *está(n)*:

  *Los niños **están** en la escuela.*

*~~Un~~ El garaje **está** al lado de la peluquería.*
*En mi barrio **hay** ~~la~~ **una** farmacia.*

Para expresar cantidad, usamos los cuantificadores *mucho/a/os/as* y *poco/a/os/as* + nombre:

*En mi casa hay **mucho** ruido y **poca** luz.*
*La casa tiene **muchas** habitaciones y **pocos** armarios.*

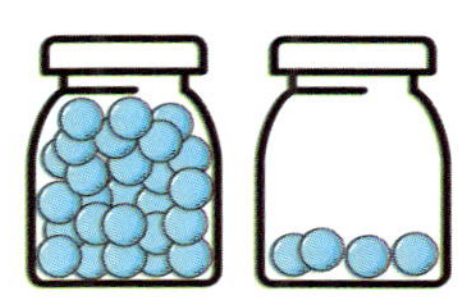

mucho poco

3.1 Completa el texto con *hay* o *está/están.*

Mi apartamento [1] .... en el centro de la ciudad. [2] .... una estación de metro en la plaza y también [3] .... un parque. Al lado de la escuela [4] .... muchos restaurantes. El garaje [5] .... en el mismo edificio. En mi apartamento [6] .... una cocina, un salón, un cuarto de baño y un dormitorio. Es pequeño y [7] .... pocos muebles. La mesa y las sillas [8] .... en la cocina. El sofá y la televisión [9] .... en el salón. [10] .... calefacción pero no [11] .... aire acondicionado.

Practica en contexto

Verbo *estar*

- El verbo ***estar*** es un verbo irregular:

yo	**estoy**
tú	**estás**
él, ella, usted	**está**
nosotros/as	**estamos**
vosotros/as	**estáis**
ellos, ellas, ustedes	**están**

- El verbo ***estar*** se utiliza para **localizar en el espacio** y se combina con la preposición ***en*** y otras expresiones de lugar:
  *El lápiz **está al lado del** libro.*
  *El libro **está dentro del** baúl.*
- La preposición ***en*** puede sustituir a ***encima de*** y ***dentro de***:
  *El libro está **en/encima de** la mesa.*
  *Los platos están **en el/dentro del** armario.*
- Estas son las expresiones de lugar más comunes:

1 **En parejas** Pregúntale a tu compañero/a dónde están los siguientes lugares del barrio y completa tu plano. Después compara la ubicación de los lugares para comprobar si está bien.

Estudiante A
- el supermercado
- el coche
- el centro de salud
- la estación de metro

Estudiante B
- la farmacia
- el hotel
- el gimnasio
- la parada de autobús del 43

Fíjate:
a + el › **al**
de + el › **del**

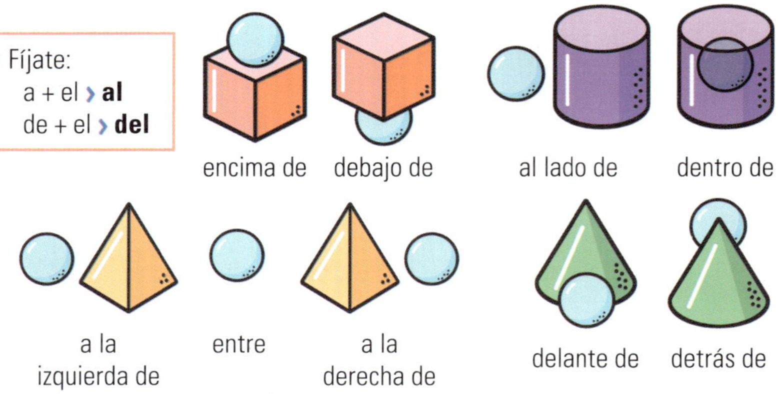

2 **En parejas** Escucha a estas personas y anota las características de la casa que necesitan. Después compara tus notas con las de tu compañero/a.

[10]

1 ☐ 2 ☐ 3 ☐ 4 ☐ 5 ☐ 6 ☐

2.1 Ahora lee estos anuncios de venta y alquiler de casas. Puedes usar el diccionario si no entiendes alguna palabra. ¿Qué vivienda es más adecuada para las personas de la actividad anterior? ¿Por qué?

a) Venta de estudios y pisos de 2 dormitorios en zona centro

Céntricos, interiores y exteriores, con ascensor, garaje y trastero.
Amueblados, con cocina equipada y calefacción central.
Tiendas y supermercados.
Cafeterías y restaurantes.
Colegios y zonas verdes.
Más información en www.vendealquila.com

b) ¡Nueva promoción!

Alquiler y venta de estudios en el barrio de Buenos Aires (a 5 minutos del centro en metro).
Interiores/exteriores.
Plaza de garaje (opcional).
Zona con supermercados, bares y tiendas de barrio.
Ver más en info@alquinova.es

c) Alquilo habitación en zona universitaria

Bien comunicada.
Habitación interior con cama, escritorio y armario.
250 €/mes.
(Preguntar por Ana).
Tel.: 698 74 25 36.

d) Inmobiliaria Los Peñotes

Venta y alquiler de chalés en urbanización La Casona (a 50 km del centro).
1 planta + garaje (2 plazas).
3 dormitorios.
2 baños.
Jardín de 155 m^2.
Zonas comerciales.
Colegios.
Alquiler desde 900 €.
Ver precios de venta en www.inmopeñotes.es

e) Iberinmo alquila pisos desde 700 €

Bien comunicados.
2 o 3 dormitorios.
Exteriores o interiores.
Calefacción central.
Ascensor.
Sin amueblar.
Barrio con colegios, parques, tiendas y supermercados.
Contacto: info@iberinmo.es

f) Inmobiliaria Villar

Venta de chalé adosado de 185 m^2 en la urbanización Los Pinares (a 30 km del centro).
2 plantas + garaje (1 plaza).
3 dormitorios.
2 baños.
Jardín de 100 m^2.
Urbanización privada.
Colegios.
Zonas comerciales.
310 000 €.
Contacto: 658 45 78 92.

m^2 se dice *metros cuadrados*.

Números desde 100

- 100 cien
- 101 ciento un(o)/una
- 102 ciento dos
- 115 ciento quince
- 168 ciento sesenta y ocho
- 200 doscientos/as
- 300 trescientos/as
- 400 cuatrocientos/as
- 500 quinientos/as
- 600 seiscientos/as
- 700 setecientos/as
- 793 setecientos/as noventa y tres
- 800 ochocientos/as
- 900 novecientos/as
- 1000 mil
- 1001 mil un(o)/a
- 1439 mil cuatrocientos/as treinta y nueve

Fíjate:
*ciento **un** euros/ciento **una** personas*
*doscient**os** euros/doscient**as** personas*

Números ordinales

Para indicar el orden de los elementos, se usan los **números ordinales**. Los números ordinales tienen el mismo género y número del nombre al que acompañan o al que se refieren:

- 1.º (er)/a/os/as › **primero** (primer)/a/os/as
- 2.º/a/os/as › **segundo**/a/os/as
- 3.º (er)/a/os/as › **tercero** (tercer)/a/os/as
- 4.º/a/os/as › **cuarto**/a/os/as
- 5.º/a/os/as › **quinto**/a/os/as
- 6.º/a/os/as › **sexto**/a/os/as
- 7.º/a/os/as › **séptimo**/a/os/as
- 8.º/a/os/as › **octavo**/a/os/as
- 9.º/a/os/as › **noveno**/a/os/as
- 10.º/a/os/as › **décimo**/a/os/as

*Vivo en la **décima** planta de este edificio.*
*Somos los **terceros** de la clase.*

Fíjate:
piso **primero** › **primer** piso
piso **tercero** › **tercer** piso

2.2 Escribe un anuncio como los de la actividad 2.1 de tu casa. Incluye los datos que aparecen en el cuadro y ponle un precio.

tipo de vivienda | metros cuadrados | localización | equipamiento
número de habitaciones | características del barrio | en qué planta está

3 **Todo el grupo** ¿Cómo es la vivienda en tu país? Habla con tus compañeros. Explica las diferencias.

Las Ramblas

1 Aquí tienes una de las calles más populares de Barcelona. Lee la información.

Las Ramblas es una de las calles más emblemáticas de Barcelona. Está entre la plaza de Cataluña y el monumento a Colón. Cada año la visitan unos 78 millones de personas. En las Ramblas siempre hay mucha gente. También hay muchos quioscos de prensa y flores, actores callejeros, cafeterías, restaurantes y tiendas. En las Ramblas puedes visitar los siguientes lugares:

Farmacia Nadal

La farmacia Nadal está situada en el número 121 de las Ramblas. Es un lugar que, al igual que la Casa de los Paraguas, representa el estilo modernista catalán.

Mercado de la Boquería

El Mercat de Sant Josep, popularmente conocido como *La Boquería*, tiene una superficie de 2583 m^2 con más de 300 puestos que ofrecen una gran variedad de productos locales y exóticos.

Teatro del Liceo

El Gran Teatro del Liceo de Barcelona, conocido como *el Liceu*, es el teatro en activo más antiguo y prestigioso de Barcelona y uno de los más importantes del mundo. Se usa sobre todo como teatro de ópera.

Fuente de Canaletas

Es uno de los lugares más emblemáticos de la ciudad para los aficionados del F. C. Barcelona, ya que allí celebran sus victorias.

Casa de los Paraguas

La Casa Bruno Cuadros de Barcelona, conocida como *la Casa de los Paraguas*, es un buen ejemplo del modernismo catalán. En el edificio se mezclan elementos decorativos chinos, japoneses y egipcios. Lo más llamativo es el gran dragón chino de la fachada.

Mosaico de Joan Miró

El mosaico está en la plaza de la Boquería, en la parte central de las Ramblas. Tiene unos 8 metros de diámetro y tiene forma de círculo irregular. Los colores del mosaico son cinco: blanco, negro, azul, rojo y amarillo.

1.1 **Todo el grupo** ¿Hay una calle similar en tu ciudad? Busca fotos en internet y descríbela en clase.

- ¿Cómo se llama?
- ¿Dónde está?
- ¿Qué tipo de tiendas, comercios y establecimientos hay?
- ¿Qué edificios interesantes se pueden visitar?

Vídeo

HOSTAL Babel

Este barrio

Antes del vídeo

1 **En parejas** En la fotografía se ve la cocina del hostal Babel. Marca las cosas que ves en ella.

- [ ] lámpara
- [ ] nevera
- [ ] sillas
- [ ] plantas
- [ ] armario
- [ ] horno
- [ ] mesa
- [ ] lavadora
- [ ] lavavajillas
- [ ] aire acondicionado
- [ ] microondas

2 **Todo el grupo** ¿Cómo es la cocina del hostal Babel? ¿Qué tiene? Puedes usar algunas de estas palabras para describirla.

grande · totalmente equipada · vieja · sin amueblar · luminosa · pequeña · moderna

Durante el vídeo

3 Marca los establecimientos típicos de un barrio que se mencionan en el fragmento 00:30 ▸ 03:25.

- [ ] universidad
- [ ] biblioteca
- [ ] cafetería
- [ ] farmacia
- [ ] hotel
- [ ] hospital
- [ ] colegio
- [ ] discoteca
- [ ] gimnasio
- [ ] hostal
- [ ] restaurante vegano
- [ ] centro comercial
- [ ] centro de salud
- [ ] entrada de metro
- [ ] estudio de yoga
- [ ] supermercado
- [ ] parada de autobús (colectivo)
- [ ] tienda de alimentos ecológicos (naturistas)

4 **En parejas** En el vídeo se mencionan tres establecimientos que no hay en el barrio donde está el hostal Babel. ¿Cuáles son? Habla con tu compañero/a y luego compruébalo visionando el fragmento 01:09 ▸ 03:10.

5 Carla, Tere y Leo le explican a Hugo dónde están sus dormitorios. Visiona el fragmento 04:20 ▸ 04:40 y relaciona la información.

1. El cuarto de Carla está…
2. El cuarto de Leo está…
3. El cuarto de Tere está…
4. El cuarto de Bea está…

a. … **enfrente del** cuarto de Tere.
b. … **a la izquierda del** pasillo.
c. … **a la derecha del** pasillo.
d. … **al lado del** baño chico.

Recuerda:
- a + el › **al**
- de + el › **del**

Después del vídeo

6 **En grupos pequeños** Dibuja el plano de tu casa y explícales a tus compañeros qué habitaciones tiene. Después diles dónde está tu habitación.

Esta es mi casa. Este es el salón, esta es la cocina… Aquí está mi habitación; está a la izquierda del baño.

7 **Todo el grupo** ¿Qué lugares de tu barrio visitas con más frecuencia?

Evaluación

1 Elige la opción correcta.

1. **El/La** sofá es cómod**o/a**.
2. **Los/Las** problemas son difíciles.
3. Alquilo **un/una** piso exterior.
4. Hay **una/la** tienda de ropa en mi calle.
5. **Los/Las** restaurantes son modern**as/os**.
6. **El/La** foto es bonit**o/a**.

2 Escribe en letras los siguientes números. Cuidado con la concordancia.

314 .... personas. 568 .... libros.
271 .... euros. 981 .... viviendas.

3 Combina los elementos de las columnas para formar frases.

1. Los libros		al lado de la lavadora.
2. El barrio	está	en el centro de la ciudad.
3. En mi barrio	están	ascensor.
4. La nevera	hay	encima de la mesa.
5. En el edificio no		muchas tiendas.

4 Escucha el diálogo. ¿De qué oferta hablan?

[11]

① Se alquila piso con muebles. 2 dormitorios. Exterior. Calefacción individual. En el centro de la ciudad. Precio: 900 €/mes.

② Alquilo piso amueblado en Las Rosas. 2 dormitorios, exterior, con ascensor y calefacción central. Bien comunicado. Precio: 900 €/mes.

③ Alquiler: piso exterior y amueblado en zona centro. 2 dormitorios, con ascensor y calefacción central. Precio: 900 €/mes.

5 Responde a este correo electrónico dándole a la persona la información que pide y que aparece debajo.

Hola, buenos días:
Estoy interesado en el piso de alquiler, pero necesito alguna información más. ¿Cómo es el piso? ¿Tiene garaje? ¿Cómo es el barrio?
Muchas gracias. Un saludo,
Carlos Pérez

Hola, Carlos:
El piso está ....
El piso es ....
El barrio es ....
Un saludo,
....

- Piso:
  - calle Cartagena, 15, 5.ª planta
  - conserje 24 horas
  - dos dormitorios, garaje
- Barrio:
  - residencial y tranquilo
  - con zonas verdes
  - 1 estación de metro
  - 2 paradas de autobús
  - 2 supermercados
  - 1 panadería
  - 1 centro comercial
  - 1 colegio
  - 1 farmacia 24 horas

Unidad

3 Vamos de viaje

¿Te gusta viajar? ¿A dónde?

¿Cómo viajas?

¿Con quién viajas?

¿Qué llevas siempre en tu maleta?

En esta unidad vas a...

- Localizar personas, objetos y lugares
- Expresar preferencias
- Pedir y dar instrucciones para traslados en medios de transporte
- Pedir y dar información espacial
- Preguntar y decir el precio
- Conocer Ciudad de México

¿Qué sabes?

1 **Todo el grupo** ¿Conoces estos medios de transporte? Escribe el nombre debajo de cada imagen y busca fotografías para los otros tres. ¿Cuál prefieres y por qué?

barco | tren | metro | avión | autobús | bicicleta | coche | taxi

1

2

3

4

5

RAE

LÉXICO

Español de España › coche : *Creo que está en el **coche**...*
Español de América › carro/auto : *Ramón, tú a mi **carro** no subes.*

Español de España › metro : *Teodoro mueve la cabeza, baja ahora las escaleras del **metro** y no quiere pensar en Carlos.*
Español de Argentina › subte : *Con toda la gente que viaja en **subte**, el colectivo estará vacío.*

Español de España (península) › autobús : *De nuevo en el **autobús** de regreso a casa.*
Español de México › camión : *Son las 11 de la noche. Un **camión** azul recorre las calles...*

2 **En parejas** Cuando viajas, ¿qué buscas? ¿Coincides con tu compañero/a?

Cuando viajo, busco...

bienestar

naturaleza

tranquilidad

diversión

sol y playa

gastronomía

cultura

aventura

3 **En grupos pequeños** ¿Qué tipos de alojamiento conoces? ¿Cuál prefieres? ¿Dónde te alojas cuando viajas?

Palabras

1 Cuando viajamos, estos son algunos de los lugares de interés que encontramos. Relaciona las imágenes con la palabra correspondiente.

museo | iglesia | ruinas
plaza | parque | mirador

1 ______

2 ______

4 ______

5 ______

1.1 Escucha el audio y di de qué fotos hablan. ¿Sabes de qué país son? [12]

Hablan de las fotos ...., ... y ....

El país es ....

1.2 **Todo el grupo** ¿Qué monumentos hay en tu ciudad? Cuéntaselo a la clase.

2 Relaciona los iconos con su significado.

a. aparcamiento | **b.** restaurante
c. duchas | **d.** recepción 24 h
e. wifi | **f.** baños | **g.** piscina
h. parque infantil | **i.** supermercado
j. zona de acampada

1 ☐

2 ☐

3 ☐

4 ☐

5 ☐

6 ☐

7 ☐

8 ☐

9 ☐

10 ☐

2.1 **En parejas** Mira el plano del *camping* Albatros y pregúntale a tu compañero/a dónde están estos lugares.

Estudiante A

1. las duchas
2. la piscina
3. el aparcamiento
4. la recepción

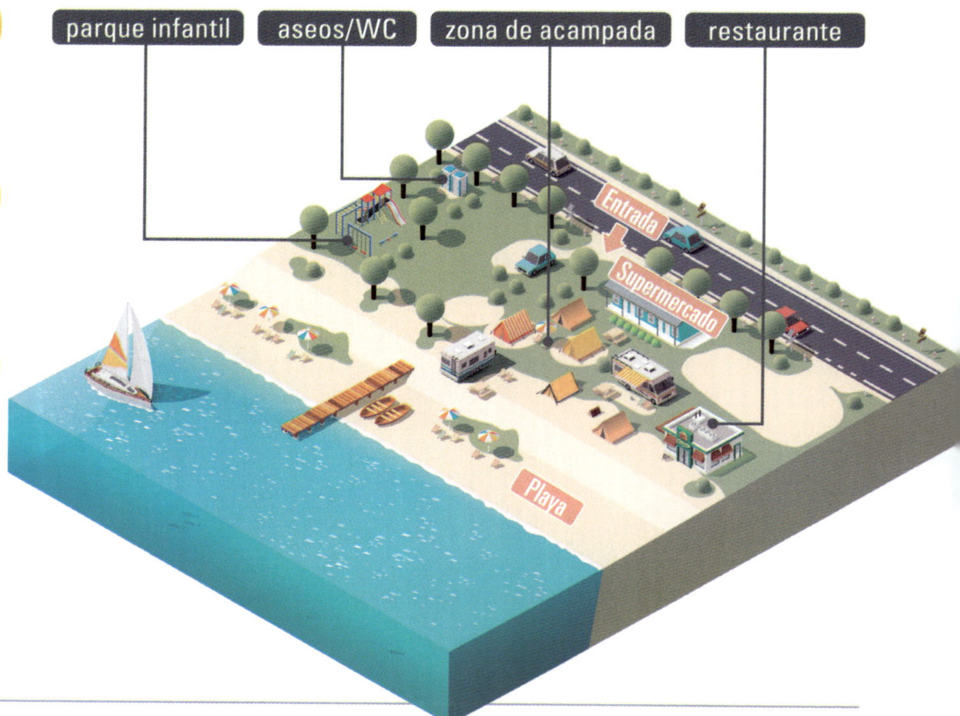

3

6

Para hablar de cercanía o lejanía usamos *cerca (de)* y *lejos (de)*. Recuerda:

- delante (de)/detrás (de)
- a la izquierda (de)/a la derecha (de)
- entre… y…

Estudiante B

1. la zona de acampada
2. el parque infantil
3. los aseos
4. el restaurante

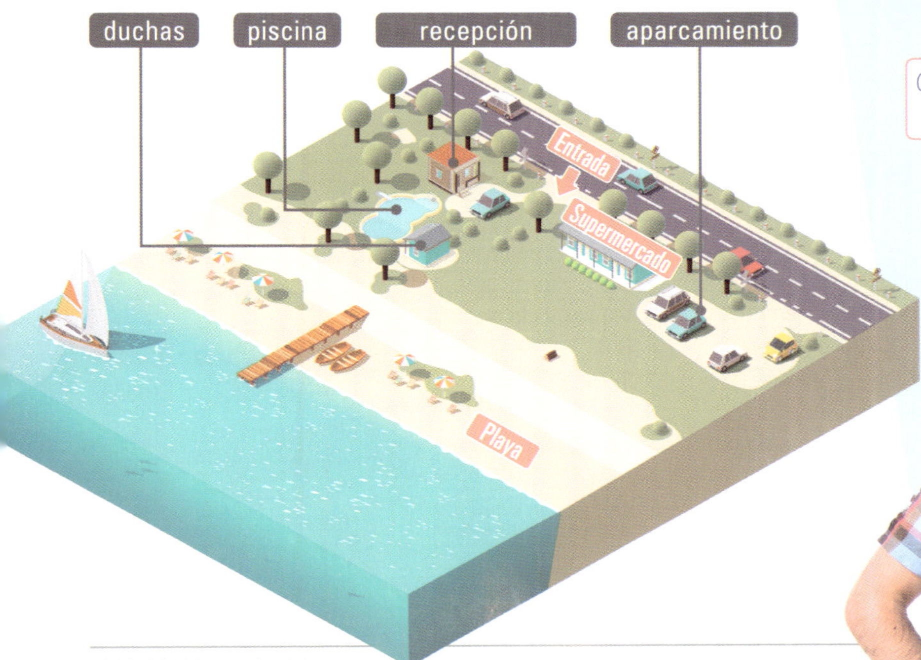

3 **En parejas** ¿Con qué tipo de turismo relacionas estas actividades? Escríbelas en el lugar que corresponde.

Ir a la playa. | Ir a la montaña. | Ver un espectáculo. | Descansar. | Visitar/Ver un parque natural. | Hacer una excursión. | Hacer surf. | Visitar/Ver un museo. | Ir a un mercado de artesanía. | Tomar el sol. | Ver animales. | Ver monumentos. | Hacer submarinismo.

Turismo de naturaleza	Turismo cultural	Turismo de sol y playa

3.1 **Todo el grupo** ¿Qué prefieres hacer cuando viajas? Cuéntaselo a la clase.

Cuando viajo, prefiero descansar, ir a la playa y tomar el sol.

Gramática

Observa:

- El verbo *ir* es completamente irregular.
- El verbo *viajar* es un verbo regular. Fíjate en las terminaciones.

1 Verbos *ir* y *viajar*

	Ir	Viajar
yo	**voy**	viajo
tú	**vas**	viajas
él, ella, usted	**va**	viaja
nosotros/as	**vamos**	viajamos
vosotros/as	**vais**	viajáis
ellos, ellas, ustedes	**van**	viajan

2 Preposiciones *a* y *en*

La preposición ***a*** sirve para:

- Expresar la **dirección** y el **destino**:

  *Este verano voy **a** Cuba.*

  Recuerda: *a* + *el* › ***al***:

  *Pueden ir **al** centro andando.*

- Expresar la **distancia** o el **tiempo**:

  *El centro está **a tres kilómetros** del hotel, pero hay una estación de metro **a cinco minutos** de aquí.*

La preposición ***en*** sirve para:

- **Localizar** personas, lugares u objetos:

  *El hotel está **en** el centro de la ciudad.*

- Hablar del **medio de transporte**:

  *¿Por qué no vas a Sevilla **en** tren?*

Fíjate en estas excepciones:
ir **a** pie - ir **andando** - ir **a** caballo

2.1 **En parejas** ¿Qué medio de transporte utiliza tu compañero/a en su vida diaria para ir a estos lugares? Pregúntaselo y anota su respuesta.

- la universidad
- el centro
- el supermercado
- el cine
- un restaurante
- la casa de tu familia
- ...

Ejemplo: ► *¿Cómo vas **al** trabajo?*
▷ *Voy **en** metro.*

2.2 **Todo el grupo** ¿En qué coincides con él/ella? Cuéntaselo al resto de la clase.

2.3 Lee el programa de un viaje a Buenos Aires y completa con las preposiciones *a* o *en*.

Viaje a Buenos Aires

Día 1

Vuelo de España [1] .... Buenos Aires y recepción [2] .... el aeropuerto.

Día 2

Visita panorámica [3] .... autobús para ver la plaza Rosada, la plaza de Mayo y Puerto Madero. Comida [4] .... el barrio de San Telmo y vuelta [5] .... el hotel. Tarde libre.

Día 3

Visita [6] .... el barrio de Palermo y [7] .... el Jardín Japonés. Tiempo libre para comer [8] .... Palermo y visita guiada [9] .... el cementerio de la Recoleta.

Día 4

Excursión [10] .... el barrio de La Boca y tarde libre. Espectáculo de tango [11] .... el café Tortoni.

Día 5

Excursión por el río Tigre [12] .... barco.

Día 6

Vuelo [13] .... España.

3 Verbos *poder* y *preferir*

Poder	Preferir
puedo	prefiero
puedes	prefieres
puede	prefiere
podemos	preferimos
podéis	preferís
pueden	prefieren

- ***Poder*** + infinitivo expresa **posibilidad**:

  *En Guatemala **puedes ver** volcanes, ruinas y **visitar** una ciudad como Antigua.*

- ***Preferir*** + nombre/infinitivo se usa para hablar de **preferencias**:

  *Yo **prefiero el viaje/viajar** a Punta Cana porque es muy barato.*

Estos verbos son irregulares en la raíz verbal.

3.1 **Todo el grupo** Cuenta a la clase cuáles son tus preferencias cuando viajas y justifica por qué.

Cuando viajo, prefiero	ir en avión ir en tren ir en coche ir en autobús ir a casa de un amigo ir a un *camping* dormir en un hotel ir a la playa ir al campo ir a la montaña visitar una ciudad comer en un restaurante ...	porque	es (más)	divertido. barato. relajante. interesante. variado. rápido. cómodo. seguro. ...
			puedes	pasear. ver animales. disfrutar de la naturaleza. hacer una excursión. hacer turismo. tomar el sol. ...

RAE

LÉXICO
Los adjetivos más frecuentes en español asociados a medios de transporte son: *ecológico, rápido, lento, caro, peligroso, cansado, práctico, seguro, cómodo, económico, puntual, contaminante, barato.*

4 *Hay, ser y estar*

- ***Hay*** se usa para hablar de la **existencia** o **inexistencia** de algo:

  *Cerca del museo **hay** un parque.*

  *En el hotel no **hay** restaurante.*

- ***Ser*** + adjetivo se usa para **describir** objetos, lugares y personas:

  *El hotel **es** céntrico/grande/pequeño/limpio.*

- ***Estar*** se usa para **localizar** lugares, personas y objetos en el espacio:

  ▶ *¿Dónde **está** la estación de trenes?*

  ▷ ***Está** cerca del hotel.*

4.1 **En parejas** Completa los comentarios con los verbos *ser*, *estar* o *hay*.

infoHotel

Hotel NovoLuxe

★ ★ ★

El hotel [1] .... en el centro y [2] .... una parada de autobús delante. En las habitaciones dobles [3] .... aire acondicionado y minibar, pero la conexión wifi, aunque [4] .... gratuita, no [5] .... muy buena. El restaurante [6] .... agradable. [7] .... en la primera planta del hotel. [8] .... pequeño, pero la atención [9] .... muy buena. [10] .... un bufé libre muy variado. El hotel tiene categoría de tres estrellas.

La excursión a Antigua [11] .... muy interesante. En la ciudad [12] .... muchas iglesias, ruinas y museos, y puedes visitar el volcán de Agua y el cerro de la Cruz, un mirador que [13] .... a 10 minutos en coche del centro. Al cerro de la Cruz puedes ir en taxi o andando y al volcán de Agua puedes ir en taxi ([14] .... a 11 kilómetros más o menos).

Practica en contexto

1 [13] Escucha a estas dos personas y marca la información que se refiere a Marta, a Antonio o a los dos.

Expresar deseos

Para hablar de **deseos**, utilizamos el verbo *querer* + nombre/infinitivo:

- qui**e**ro
- qui**e**res
- qui**e**re
- queremos
- queréis
- qui**e**ren

El verbo *querer* es irregular.

*Marta **quiere** un viaje cultural y visitar museos.*

	Antonio	Marta
1. Tiene poco dinero.	☐	☐
2. Quiere ir a una ciudad.	☐	☐
3. Busca relax.	☐	☐
4. Quiere viajar en barco.	☐	☐
5. Quiere un viaje cultural.	☐	☐
6. Tiene muchos días de vacaciones.	☐	☐
7. Quiere conocer una cultura diferente.	☐	☐
8. Busca naturaleza.	☐	☐
9. Tiene pocos días de vacaciones.	☐	☐

1.1 **En parejas** Lee la información de estas tres ofertas y decide cuál es el viaje ideal para Marta y cuál para Antonio y por qué. Puedes buscar en el diccionario las palabras que no entiendes.

El viaje ideal para Marta es… porque…

OFERTA 1 (Circuito de 9 días) desde 1400 €

Altiplano guatemalteco con Tikal y Antigua

Si buscas historia y el encanto de las antiguas civilizaciones, las ciudades coloniales y los mercados autóctonos, no te pierdas este itinerario por Guatemala. Ruinas mayas, arquitectura colonial, selva, volcanes, baños termales, paseo en barco por el lago Atitlán… Todo esto y mucho más te espera en el corazón de América.

OFERTA 2 (7 noches de hotel) desde 790 €

Descubre el mejor Caribe

Conoce la cultura dominicana y su deliciosa gastronomía. Disfruta del color de las espectaculares playas de Punta Cana, los arrecifes de coral en isla Saona, la naturaleza del parque nacional de Cotubanamá. Visita la ciudad colonial de Santo Domingo, declarada Patrimonio de la Humanidad por la Unesco.

OFERTA 3 (6 noches en hotel de 4 estrellas con todo incluido) desde 1200 €

Mi Buenos Aires querido

¿Quieres visitar el colorido barrio de La Boca, las tiendas de San Telmo, las diferentes zonas de Palermo y el cementerio de la Recoleta? ¿Quieres hacer una excursión en barco por el río Tigre o disfrutar de un espectáculo de tango? Tu destino es, sin duda, Buenos Aires.

¿Por qué…? se usa para **preguntar** por la causa y *porque* para **responder**:

▶ *¿**Por qué** prefieres viajar en avión?*
▷ ***Porque** es más seguro.*

1.2 **En parejas** ¿Cuál de los tres destinos prefieres para ti? ¿Por qué?

1.3 **Todo el grupo** ¿Cuáles son los destinos más turísticos de tu país? ¿Qué buscan normalmente los turistas que lo visitan? Cuéntaselo a tus compañeros.

2 [14] Juan y Ana están en Antigua, en el hotel Quetzal. Escucha la conversación con el recepcionista y completa la información de la tabla.

Pueden visitar...	Pueden ir...	¿Está lejos?	¿Cuánto cuesta?
el centro histórico			
el cerro de la Cruz			
el volcán de Agua			
las plantaciones de café			

RAE
LÉXICO
Español de España › coger: *Tú **coges** poco el metro...*
Español de América › tomar/agarrar: *Sale corriendo y **toma** el autobús...*

Pedir/dar información para ir a un lugar
- Perdón/Por favor, **¿cómo puedo/podemos ir a...?**
- ***Puede(s)/Pueden*** + ***tomar/coger/ir en*** + medio de transporte

▶ *¿**Cómo podemos ir a** plaza Central?*
▷ ***Pueden coger el metro** o **ir en el** autobús número 3.*

Preguntar/decir el precio
Usamos el verbo ***costar***:

▶ *¿Cuánto **cuesta** la excursión?*
▷ ***Cuesta** 20 €.*

3 [15] Juan y Ana van a visitar la iglesia de la Merced. Señala en el plano de Antigua el recorrido, según las indicaciones.

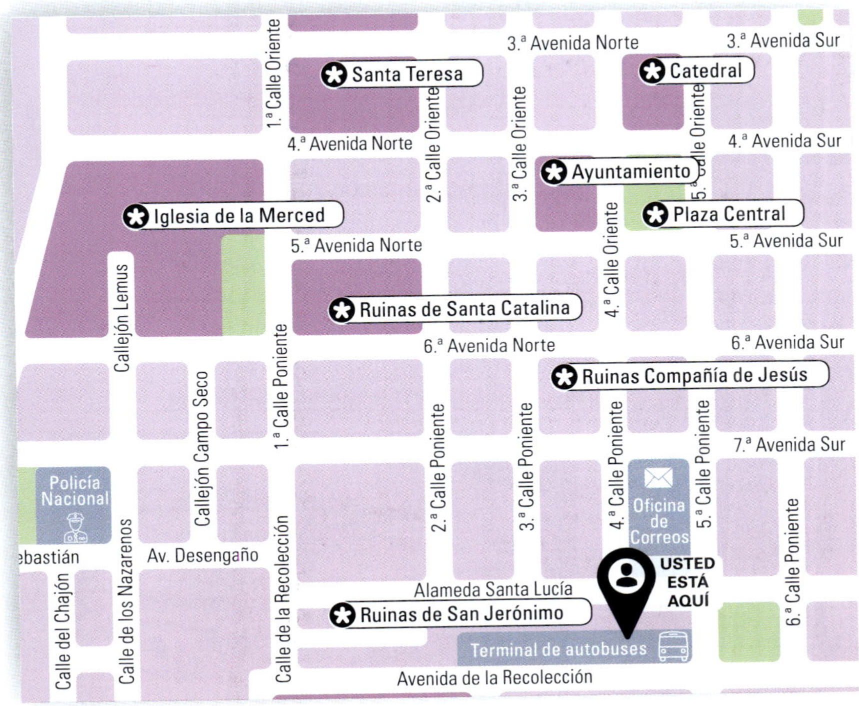

Pedir/dar información espacial
- Perdón/Por favor, **¿dónde está/están...?**
- (Mira/Mire),
  - **gira/gire** a la derecha/izquierda... en...
  - **cruza/cruce** la calle...
  - **sigue/siga** todo recto por esta/la calle... hasta...
  - **allí/allá está/están...**

▶ *Por favor, **¿dónde está** la oficina de información?*
▷ ***Mira, sigue todo recto** hasta la segunda calle, **gira** a la derecha y **cruza** la calle. **Allí está** la oficina de información.*

En español, para expresar cercanía o lejanía, se utilizan estos adverbios:
- **aquí** (más cerca del hablante)
- **ahí** (distancia intermedia)
- **allí** (más lejos del hablante)

En Hispanoamérica se prefieren las formas ***acá*** y ***allá***, en lugar de ***aquí*** y ***allí***.

3.1 **En parejas** Pide indicaciones a tu compañero/a para llegar a los siguientes lugares. Después marca con una línea el recorrido en el plano de la actividad anterior.

Estás en...	**Quieres ir a...**
la terminal de autobuses.	la catedral.
la plaza Central.	Santa Teresa.
las ruinas de Santa Catalina.	la iglesia de la Merced.
las ruinas de San Jerónimo.	el ayuntamiento.

RAE
LÉXICO
Español de España › manzana:
*Sí, está justo a dos **manzanas**.*
Español de América › cuadra:
*Camina de una esquina a otra de la **cuadra**.*

- Las formas ***mira, gira, cruza*** y ***sigue*** son informales: se usan con ***tú***.
- ***Mire, gire, cruce*** y ***siga*** son formales: se usan con ***usted***.

México
Lindo y bonito

1 **En parejas** En la revista *Viajeros* encontramos este artículo sobre Ciudad de México. Léelo y completa la ficha.

¿Qué visitar?

Centro histórico. La plaza de la Constitución –el Zócalo–, la Catedral Metropolitana, el Palacio Nacional y la basílica de Guadalupe. A unas cuadras está la plaza Garibaldi, donde se puede comer y escuchar música de mariachis.

Basílica de Guadalupe

Plaza de Garibaldi

¿Qué comer?

La gastronomía mexicana es rica en sabores. Hay restaurantes tradicionales para probar la comida típica y cotidiana. El maíz, los frijoles, el arroz y los chiles son los alimentos básicos y nunca pueden faltar en una mesa las tortillas, las quesadillas, los moles o los tacos.

Quesadillas

Recuerda:
Observar las imágenes ayuda a comprender el texto.

La **plaza de la Constitución**, informalmente conocida como *el Zócalo*, es la plaza principal de Ciudad de México. En ella se encuentra la Catedral Metropolitana de la Asunción de María de México (Patrimonio de la Humanidad desde 1987).

¿Cómo trasladarse?

Taxis. Los taxis autorizados tienen tarifas fijas. Se recomienda comprar el boleto en los puestos oficiales.

Metro. El boleto cuesta 5 pesos mexicanos.

Camiones. El boleto cuesta 5 pesos para una distancia de hasta 5 kilómetros y 6 pesos para más de 5 kilómetros.

Ciclotaxis. Para una o dos personas. Los ciclotaxis son muy cómodos y no demasiado caros: un viaje cuesta entre 20 y 30 pesos.

Bicibuses. Pueden ir hasta 11 personas y... ¡son gratuitos!

No te lo puedes perder

La Casa Azul, en el distrito de Coyoacán, a solo 11 km del centro de Ciudad de México, donde está el Museo Frida Kahlo, reconocida pintora mexicana.

Las pirámides de Teotihuacán, a 78 kilómetros al noreste de la capital mexicana. Son Patrimonio de la Humanidad.

Mundo Chocolate (MUCHO), un museo dedicado al chocolate. Un placer para los cinco sentidos. Hay talleres para dos adultos y dos niños por 180 pesos.

Teotihuacán

Casa Azul

¡Te encantará!

Ficha

Monumentos para visitar en el centro histórico: ....

Lugares de interés fuera del centro histórico: ....

Comidas típicas: ....

Medios de transporte y precio: ....

Vídeo

HOSTAL Babel

Días de fiesta

Antes del vídeo

1 **En parejas** Mira las siguientes fotografías. ¿Conoces estos lugares? Relaciona las imágenes con los sitios señalados en el mapa.

1 ☐

2 ☐

3 ☐

4 ☐

1.1 **En grupos pequeños** ¿Cuál de estos lugares prefieres para pasar unos días? ¿Por qué?

Ejemplo: *Yo prefiero ir a Cádiz, porque tiene playa y puedes tomar el sol.*

1.2 **En grupos pequeños** Ya conoces a los cuatro huéspedes del hostal Babel. ¿A cuál de estos lugares crees que va a viajar cada uno? ¿Por qué?

Durante el vídeo

2 Visiona el fragmento 00:30 ▶ 02:04 y marca las frases que se refieren a Tere (T) o a Hugo (H).

Va a Cádiz. .... ☐
Viaja a Barcelona. .... ☐
Va con unas amigas. .... ☐
Va en furgoneta. .... ☐
Tiene una reserva para alojarse en un albergue. .... ☐
Ya tiene los billetes (boletos) de avión. .... ☐
Quiere dormir poco. .... ☐

3 Ahora visiona el fragmento 02:36 ▶ 04:52 y marca las frases que se refieren a Leo (L) o a Carla (C).

Fíjate:
¿Cómo llama Carla a la furgoneta?
....

Viaja a Londres. .... ☐
Va a Cudillero. .... ☐
Va en avión. .... ☐
Prefiere viajar con comodidades. .... ☐
Viaja con un grupo de compañeros de la maestría. .... ☐
Quiere hacer una reservación en un hotel de lujo. .... ☐
Los billetes cuestan 35 €. .... ☐

4 En el último fragmento (04:52 ▶ final) Bea cuenta qué va a hacer durante el puente. ¿A dónde va? ¿Qué va a hacer? Explica si te parece un buen plan o no y por qué.

Después del vídeo

5 **Todo el grupo** ¿Dónde quieres viajar las próximas vacaciones? ¿En qué medio de transporte? ¿Dónde quieres alojarte? ¿Qué quieres hacer en ese lugar? Cuéntaselo a la clase.

Evaluación

3

1 Relaciona las palabras de las dos columnas.

1. todo	a. wifi	1. ....
2. habitación	b. al aeropuerto	2. ....
3. hotel	c. de viaje	3. ....
4. vuelo	d. por cable	4. ....
5. seguro	e. incluido	5. ....
6. pagar	f. individual/doble	6. ....
7. TV	g. de 4 estrellas	7. ....
8. conexión	h. de ida y vuelta	8. ....
9. traslado	i. con tarjeta	9. ....

2 ¿Qué expresan las preposiciones de las siguientes frases?

dirección | medio de transporte | distancia | tiempo | localización | destino

1. Prefiero viajar **en** autobús porque es más barato. ....
2. El hotel está **a** 5 minutos. ....
3. Día 4: Visita **al** centro histórico de la ciudad. ....
4. La isla Saona está **en** el parque nacional de Cotubanamá. ....
5. El aeropuerto está **a** 20 kilómetros del hotel. ....
6. Yo quiero viajar **a** Buenos Aires porque es una ciudad muy interesante. ....

3 Combina los adjetivos con los siguientes nombres. Puede haber más de una posibilidad.

práctico | agradable | barato | lento | cómodo
pequeño | rápido | económico | bonito | seguro | caro | grande

- restaurante ....
- hotel ....
- medio de transporte ....

4 Mira el recorrido en el plano del centro histórico de Ciudad de México y completa el diálogo.

▶ Perdón, ¿cómo puedo ir a la plaza Garibaldi? ¿Está muy lejos?

▷ No, no, se puede ir caminando. Está a unos 20 minutos de acá, del Zócalo. Mire, [1] .... por la calle República de Brasil hasta la calle Tacuba. Es muy fácil: a la derecha está la catedral. Allá [2] .... y después [3] .... hasta la calle Lázaro Cárdenas. Allá [4] .... y [5] .... cinco cuadras. La plaza está a la derecha.

▶ Muchas gracias.

▷ De nada.

Unidad

4 En familia

¿Cuántos miembros tiene esta familia? ¿Y tu familia?

¿Cómo van vestidos?

¿Están alegres o tristes?

En esta unidad vas a. . .

- Hablar de la familia
- Hablar de acciones cotidianas relacionadas con la familia
- Describir personas: descripción física y de carácter
- Describir la ropa
- Expresar posesión y pertenencia
- Hablar de las acciones que se están realizando
- Conocer a diseñadores de moda del mundo hispano

¿Qué sabes?

1 **En parejas** ¿Conoces a estos famosos? Di su nombre y a qué se dedican. Todos ellos tienen en común que uno de sus familiares es también famoso. ¿Sabes quién es y qué hace? Con tu compañero/a, busca en internet esta información.

1

2

3

4

5

6

2 **En parejas** ¿Cómo crees que son las personas de las fotos anteriores? Ponte de acuerdo con tu compañero/a. Puedes usar el diccionario si no conoces alguna palabra.

alegre | serio/a | sociable | divertido/a | abierto/a | clásico/a | trabajador/a | moderno/a

2.1 **En grupos pequeños** Y tú, ¿cómo eres?

3 **En parejas** Fíjate otra vez en las imágenes. ¿Cómo crees que es el estilo de vestir de esas personas? ¿Moderno, informal, elegante, *fashion*, clásico, deportivo, alegre...?

3.1 **Todo el grupo** Y tú, ¿cómo te vistes normalmente? ¿Con qué foto o fotos te identificas más?

Palabras

1 Lee la descripción de la familia de Esteban y completa las frases.

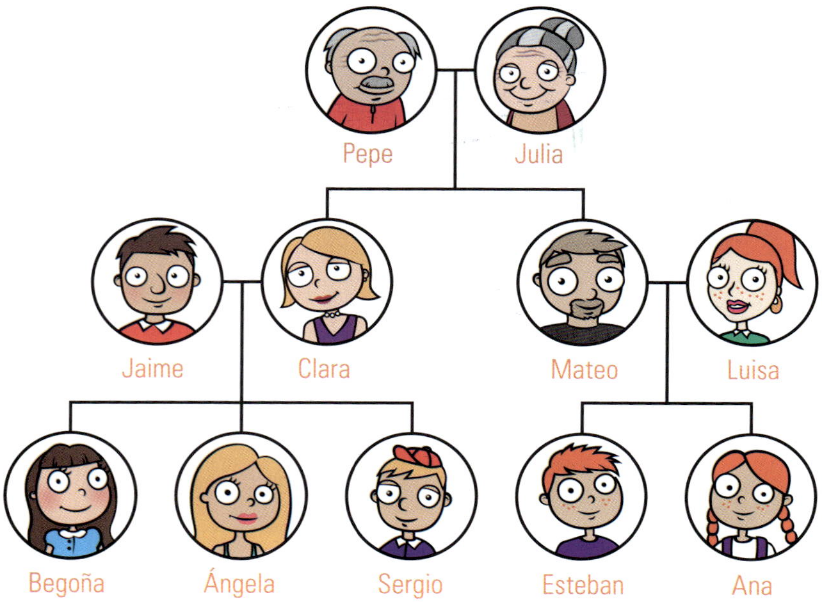

Esta es mi familia.

Mi padre se llama Mateo y mi madre, Luisa. Tengo una hermana menor que se llama Ana.

Mi padre tiene una hermana mayor, mi tía Clara, que está casada con Jaime, mi tío. Jaime y Clara tienen tres hijos: dos hijas y un hijo; son mi prima Begoña, su hermana menor Ángela y su hermano menor Sergio. Mis padres, mis tíos, mis primos, mi hermana y yo vamos muchas veces a comer a casa de mis abuelos, Julia y Pepe, que se ponen muy contentos cuando ven a sus cinco nietos.

Fíjate:
- padre + madre › **padres**
- hermano + hermana › **hermanos**
- tío + tía › **tíos**
- abuelo + abuela › **abuelos**

1. La mujer de Jaime se llama ....
2. Los sobrinos de Mateo y Luisa se llaman ...., ... y ....
3. El marido de Luisa se llama ....
4. Mateo está casado con ....
5. .... es la abuela de Esteban, Ana, Begoña, Ángela y Sergio.

1.1 **Todo el grupo** ¿Cómo es tu familia? Preséntasela a la clase.

2 **En parejas** Relaciona cada descripción con su fotografía correspondiente. Compara la descripción con la imagen y localiza el error que hay. Luego comprueba con tu compañero/a. ¿Coincidís?

1. ☐ Estos son mi hermana Claudia y su pareja Daniel. Claudia **es alta** y **delgada**. **Tiene el pelo moreno** y **los ojos marrones**. Daniel **es castaño** y **tiene los ojos oscuros**. Los dos **son** muy **simpáticos**.
2. ☐ Estos son mis abuelos. Mi abuelo **tiene el pelo blanco** y **lleva barba y bigote**. Mi abuela **tiene el pelo corto** y **es delgada**. Los dos **son** muy **serios** y **activos**. ¡Siempre están haciendo cosas!
3. ☐ Esta es mi prima Eva. Eva **tiene el pelo rizado** y **rubio** y **tiene los ojos azules**. **Es** muy **inteligente**. En la foto está seria porque es un poco **tímida**.

2.1 Clasifica las frases resaltadas según se refieran al aspecto físico o al carácter.

3 [16] Mira las ofertas de ropa de tuarmario.com y escucha la conversación. ¿Qué ropa quiere comprar Luis? ¿Y Maite?

tuarmario.com

Mujer
Pantalones vaqueros
15 € ~~39.99 €~~ -40 %

Mujer
Jersey de lana rojo
45 €

Hombre
Abrigo negro
145 €

Hombre
Camisa de manga larga de diferentes colores
35 € ENVÍO 48 h

Niño
Camiseta de diferentes colores (blanca, azul, roja, amarilla y naranja)
12 € ENVÍO 48 h

Hombre
Pantalones cortos de diferentes colores
29.99 €

Mujer
Falda corta de rayas de algodón
25 € ENVÍO 48 h

Mujer
Bolsos de cuero
desde 29.99 €

Mujer
Zapatos verdes de tacón
75 €

Niño
Zapatillas de diferentes modelos y colores
desde 14.99 €

Hombre
Zapatos marrones de piel
120 €

Ver ofertas exclusivas online

Estos son los nombres en español de los tejidos más comunes:

algodón

lana

piel/cuero

seda

RAE **LÉXICO**

Español de España

- zapatillas deportivas/de deporte : *Observé que seguía calzado con las mismas* ***zapatillas deportivas****.*
- abrigo : *Se puso el* ***abrigo*** *para salir a llevar la carta.*
- camiseta : *Sabemos que viste unos pantalones cortos y una* ***camiseta*** *azul.*
- falda : *Llevaba una* ***falda*** *negra y una hermosa blusa de seda blanca.*

Español de América

- tenis : *Los dos iban de* blue jeans *y* ***tenis****, parecían turistas.*
- tapado (tapadito) : *Caridad Canelón iba por la calle con un* ***tapado*** *corto de piel de conejo.*
- remera : *Para bailar uso el mismo jeans con una* ***remera*** *más llamativa.*
- pollera : *La miré –ojos marrones, pelo castaño, blusa verde,* ***pollera*** *negra…*

3.1 **Todo el grupo** ¿Qué ropa llevas tú normalmente cuando vas a estos lugares?

al trabajo | al gimnasio | a cenar a un restaurante | a la universidad/escuela | a una fiesta

Ejemplo: *Cuando voy al trabajo llevo…*

Gramática

RAE

GRAMÁTICA

La forma ***vos*** se utiliza en distintas partes de Hispanoamérica, pero su uso está extendido sobre todo en Argentina, Uruguay y Paraguay › vos habl**ás**, aprend**és**, escrib**ís**:

*Dicen que una vez que **aprendés** a andar en bicicleta, nunca más se te olvida.*

*Hablé con Mariano, me dio el nombre de un colega suyo. Si **querés**, **escribís** el número de teléfono y el nombre. Ya él conoce tu problema.*

*Pero, a pesar de eso, **hablás** y **narrás** tus cuentos.*

1 Presente de indicativo regular: verbos terminados en *-ar, -er, -ir*

- En español existen tres conjugaciones *(-ar, -er, -ir)* y tienen las siguientes terminaciones en presente de indicativo:

	Hablar	Aprender	Escribir
yo	habl**o**	aprend**o**	escrib**o**
tú	habl**as**	aprend**es**	escrib**es**
él, ella, usted	habl**a**	aprend**e**	escrib**e**
nosotros/as	habl**amos**	aprend**emos**	escrib**imos**
vosotros/as	habl**áis**	aprend**éis**	escrib**ís**
ellos, ellas, ustedes	habl**an**	aprend**en**	escrib**en**

- El presente de indicativo se usa para expresar **acciones habituales** o **acciones** que se realizan en el tiempo **presente**:

*Los fines de semana mis hermanos y yo **paseamos** por la playa.*
*Normalmente **trabajo** de 8 a 17 h.*
***Estudio** Económicas en la Universidad de Salamanca.*

1.1 Conjuga los siguientes verbos en la persona indicada.

1. llevar (ustedes) ....
2. cenar (tú) ....
3. cocinar (vosotros) ....
4. comprar (él) ....
5. leer (ella) ....
6. comer (ellos) ....
7. beber (vosotros) ....
8. correr (tú) ....
9. vivir (vos) ....
10. abrir (yo) ....
11. escribir (usted) ....
12. subir (nosotros) ....

2 Hablar de acciones que están en proceso

- Para hablar de acciones que **se están desarrollando** en este momento se usa la estructura ***estar*** + gerundio.
- Para formar el gerundio se sustituye la terminación del infinitivo por estas terminaciones:
  - verbos en *-ar* › *-ando*
  - verbos en *-er, -ir* › *-iendo*

estoy
estás
está
estamos
estáis
están

\+ cocin**ando** / aprend**iendo** / escrib**iendo**

¡Hola! En este momento estoy cocinando.

Fíjate: Algunos gerundios irregulares comunes son:

- dormir › d**u**rmiendo
- leer › le**y**endo
- pedir › p**i**diendo
- vestir › v**i**stiendo
- ir › **y**endo
- morir › m**u**riendo
- decir › d**i**ciendo
- oír › o**y**endo

2.1 ¿Qué están haciendo estas personas?

Subir las escaleras. | Jugar a la pelota. | Beber agua.

1

2

3

3 Adjetivos y pronombres demostrativos

Los demostrativos sirven para indicar **la distancia** entre los interlocutores y el objeto o persona a los que se refieren. Pueden utilizarse como adjetivos (si acompañan al nombre) o como pronombres (si van solos):

	Masc. singular	Fem. singular	Masc. plural	Fem. plural
Aquí	este	esta	estos	estas
Ahí	ese	esa	esos	esas
Allí	aquel	aquella	aquellos	aquellas

(+ nombre)

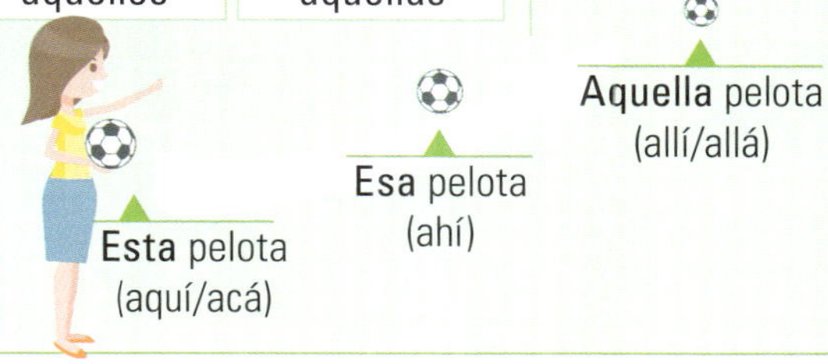

Es frecuente utilizar las manos para señalar el objeto del que estamos hablando, reforzando así la idea de cercanía o lejanía.

3.1 **Completa con el demostrativo adecuado teniendo en cuenta la distancia que se indica.**

1. ▶ ¿Te gustan .... pantalones? (Ahí)
   ▷ No, prefiero comprar .... Son más bonitos. (Allí)
2. Quiero .... falda roja. (Aquí)
3. Necesito unas zapatillas para hacer deporte. ¡..................... son perfectas! (Aquí)
4. ¡..................... bolso de piel es muy bonito! (Allí)
5. ¿Cuánto cuesta .... abrigo rojo de ahí?

4 Adjetivos posesivos

- Los posesivos indican **de quién** es un objeto o la relación de **parentesco** entre las personas:

	Singular	Plural	
Un poseedor	mi tu su	mis tus sus	(yo) (tú) (él, ella, usted)
Varios poseedores	nuestro/a vuestro/a su	nuestros/as vuestros/as sus	(nosotros/as) (vosotros/as) (ellos, ellas, ustedes)

- El posesivo concuerda en género y número con la persona o cosa poseída:

  *Ella lleva **nuestros libros** en una bolsa.*

  *Estos son **mis padres**.*

- El posesivo ***su*** puede referirse a uno o a varios poseedores:

  *Voy a **su casa**.* (Puede ser la casa *de él, de ella, de ellos, de ellas, de usted* o *de ustedes*)

4.1 **Completa el diálogo con el posesivo adecuado.**

▶ Tus hermanas están casadas, ¿no?
▷ [1] .... hermana Eva no está casada, pero Luisa sí. [2] .... marido es de Canadá y tienen dos hijos de 4 y 5 años. Son muy guapos.
▶ ¿Y en qué lengua hablan con [3] .... hijos?
▷ En inglés y en español.
▶ ¡Qué suerte tienen [4] .... sobrinos! Yo tengo 35 años y hablo muy mal inglés...

Practica en contexto

Describir el físico

- **Es** alto/a, bajo/a, gordo/a, delgado/a, guapo/a, feo/a...
- **Tiene** los ojos verdes, negros, marrones, oscuros...
- **Tiene** el pelo rubio, moreno, blanco, castaño, negro, largo, corto, liso, rizado...
- **Tiene/lleva** barba, bigote...

Describir la ropa y los complementos

- **Llevar** + prenda de ropa o complemento

  __Lleva__ unos pantalones vaqueros y una camiseta roja.

  ¿__Llevas__ gafas?

- Estos son algunos **colores** que puedes usar:

negro/a	gris	rosa
blanco/a	azul	marrón
rojo/a	verde	amarillo/a

1 **En parejas** ¿Quién es quién en esta reunión familiar? Lee las descripciones y escribe el nombre de cada miembro de la familia.

LUCAS

Es el hermano mayor de Patricia. Está hablando con su prima Eva, la hija del tío Juan, una chica morena, alta y muy guapa que lleva una falda vaquera azul y una camisa blanca.

ANA

Es la hermana menor de Patricia. Lleva una falda roja y una camiseta blanca. A la izquierda está el tío Juan, el hermano mayor de su padre, que está bebiendo agua al lado del ventilador porque tiene mucho calor.

JOSÉ LUIS Y ARANTXA

Son los padres de Patricia. Están comiendo unos canapés cerca del mueble. Su padre es alto, moreno y tiene bigote, y su madre es morena y un poco bajita. José Luis lleva un traje gris y Arantxa un vestido negro. Cerca de ellos están los abuelos de Patricia, Antonio y Pepa, que también están comiendo unos canapés. Su abuelo tiene el pelo blanco y lleva bigote. Su abuela tiene también el pelo blanco y lleva gafas.

M.ª LUISA

Es su tía, la mujer de su tío Juan. Es una mujer muy elegante que lleva un vestido verde. Está jugando con su nieto, Alfonso, que tiene 3 años. Detrás está Javi, el marido de Eva. Es alto, rubio y lleva unos vaqueros y una camiseta amarilla. Está hablando con Patricia sobre su hijo.

RAE **LÉXICO**

Español de España › vaquero(s):

*Solía vestirse con pantalones **vaqueros** y chaquetas muy elegantes.*

Español de América › *jean(s)*, bluyín (bluyines):

*Malena cambió la minifalda por **bluyines**.*

1.1 **En parejas** Ahora completa el árbol genealógico de Patricia.

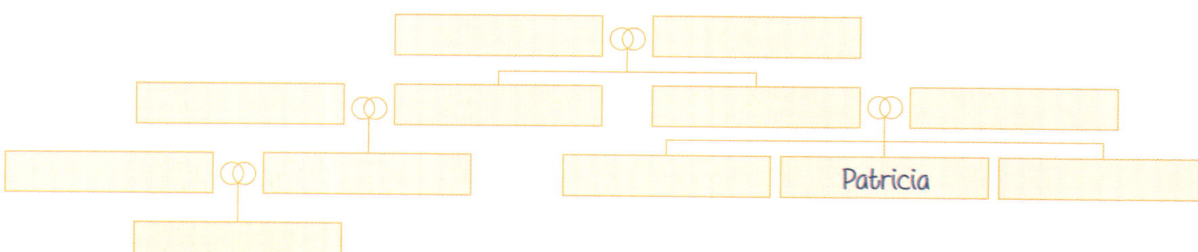

2 **En parejas** Haz el siguiente test a tu compañero/a y toma notas.

1. ¿A qué miembro/s de la familia ves con más frecuencia? ¿Por qué?
2. ¿Qué haces con tu familia normalmente?
3. ¿Visitas normalmente a tus tíos, primos o abuelos? ¿Cuándo? ¿Qué haces normalmente con ellos?
4. ¿Con quién celebras los cumpleaños? ¿Qué haces normalmente para celebrarlos?

Expresar frecuencia

+
- siempre
- normalmente
- a menudo
- con frecuencia
- a veces
- (casi) nunca

–

Fíjate:
Cuando una pregunta comienza con una preposición, se usa la misma preposición para responder:

▶ *¿Con quién celebras tu cumpleaños?*
▷ *Con mi familia y mis amigos.*

2.1 **Todo el grupo** ¿Crees que tu compañero/a es una persona familiar? ¿Por qué? Justifica tu respuesta.

2.2 **Todo el grupo** ¿La familia en tu país es muy extensa? ¿La familia se ve con frecuencia? ¿En qué ocasiones?

3 [17] Escucha las conversaciones y relaciona las descripciones con las fotos.

3.1 [17] Vuelve a escuchar el audio y marca en el cuadro los adjetivos de carácter con los que se describe a estas personas. Luego busca los adjetivos contrarios.

	Ernesto es...	Juan es...	Julia es...	Claudia es...
simpático/a				
sociable				
divertido/a				
trabajador/a				
tímido/a				
alegre				
inteligente				

Describir el carácter

Para describir el carácter de las personas utilizamos el verbo *ser* y un adjetivo de carácter:

- Es...
  - alegre ≠ serio/a
  - simpático/a ≠ antipático/a
  - sociable ≠ tímido/a

Eva es alegre pero muy tímida.

3.2 **Todo el grupo** Busca una foto de algún familiar o amigo y después cuenta a la clase cómo se llama esa persona, cómo es físicamente, cómo es su carácter y qué está haciendo en la foto.

Esta es una foto de mi/mis...

DISEÑADORES
de aquí y de allá

Michelle Obama durante el discurso de su marido, Barack Obama, en Chicago (vestido diseñado por Narciso Rodríguez)

Lady Gaga en una visita al Empire State Building (vestido de Carolina Herrera)

Renée Zellweger en Nueva York en el estreno de *Miss Potter* (vestido de Carolina Herrera y zapatos de Manolo Blahnik)

Narciso Rodríguez

Este diseñador de padres cubanos fue quien diseñó el vestido de Michelle Obama para la inauguración presidencial de 2008. También llevan sus diseños actrices como Salma Hayek, Sarah Jessica Parker, Rachel Weisz o Sônia Braga.

Carolina Herrera

Carolina Herrera, nacida en Venezuela, es la diseñadora hispana más reconocida mundialmente. Llevan sus diseños celebridades como Nicole Kidman, Jessica Alba, Angelina Jolie, Salma Hayek, Lucy Liu, Renée Zellweger y Lady Gaga, entre otras. Sus líneas de maquillaje y perfumes también son muy famosas.

Custo Dalmau

Custo Dalmau y su hermano David tienen su propia marca, Custo Barcelona, por la que son mundialmente conocidos. Sus camisetas, con un estilo diferente y colorido, son famosas por series de televisión como *Friends*. Las camisetas son su producto estrella, pero en la actualidad Custo Barcelona tiene también una línea completa de moda.

Zapato de Manolo Blahnik exhibido en el Museo Kampa de Praga en la exposición *Manolo Blahnik: The Art of Shoes*

Manolo Blahnik

Hijo de padre checo y de madre canaria, Manuel Blahnik Rodríguez, más conocido como Manolo Blahnik, es un diseñador de moda español. Es el fundador de una de las marcas de zapatos más prestigiosas del mundo.

Tienda de Custo Barcelona en la Diagonal (Barcelona)

1 **Todo el grupo** ¿Hay algún diseñador de moda famoso en tu país? Preséntaselo al resto de la clase.

Vídeo

HOSTAL Babel

Navidad en Babel

Antes del vídeo

1 Fíjate en la fotografía. ¿Qué están haciendo Carla y Leo? ¿Qué están preparando?

1.1 **En parejas** ¿Adornas tu casa en estas fechas? ¿Cómo?

Durante el vídeo

2 Comprueba tus respuestas de la actividad 1 visionando el primer fragmento (00:30 ▶ 01:00).

3 Hugo siempre se reúne con su familia en Navidad. Visiona el fragmento 01:53 ▶ 04:22 y marca la información correspondiente a cada familiar.

	Su madre	Su tía	Su padre	Su hermano	Su primo	Su prima
Lleva una camiseta de cuadros.	☐	☐	☐	☐	☐	☐
Es gordita.	☐	☐	☐	☐	☐	☐
Tiene el pelo largo y rubio.	☐	☐	☐	☐	☐	☐
Es un poco serio.	☐	☐	☐	☐	☐	☐
Lleva corbata.	☐	☐	☐	☐	☐	☐
Es muy tímido.	☐	☐	☐	☐	☐	☐
Tiene el pelo corto.	☐	☐	☐	☐	☐	☐
Tiene bigote.	☐	☐	☐	☐	☐	☐
Tiene el pelo largo y negro.	☐	☐	☐	☐	☐	☐
Es simpática.	☐	☐	☐	☐	☐	☐
Lleva una camisa azul.	☐	☐	☐	☐	☐	☐
Tiene 46 años.	☐	☐	☐	☐	☐	☐

4 Carla está un poco triste porque está lejos de su familia. Visiona la última parte del vídeo (04:22 ▶ final) y escribe qué planes proponen y quién para animar a Carla.

Fíjate: ¿Cómo llama Hugo a los platos típicos de México? ....

1. .... juntos en el hostal.
2. .... platos típicos de México y Argentina.
3. .... de fiesta.
4. .... de compras.

Después del vídeo

5 **En grupos pequeños** Después de ver este episodio, ya conoces un poco mejor a los habitantes del hostal Babel. ¿Puedes describir cómo son? ¿Qué llevan hoy? Si es necesario, puedes volver a ver el vídeo. Luego compara tu descripción con la de tus compañeros.

6 **Todo el grupo** ¿Tú también celebras la Navidad? ¿Con qué familiares la celebras normalmente? ¿Dónde la celebras? ¿Qué ropa te pones?

Evaluación

1 Describe a las personas de las fotografías, fíjate también en la ropa que llevan.

1

2

2 Completa las frases con el posesivo adecuado.

mi | vuestros | mis | tus | nuestros | sus

1. ▶ ¿Estas son .... gafas? Las estás buscando, ¿verdad?
   ▷ Sí, sí, son .... gafas. ¡Gracias!
2. ▶ ¿Sabes que las hermanas de Shakira son modelos?
   ▷ No, no, las modelos son .... primas.
3. ▶ Oye, Carmen, ¿quién es tu hermano? ¿El de la camisa verde?
   ▷ ¿.......................... hermano? No, es el que está hablando por teléfono.
4. ▶ Juan, Ana, ¿son esos .... padres?
   ▷ Sí, esos son .... padres. Ven, que te los presentamos.

3 Elige el demostrativo adecuado.

1. ▶ ¿Quiénes son tus tíos?
   ▷ **Estos/Aquellos**. En esta foto están muy guapos, ¿no?
   ▶ ¿Y **esa/esta** niña de aquí?
   ▷ Es mi prima Carolina. Es un poco tímida, pero es muy simpática.
2. ▶ ¿De quién es **esta/aquella** camisa de allí?
   ▷ Es de Luis.
3. ▶ ¿Qué podemos regalarle a Marta? **Aquel/Este** jersey de aquí es muy alegre, ¿no?
   ▷ Yo prefiero algo más clásico. ¿Y si le compramos **aquella/esta** falda azul de allí?
4. ▶ **Aquella/Esa** chica de allí lleva unos pantalones muy bonitos, ¿la ves?
   ▷ Sí, es verdad. **Estos/Esos** que llevo yo también son bonitos y muy cómodos.

4 Completa el texto con los verbos en presente de indicativo.

Mi familia [1] .... (ser) muy especial. [2] .... (Ser, nosotros) tres hermanos y todos [3] .... (estar) muy unidos. Mis padres [4] .... (tener) una casa muy grande en el campo y normalmente [5] .... (ir, nosotros) allí porque hay mucho espacio. Mis hermanos ya no [6] .... (vivir) en casa, pero yo sí porque [7] .... (tener) 15 años y todavía [8] .... (estar) estudiando. A veces [9] .... (comer) todos juntos y [10] .... (hablar) de las historias de la familia o [11] .... (pasear) por el campo.

Unidad

5 Igual que todos los días

¿A qué hora te levantas?
¿Temprano o tarde?

¿Dónde desayunas normalmente?

¿Cuál es tu día favorito de la semana?
¿Y tu mes?

En esta unidad vas a...

- Decir la hora
- Hablar de acciones habituales
- Hablar de horarios, fechas y partes del día
- Situar las acciones en el tiempo
- Expresar frecuencia y el número de veces que se hace algo
- Conocer el horario de los españoles

¿Qué sabes?

1 ¿Sabes decir la hora en español? Fíjate en las imágenes y relaciónalas con las frases.

a. Son las nueve en punto.
b. Son las dos **y** media.
c. Son las cuatro **y** cuarto.
d. Son las seis **y** dos.
e. Es la una **menos** cuarto.
f. Son las doce **menos** cinco.

1.1 **En parejas** Completa el esquema de las horas con ayuda de la actividad anterior.

cuarto
y media
y
menos
cuarto
en punto

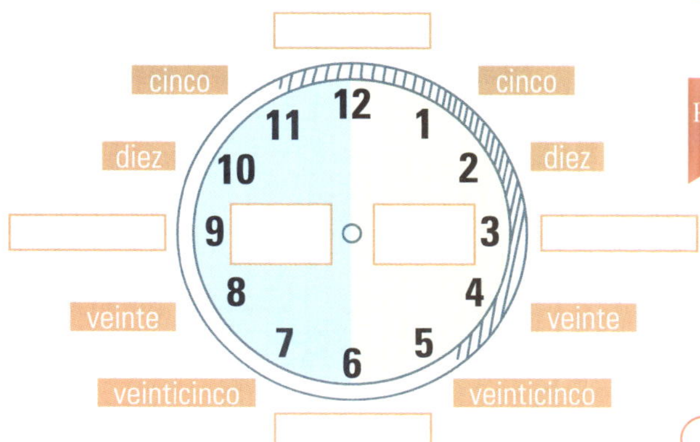

Para preguntar la hora decimos:
¿Qué hora es?/¿Sabes qué hora es?

RAE

COMUNICACIÓN
Español de América › ¿Qué horas son? : *–¿Qué horas son, compañero? –Van a dar las cinco.*
Español de América › *Son (un)/Falta un cuarto para* + hora : *Sí, son cuarto para las doce de la noche.*

~~*Son*~~ ***Es la una*** *y veinte.*

- Para **decir la parte del día** en la que situamos una acción se usa ***por*** *la mañana/tarde/noche* y ***a*** *mediodía*:
  *Voy a clase **por** la mañana.*
- Para **concretar la hora** se usa: hora + ***de*** *la mañana/tarde/noche*:
  *En Madrid son las cinco y media **de** la tarde y en Los Ángeles son las ocho y media **de** la mañana.*
- En contextos formales se usa el formato 24 horas para expresar la hora:
  *El tren sale a **las 17:30**.* ("El tren sale a **las diecisiete treinta horas**").

2 **En parejas** ¿Cuándo realizas estas actividades? Clasifícalas según el momento del día y compáralas con tu compañero/a.

Dormir. | Tomar un sándwich. | Hacer deporte. | Escuchar música. | Estudiar. | Lavarte los dientes. | Tomar café. | Leer un libro. | Hacer la compra. | Salir con amigos/as.

Por la mañana	A mediodía	Por la tarde	Por la noche

2.1 **En parejas** ¿Qué otras actividades realizas tú en las diferentes partes del día? Amplía la tabla de la actividad anterior.

Palabras

1 Lee los comentarios de estas personas sobre sus rutinas y escribe los días de la semana.

Ver la tele

Antonio: "Los miércoles y los jueves no salgo, siempre preparo la cena en casa y veo la tele con mi pareja".

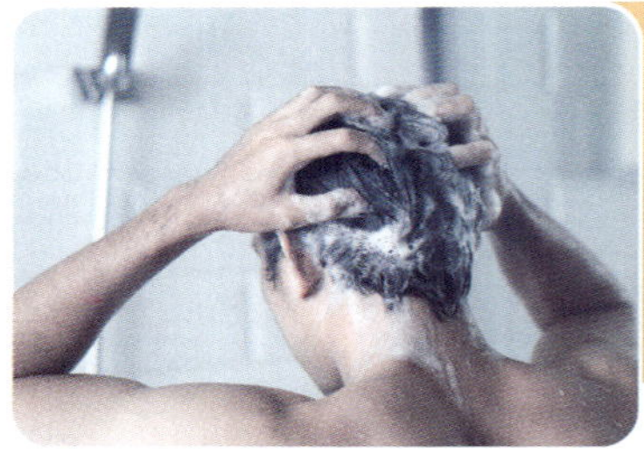

Ducharse

César: "Los lunes me ducho por la noche, porque los martes por la mañana salgo de casa muy temprano".

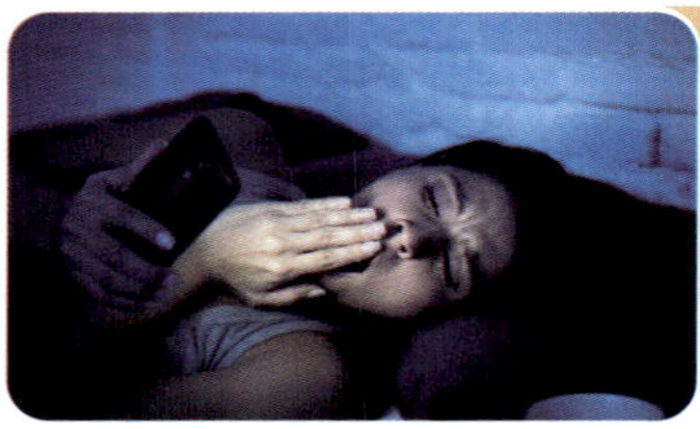

Acostarse

Esther: "Siempre pongo la alarma en el móvil cuando me acuesto".

Trabajar

Natalia: "Trabajo en una oficina de lunes a viernes, de 8 de la mañana a 5 de la tarde".

Levantarse

Raquel: "Los sábados y los domingos me levanto más tarde porque no tengo que trabajar".

Desayunar

Arturo: "El fin de semana desayuno en casa tranquilamente: café, fruta y cruasanes".

Fíjate:

- Estas son las abreviaturas de los días de la semana: L/M/X/J/V/S/D. El miércoles se representa con una **X** para evitar la confusión con la **M** del martes.
- La estructura ***soler*** + infinitivo sirve también para expresar acciones habituales:

  *Los sábados y los domingos **suelo** levantarme más tarde.*

L... ... ...
M... ... ...
M... ... ...
J... ... ...
V... ... ...
S... ... ... } **Fin de semana**
D... ... ...

1.1 **En parejas** ¿Hazle esta encuesta a tu compañero/a. ¿Tenéis las mismas rutinas?

Fíjate:
Para hablar de los horarios usamos:
- a las...
  Me levanto siempre a las ocho.
- de... a...
  Trabajo de nueve a tres.
- desde la/las... hasta la/las...
  El banco abre desde las ocho hasta las dos.

1. ¿A qué hora te levantas?
   Me levanto a las ....
2. ¿Cuándo te duchas?
   - ☐ Por la mañana.
   - ☐ Por la tarde.
   - ☐ Por la noche.
3. ¿A qué hora te acuestas?
   Me acuesto a las ....
4. ¿Qué horario de trabajo/estudio tienes?
   De .... a ....
5. ¿Dónde desayunas normalmente?
   - ☐ En mi casa.
   - ☐ En el trabajo.
   - ☐ En una cafetería.
   - ☐ Otros: ....
6. ¿Cuándo ves la tele?
   - ☐ Por la mañana. ☐ Por la tarde.
   - ☐ Por la noche. ☐ Nunca.
7. ¿Quién prepara la cena en tu casa?
   - ☐ La preparo yo.
   - ☐ La prepara ....

2 [18] Escucha lo que dicen estas personas sobre lo que hacen a diario y escribe las acciones debajo de la foto correspondiente.

2.1 [18] Vuelve a escuchar el audio y numera las imágenes según el orden en que realizan las acciones Sebastián, Julia y Andrea.

2.2 **En parejas** ¿Qué otras acciones cotidianas conoces asociadas a estos verbos? Haz una lista con tu compañero/a.

- **Leer**: *un libro*
- **Hacer**:
- **Tomar**:
- **Lavarse**:
- **Jugar**:
- **Salir**:

Asociar palabras a un verbo te ayuda a recordar sus posibles combinaciones y a fijar otras nuevas.

Gramática

1 Presente de indicativo: verbos irregulares

A. Verbos con irregularidad vocálica

	e > ie Cerrar	Otros verbos	o > ue Dormir	Otros verbos
yo	cierro	empezar	duermo	recordar
tú	cierras	comenzar	duermes	poder
él, ella, usted	cierra	merendar	duerme	volver
nosotros/as	cerramos	querer	dormimos	contar
vosotros/as	cerráis	preferir	dormís	costar
ellos, ellas, ustedes	cierran	despertarse	duermen	acostarse

	e > i Pedir	Otros verbos	u > ue Jugar
yo	pido	reírse	juego
tú	pides	repetir	juegas
él, ella, usted	pide	vestirse	juega
nosotros/as	pedimos	medir	jugamos
vosotros/as	pedís	elegir	jugáis
ellos, ellas, ustedes	piden	corregir	juegan

Fíjate:
Algunos verbos tienen un cambio ortográfico para conservar el sonido original del infinitivo. Este cambio no se considera una irregularidad:
*co**g**er > co**j**o; conven**c**er > conven**z**o; se**gu**ir > si**g**o...*

Fíjate:
Jugar es el único verbo con la irregularidad *u > ue*.

RAE GRAMÁTICA
Recuerda que la forma vos se usa principalmente en Argentina, Uruguay y Paraguay.
El presente de la forma *vos* es regular: *vos* pensás, tenés, dormís, jugás, pedís, decís ...:
*Vos pensás así porque no **tenés** hijos...*
*Eso que **vos decís** es lo mismo que **decís** que decía Perón...*

- Los verbos *tener* y *venir* tienen doble irregularidad:
  ***tengo**, t**ie**nes, t**ie**ne, tenemos, tenéis, t**ie**nen*
  ***vengo**, v**ie**nes, v**ie**ne, venimos, venís, v**ie**nen*
- Recuerda que los verbos *ser*, *estar* e *ir* tienen una irregularidad propia:
  ***soy**, **eres**, **es**...; **estoy**, **estás**, **está**...; **voy**, **vas**, **va**...*

B. Verbos que tienen la primera persona *(yo)* irregular

Hacer
hago
haces
hace
hacemos
hacéis
hacen

Otros verbos	
saber	> **sé**
salir	> **salgo**
poner	> **pongo**
dar	> **doy**
ver	> **veo**
conocer	> **conozco**

1.1 Completa el cuadro según el modelo.

Forma	Persona	Infinitivo	Irregularidad
cuenta	*él, ella, usted*	*contar*	*o > ue*
salgo			
duermen			
empiezas			
pongo			
juegas			
piden			

2 Verbos reflexivos

- Los verbos reflexivos se forman añadiendo los siguientes pronombres:

	Ducharse
yo	**me** ducho
tú	**te** duchas
él, ella, usted	**se** ducha
nosotros/as	**nos** duchamos
vosotros/as	**os** ducháis
ellos, ellas, ustedes	**se** duchan

Levantarse, lavarse, despertarse, acostarse, vestirse, apellidarse, llamarse... también son reflexivos:

Yo me ducho dos veces al día, una por la mañana y otra por la noche.

2.1 Completa las formas que faltan de cada verbo.

e › ie Despertarse		e › i Vestirse	
me	despierto	....	....
....	....	....	....
....	....	se	viste
....	....	....	....
os	despertáis	....	....
....	....	se	visten

o › ue Acostarse		1.ª persona irregular Caerse	
....	....	....	....
te	acuestas	te	caes
....	....	....	....
nos	acostamos	....	....
....	....	....	....
....	....	se	caen

3 Relaciona los siguientes infinitivos con el nombre adecuado.

1. Hacer
2. Poner
3. Pedir
4. Contar
5. Dar
6. Salir

a. un cuento.
b. la lavadora.
c. de casa.
d. la cama.
e. un paseo.
f. una *pizza*.

3.1 [19] Escucha lo que dicen estas personas sobre su día a día para comprobar tu respuesta anterior.

3.2 [19] Vuelve a escuchar y relaciona a las personas con las imágenes a través de las acciones que realizan.

Persona ....

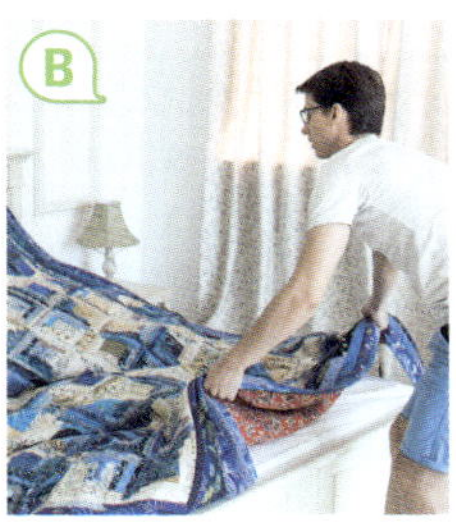

Persona ....

Persona ....

Persona ....

Persona ....

Persona ....

4 Lee el texto y completa con las formas adecuadas de los verbos.

¡Hola! [1] .... (Llamarse) Javier. [2] .... (Tener) 39 años y [3] .... (vivir) en Cali. Por la mañana [4] .... (levantarse), [5] .... (desayunar) y [6] .... (ducharse). A las siete y media [7] .... (salir) de casa porque [8] .... (empezar) a trabajar a las ocho. [9] .... (Trabajar) hasta las cuatro. A la una del mediodía [10] .... (hacer) un descanso y [11] .... (tomar) un sándwich y una fruta. Por la tarde, [12] .... (volver) a casa. A veces, cuando [13] .... (llegar) cansado, [14] .... (dormir) un rato o [15] .... (escuchar) música. Si no [16] .... (estar) cansado, [17] .... (dar) un paseo, [18] .... (ir) al gimnasio, [19] .... (hacer) la compra... Por la noche, [20] .... (preparar) la cena y después [21] .... (leer) un poco o [22] .... (ver) la tele. Normalmente [23] .... (acostarse) a las once de la noche, porque al día siguiente [24] .... (despertarse) muy pronto.

Practica en contexto

1 [20] Escucha lo que hacen Gema y Ernesto un día normal y marca la información correspondiente a cada uno.

Gema
35 años. Ingeniera

Gema		Ernesto
☐	1. Se despierta a las 7:00.	☐
☐	2. Se despierta a las 6:30.	☐
☐	3. Se ducha por la mañana.	☐
☐	4. Come a las 14:00.	☐
☐	5. Come a media mañana.	☐
☐	6. Duerme la siesta después de comer.	☐
☐	7. Corre.	☐
☐	8. Da un paseo.	☐
☐	9. Se ducha antes de cenar.	☐
☐	10. Pide una *pizza*.	☐
☐	11. Juega con el ordenador.	☐
☐	12. Se acuesta pronto.	☐

Ernesto
16 años. Estudiante

Relacionar dos acciones temporalmente

- ***después de*** + infinitivo/nombre

  Después de ducharme/la ducha me visto.

- ***antes de*** + infinitivo/nombre

  *Todos los días corro por el parque **antes de** cenar/la cena.*

1.1 **En parejas** ¿Tú haces estas cosas habitualmente? ¿Cuáles sí y cuáles no? ¿A qué hora?

2 Carolina y Javi son compañeros de piso y por la mañana cada uno tiene rutinas diferentes. Lee la información, ordena las acciones de cada uno y completa.

☐ Ducharse: 8:30 ☐ Maquillarse: 8:50 ☐ Vestirse: 8:45
☐ Salir de casa: 9:00 ☐ Desayunar: 8:00

☐ Salir de casa: 9:00 ☐ Vestirse: 8:25 ☐ Afeitarse: 8:15
☐ Ducharse: 8:00 ☐ Desayunar: 8:40

Ordenar las acciones en el tiempo

- primero
- luego/después
- por último

__Primero__ desayuno, __luego__ me ducho, __después__ me visto y, __por último__, me lavo los dientes.

Carolina primero ...., luego .... y ...., después .... y, por último, ...
Javi primero ...., luego .... y ...., después .... y, por último, ...

2.1 **Todo el grupo** Piensa en tu rutina y cuéntale a la clase lo que haces y en qué orden en un día normal.

3 **En parejas** Observa la agenda de este mes de Sara. ¿Con qué frecuencia realiza estas actividades? Fíjate en el ejemplo.

Ejemplo: *Sara **estudia** en la biblioteca **dos veces a la semana**.*

JUNIO

Lunes	Martes	Miércoles	Jueves	Viernes	Sábado	Domingo
Biblioteca 1	Salsa 2	Piscina 3	Tenis 4	Biblioteca 5	Súper Cine con Virginia y Santi 6	Celebrar mi cumpleaños 7
Biblioteca 8	Salsa 9	Piscina 10	Club de lectura 11	Biblioteca 12	Súper 13	Tapas con amigos 14
Biblioteca 15	Salsa 16	Piscina 17	Tenis 18	Biblioteca 19	Súper 20	Comida familiar 21
Biblioteca 22	Salsa 23	Piscina 24	Tenis Club de lectura 25	Biblioteca 26	Súper Cena de amigas 27	Reunión amigos universidad 28
Biblioteca 29	Salsa 30	1	2	3	4	5

Hablar de la frecuencia

- ***los*** + día de la semana
  __Los lunes__ voy al gimnasio por la tarde.

> el lunes › **los** lunes
> el sábado › **los** sábados

- (casi) **todos los** días/meses/años/fines de semana
- (casi) **todas las** mañanas/tardes/noches/semanas
- **una vez/n.º de veces al** día/**a la** semana/**al** mes/**al** año
- **normalmente**
- **a veces**
- (casi) **siempre**
- (casi) **nunca**

> Fíjate:
> *__No__ tomo café __nunca__.*
> *› __Nunca__ tomo café.*

Los meses del año

- **enero**
- **febrero**
- **marzo**
- **abril**
- **mayo**
- **junio**
- **julio**
- **agosto**
- **septiembre**
- **octubre**
- **noviembre**
- **diciembre**

Actividades

1. Estudiar en la biblioteca.
2. Bailar salsa.
3. Celebrar el cumpleaños.
4. Hacer la compra.
5. Salir con los amigos.
6. Jugar al tenis.
7. Reunirse en el club de lectura.
8. Comer en casa de sus padres.
9. Ir a la piscina.

Frecuencia

- los miércoles
- una vez a la semana
- una vez al mes
- dos veces al mes
- dos veces a la semana
- tres veces al mes
- una vez al año
- casi todos los fines de semana
- todos los sábados

3.1 **Todo el grupo** Marca la frecuencia con la que tú realizas estas actividades. Después cuéntaselo a la clase.

	Todos los días	Casi todos los días	A veces	Casi nunca	Nunca	Una vez al día/a la semana/al mes/al año	N.º de veces al día / a la semana/al mes/al año
Hacer la compra.	☐	☐	☐	☐	☐	☐	☐
Lavarte los dientes.	☐	☐	☐	☐	☐	☐	☐
Ir al dentista.	☐	☐	☐	☐	☐	☐	☐
Ir a la biblioteca.	☐	☐	☐	☐	☐	☐	☐
Cocinar.	☐	☐	☐	☐	☐	☐	☐
Tomar café.	☐	☐	☐	☐	☐	☐	☐
Acostarte pronto.	☐	☐	☐	☐	☐	☐	☐
Pedir una *pizza*.	☐	☐	☐	☐	☐	☐	☐
Comer en un restaurante.	☐	☐	☐	☐	☐	☐	☐
Poner la lavadora.	☐	☐	☐	☐	☐	☐	☐

HORARIOS ESPAÑOLES

1 Lee el siguiente texto de la revista *Comida y salud* sobre las costumbres de los españoles en horarios y comidas.

¿Cuántas veces comen al día los españoles?

Los españoles realizan mayoritariamente tres comidas diarias: el desayuno, la comida del mediodía y la cena, y solo el 28 % toma algo a media mañana y merienda a media tarde. En días laborables el desayuno lo hace un 95.4 % de los españoles. Un dato curioso es que los estudiantes son los que menos desayunan. La merienda es la comida menos importante: normalmente solo meriendan los menores de 12 años y los mayores de 60.

¿Dónde comen?

La mayoría de los españoles desayuna y cena en su casa. El trabajo es la razón principal para comer fuera de lunes a viernes. Las comidas que más se hacen fuera de casa a diario son, especialmente, el almuerzo o el desayuno de media mañana, que suelen realizarse en el trabajo o en una cafetería. Los fines de semana muchos españoles comen o cenan fuera de casa para disfrutar de su tiempo libre.

¿Cómo comen?

Los españoles invierten alrededor de 15 minutos en el desayuno y entre 30 y 40 minutos en las comidas y las cenas.

Las dos comidas principales (la del mediodía y la cena) se hacen tranquilamente, sentados y conversando, tanto a diario como los fines de semana. Sin embargo, los menores de 30 años normalmente comen y cenan viendo la televisión o están con el móvil..

¿Cuándo comen?

Los horarios dependen del tipo de trabajo, pero una cosa está clara: en España todo ocurre más tarde que en otros países. Normalmente los españoles desayunan entre las siete y media y las nueve de la mañana. A mediodía comen entre la una y media y las tres y media de la tarde. Por la noche cenan entre las nueve y las once. ¿Qué te parece?

1.1 **En parejas** Comenta las siguientes cuestiones con tu compañero/a. ¿Coincidís?

- ¿Dónde comes normalmente?
- ¿Cuántas veces comes al día?
- ¿Cuánto tiempo dedicas a las comidas?
- ¿Ves la televisión o estás con el móvil cuando comes?

5

2 **En parejas** Fíjate en el gráfico de los horarios. ¿Qué diferencias hay entre España y los otros países?

2.1 **Todo el grupo** Completa la columna "Mi país" y explícale al resto de la clase cómo se reparte el tiempo en el lugar donde vives.

En mi país la gente duerme hasta las...

Datos procedentes de elpais.com (https://verne.elpais.com/verne/2016/03/18/articulo/1458309794_132930.html).

Vídeo

HOSTAL Babel

El olor de tu café

Antes del vídeo

1 **Todo el grupo** Observa la fotografía. ¿Qué parte del día crees que es? ¿Por qué?

2 **En parejas** Haz con tu compañero/a una lista de los alimentos que hay en la mesa.

Durante el vídeo

3 Visiona el fragmento 00:46 ▶ 01:23 y contesta a las preguntas.

1. ¿A qué hora se despierta normalmente Carla?
2. ¿A qué hora desayuna normalmente Carla?
3. ¿A qué hora están desayunando hoy en el hostal Babel?
4. ¿Por qué tiene que levantarse hoy más temprano Carla?
5. ¿A qué hora empieza a trabajar hoy Carla?

4 ¿En qué orden crees que hace estas cosas Bea?

☐ Desayunar ☐ Ducharse ☐ Levantarse ☐ Ir al gimnasio ☐ Empezar a trabajar

4.1 Ahora visiona el fragmento 01:29 ▶ 01:51, completa la información y comprueba tu respuesta anterior.

Primero [1] ...., luego [2] ....
y [3] .... y después [4] ....
Por último, [5] ....

5 **En parejas** Aquí tienes un fragmento de la conversación entre Tere, Carla y Bea. Ordénalo. Luego compara con tu compañero/a.

☐ Tere: Tengo cita con el dentista.
☐ Carla: ¡Mirá, hablando de chicas estudiosas y responsables!
☐ Carla: ¿Y por qué te levantás tan temprano hoy, Tere?
☐ Tere: ¡Qué bien huele! ¿Puedo ponerme un café?
☐ Tere: ¡Ni yo! Nunca me levanto tan pronto.
☐ Bea: Lo sé, lo sé.
☐ Bea: Claro. Nunca pruebas mi café cuando está recién hecho.
[1] Tere: ¿Eso que huelo es el café de Bea?
☐ Bea: ¡Qué temprano estás hoy levantada, Tere! ¡No puedo creerlo!
☐ Tere: Sí. Yo creo que es la primera vez desde que estoy en este hostal. ¡Me encanta tu café, Bea!

5.1 Visiona el fragmento 03:00 ▶ 03:42 sin sonido y haz los cambios necesarios según los gestos que observas.

5.2 Ahora visiónalo con sonido para comprobar. ¿Te ha ayudado verlo sin sonido para ordenarlo? ¿Cómo?

Después del vídeo

6 **En grupos pequeños** ¿Qué desayunas tú normalmente? ¿Con quién sueles desayunar? ¿Es diferente el desayuno de los días de diario al de los fines de semana? Cuéntaselo a tus compañeros.

Evaluación

5

1 Escucha los siguientes diálogos y selecciona las horas que se dicen.

[21]

1. ☐ 11:50 – ☐ 1:50
2. ☐ 13:45 – ☐ 4:15
3. ☐ 15:20 – ☐ 4:40
4. ☐ 12:55 – ☐ 11:05
5. ☐ 16:30 – ☐ 6:30
6. ☐ 18:00 – ☐ 6:00

2 Completa el texto con el verbo adecuado en presente.

acostarse | cenar | quedar | tomar | desayunar | despertarse | dormirse | ducharse
empezar | trabajar | irse | jugar | hacer | salir | vestirse | volver (2)

Ana [1] .... a las siete, [2] .... en cinco minutos, [3] .... un café y una tostada, [4] .... y [5] .... a la universidad. Las clases [6] .... a las ocho y media. A las once y media [7] .... una pausa para el café y veinticinco minutos más tarde [8] .... a clase. A las dos [9] .... un bocadillo y una fruta con sus compañeros mientras hablan un rato. Por la tarde [10] .... de camarera en una cafetería. Cuando [11] .... a las ocho, [12] .... con sus amigas y [13] .... al baloncesto. Por la noche, a las nueve y media, [14] .... a casa y [15] .... con sus padres. A las once y media [16] .... [17] .... en un instante porque está cansadísima.

3 **En parejas** Clasifica los verbos de la actividad anterior en su lugar correspondiente de la tabla.

Regulares	Irregulares
....	e › ie: ...., ...
....	o › ue: ...., ..., ...
....	u › ue: ....
....	e › i: ....
....	Otros: ...., ..., ...
....	

4 Escribe ahora lo que haces tú en un día normal.

....

....

5 Completa las frases con las preposiciones *a, de, por, desde, hasta, entre.*

1. Siempre me ducho .... la mañana.
2. Los bancos abren .... las 3 .... la tarde.
3. ¿................ qué hora cierra el supermercado?
4. Los restaurantes abren normalmente .... el martes .... el domingo, ... 12:30 .... 16.00 y .... 20:00 .... 23:30.
5. Siempre ceno .... las nueve y las diez .... la noche.
6. Mi cumpleaños es el 28 .... noviembre.

Unidad

6 ¡Me encanta!

¿Qué te gusta hacer en tu tiempo libre?

¿Normalmente comes en bares?

¿Sabes qué son las *tapas*?

En esta unidad vas a...

- Expresar gustos, intereses y preferencias
- Preguntar por gustos, intereses y preferencias
- Expresar acuerdo y desacuerdo
- Pedir en el restaurante
- Conocer algunas tapas típicas

¿Qué sabes?

1 **Todo el grupo** ¿Qué actividades puedes hacer en estos lugares?

Ver una exposición. | Leer. | Comer/cenar. | Escuchar música. | Hacer senderismo. | Ver una película. | Practicar deporte. | Cantar. | Esquiar. | Ver una obra de teatro. | Bailar. | Dormir. | Montar en bicicleta. | Hacer fotos. | Otras: ....

el bar

tu casa

el cine

la discoteca

la montaña

el museo

el teatro

el parque

2 **En parejas** ¿Sabes qué es el *menú del día*? Aquí tienes uno. Complétalo con estas palabras.

Segundo plato | refresco | Tortilla | Pan | Pollo asado con patatas | Helado | a la plancha | Sopa de marisco | Postre

MENÚ Jueves, 20 de abril

PRIMER PLATO

- [1] .... de patata.
- [2] ....
- Ensalada mixta.
- Parrillada de verduras.

[3] ....

- Hamburguesa con queso.
- [4] ....
- Paella mixta.
- Filete de merluza [5] ....

[6] ....

- Fruta del tiempo.
- Flan casero.
- [7] ....

([8] ...., agua, [9] .... u otra bebida incluidos).

11,50€

2.1 **Todo el grupo** ¿Existe el menú del día en tu país? ¿Qué platos suelen ser los primeros? ¿Y los segundos? ¿Cuáles son los postres típicos? ¿El precio incluye la bebida y el pan? Cuéntaselo a la clase.

Ejemplo: *En mi país el menú tiene...*

Palabras

1 **En parejas** Lee la oferta de ocio de la ciudad de Bilbao y completa el cuadro con las actividades de tiempo libre que se pueden realizar. Luego compara tu clasificación con la de tu compañero/a.

Playa de Arrietara

Una de las playas preferidas por los surferos donde se puede **hacer surf**, **pasear por la playa** y **jugar al voleibol**.

Museo Guggenheim

En este museo podemos **ver una exposición** o ver la colección propia del museo, que tiene obras de algunos de los principales artistas del siglo XX. También puedes **hacer fotos** del museo desde diversos puntos y a diferentes horas del día.

Auditorio Mitxelena

En el auditorio Mitxelena podemos **escuchar un concierto de** *jazz*, algo muy habitual en el País Vasco. El auditorio está dentro del edificio Bizcaia Aretoa de la Universidad del País Vasco.

Estadio de San Mamés

Si eres amante del fútbol, lo mejor es **visitar el museo del Athletic Club** y, por supuesto, **ver un partido de fútbol** en el Estadio de San Mamés.

5

El Casco Viejo

También conocido como *las 7 calles de Bilbao*, el Casco Viejo tiene más de 200 bares y restaurantes donde podemos **tomar pinchos** y **algo de beber**.

6

Parque de Doña Casilda

En este parque podemos **descansar** y **disfrutar de la naturaleza** en el corazón de la ciudad. Se trata de un jardín de estilo inglés construido en 1907. Dentro se encuentra el Museo de Bellas Artes de Bilbao.

7

Puente Colgante de Vizcaya

Declarado Patrimonio de la Humanidad, es un puente transbordador que funciona como transporte de personas y vehículos. También se puede **pasear por el puente**, **hacer una visita guiada** o **practicar deportes de riesgo** (escalada, rápel, etc.).

8

Teatro Arriaga

El Teatro Arriaga es uno de los centros culturales más importantes de Bilbao. En él actúan orquestas de todo el mundo. También podemos **ver obras de teatro**, **espectáculos de danza**, **musicales** y **conciertos**.

Actividades culturales	Deporte	Comida y bebida	Actividades al aire libre

1.1 [22] **Íñigo es de Bilbao y nos va a contar lo que hace en su tiempo libre. Marca en la lista las actividades que menciona.**

1. ☐ Pasear por la playa.
2. ☐ Ver una película.
3. ☐ Tomar pinchos.
4. ☐ Jugar al voleibol.
5. ☐ Ver un partido de fútbol.
6. ☐ Descansar.
7. ☐ Ver un partido de baloncesto.
8. ☐ Ir a un concierto.
9. ☐ Hacer fotos.
10. ☐ Ver una exposición.

Fíjate: **tomar** = **comer** o **beber**

1.2 **Todo el grupo** **¿Cuál es la oferta de ocio en tu ciudad? Cuéntaselo a la clase.**

Gramática

> Fíjate:
> *A mí me gusta el café* o *Me gusta el café*, pero ~~*A mí gusta el café*~~.

1 *Gustar, encantar* e *interesar*

- Para **expresar gustos** usamos los verbos *gustar* y *encantar* y para **expresar intereses** el verbo *interesar*. Estos verbos tienen una construcción especial:

(a mí)	(no)	me	+	gusta	+ infinitivo/nombre singular
(a ti)		te		encanta	
(a él, ella, usted)		le		interesa	
(a nosotros/as)		nos		gustan	+ nombre plural
(a vosotros/as)		os		encantan	
(a ellos, ellas, ustedes)		les		interesan	

__Me gusta jugar__ al tenis.
__Me encanta el café__.
__Me interesan los libros__ de historia.

- El verbo ***encantar*** expresa el gusto en grado máximo: significa 'me gusta mucho'.

1.1 **En parejas** ¿Qué cosas le gustan a Marta? ¿Qué cosas no le gustan? ¿Y qué le encanta?
Ejemplo: *A Marta le gusta(n).../A Marta no le gusta(n)...*

RAE **LÉXICO**
Español de España › baloncesto :
*David me espera solo en la pista de **baloncesto**, jugando a encestar con su pelota naranja de la NBA.*
Español de América › básquet, básquetbol : *Yo estoy lo más bien. Hago de todo, **básquet** y fútbol incluidos.*
Español de España › montar : *Complementen este ejercicio con deportes como correr, nadar o **montar** en bicicleta.*
Español de América › andar : *Caminar, **andar** en bicicleta, patinar, bailar o jugar a la pelota o con la raqueta son buenas maneras de quemar calorías y mantenerse en forma.*

1.2 Completa las frases con el pronombre y la forma adecuada de los verbos *gustar*, *encantar* o *interesar*.

1. .... (encantar, a mí) ir a exposiciones.
2. A Pedro .... (interesar) mucho el cine.
3. A nosotros .... (encantar) las hamburguesas con queso.
4. ▶ ¿........... .... (gustar, a ti) la sopa de marisco?
   ▷ ¡........... ....! (encantar, a mí)
5. El arte no .... (interesar) mucho a mis amigos. A ellos .... (gustar) más el fútbol.
6. A vosotros .... (gustar) mucho las tapas, ¿verdad?
7. A Sonia y a Paco .... (gustar) dormir la siesta después de comer.
8. A mi hermana y a mí .... (encantar) bailar.
9. ¿........... .... (interesar, a ustedes) la fotografía? Es que hay una exposición muy buena en el Museo de Arte Contemporáneo.
10. No .... (gustar, a mí) nada cantar en público.

2 Adverbios *mucho, bastante, poco, nada*

- Para graduar los gustos o intereses podemos usar los adverbios *mucho*, *bastante*, *poco* o *nada*:
  *Me gusta **mucho** el fútbol.*
  *Me gusta **bastante** cocinar.*
  *Me gusta **poco** bailar. = **No** me gusta **mucho** bailar.*
  ***No** me gustan **nada** los deportes de riesgo.*
- Con el verbo *encantar* no se usan estos adverbios, porque *encantar* indica el grado máximo de satisfacción y, por tanto, no se puede graduar:
  Me encanta ~~mucho~~ el cine.

2.1 [23] Escucha la entrevista a la famosa escritora Aurora Valle sobre sus gustos y completa la tabla.

	Mucho	Bastante	Poco	Nada
El cine.	☐	☐	☐	☐
Ver películas en casa.	☐	☐	☐	☐
La televisión.	☐	☐	☐	☐
Las series.	☐	☐	☐	☐

2.2 **En parejas** Completa las siguientes frases según tus gustos. Luego compara con tu compañero/a. ¿Coincides con él/ella?

Comer palomitas en el cine | La tele | Las series | Ver películas en casa | Los documentales | El cine

1. .... me encanta(n).
2. .... me gusta(n) mucho.
3. .... me gusta(n) bastante.
4. .... me gusta(n) poco.
5. .... no me gusta(n) mucho.
6. .... no me gusta(n) nada.

Practica en contexto

Expresar gustos iguales

- Yo/A mí también
  - ▶ *Yo voy al cine./Me gusta el cine.*
  - ▷ ***Yo también./A mí también.***
- Yo/A mí tampoco
  - ▶ *Yo no tomo café./No me gusta el café.*
  - ▷ ***Yo tampoco./A mí tampoco.***

Expresar gustos diferentes

- Yo/A mí sí
  - ▶ *Yo no tomo café./No me gusta el café.*
  - ▷ ***Yo sí./A mí sí.***
- Yo/A mí no
  - ▶ *Yo tomo café./Me gusta el café.*
  - ▷ ***Yo no./A mí no.***

RAE

LÉXICO

Español de España y América › tarta/pastel :
*De postre una **tarta** de almendras excelente.*
Español de América › torta :
*La **torta** de boda tiene cuatro enormes pisos.*

Español de España › patata : *Alrededor del pollo se ponen las **patatas**, el tocino y las cebollitas, colocándolos encima del pollo.*
Español de América › papa : *Voy a asar carne de puerco con **papas**.*

1 [24] Escucha la entrevista que realizan a estas personas y completa la tabla.

😊 Le gusta mucho · 🙂 Le gusta · 🙁 No le gusta · 😖 No le gusta nada

Actividades	Él: Le gusta mucho	Él: Le gusta	Él: No le gusta	Él: No le gusta nada	Ella: Le gusta mucho	Ella: Le gusta	Ella: No le gusta	Ella: No le gusta nada
Salir con amigos.	☐	☐	☐	☐	☐	☐	☐	☐
Ir al cine.	☐	☐	☐	☐	☐	☐	☐	☐
Pasear por la ciudad.	☐	☐	☐	☐	☐	☐	☐	☐
Salir a correr.	☐	☐	☐	☐	☐	☐	☐	☐
Ir a discotecas.	☐	☐	☐	☐	☐	☐	☐	☐
Ir a un concierto.	☐	☐	☐	☐	☐	☐	☐	☐
Ver la televisión.	☐	☐	☐	☐	☐	☐	☐	☐
Chatear.	☐	☐	☐	☐	☐	☐	☐	☐

1.1 [24] Vuelve a escuchar el audio y anota en qué gustos coinciden y en cuáles no.

Salir con amigos.	SÍ	NO	Ir a discotecas.	SÍ	NO
Ir al cine.	SÍ	NO	ir a un concierto.	SÍ	NO
Pasear por la ciudad.	SÍ	NO	Ver la televisión.	SÍ	NO
Salir a correr.	SÍ	NO	Chatear.	SÍ	NO

2 **Todo el grupo** Diles a tus compañeros lo que te gusta y no te gusta hacer en tu tiempo libre y reacciona a lo que ellos te cuentan.

3 Lee el menú del día del restaurante San Isidro. ¿Qué platos son de carne? ¿Y de pescado? ¿Qué fruta puedes comer?

Menú del día

PRIMEROS
- Huevos Benedictine
- Paella de marisco
- Crema de verduras
- Tortilla de patatas

SEGUNDOS
- Salmón a la plancha
- Pollo asado con patatas
- Entrecot de ternera con salsa de setas
- Merluza con cebolla y pimientos

POSTRE
- Flan casero
- Tarta casera de chocolate
- Arroz con leche casero
- Piña, naranja o melón naturales

Precio: **11.90 €**
El precio incluye pan, bebida y postre o café.

3.1 **En grupos pequeños** Imagina que es la hora de comer y vas al restaurante San Isidro. Elige con tus compañeros una situación y pide la comida y la bebida que quieres tomar. Otro/a compañero/a hará de camarero/a.

Estás con una amiga. Tú eres vegetariano/a y no te gustan nada los dulces. A tu amiga no le gustan las verduras y le gusta tomar un café después de comer.	Hoy tienes tiempo para comer tranquilamente con tu pareja. Tú tienes alergia al marisco. A tu pareja no le gusta mucho la carne y prefiere el pescado.

Vas al bar con tu compañero de trabajo. A ti te encanta el pescado, pero no te gusta la cebolla. A tu compañero le encanta la tortilla de patatas.

Te gusta la carne, pero con patatas. A tu amiga le encantan las verduras y las tartas. A los dos os gustan mucho los refrescos de naranja.	Vas con un amigo. A ti te gusta el pescado y a tu amigo no le gustan los huevos. Estás a dieta y no comes dulces. No os gusta tomar refrescos.

Preguntar por la comida y la bebida (camarero/a)

- **¿Qué quieres/queréis** tomar? (Informal). **¿Qué quiere/quieren** tomar? (Formal).
- **¿Y de** segundo/beber/postre?
- **¿Quieres/Queréis** tomar café/**algo más**? (Informal).
- **¿Quiere/Quieren** tomar café/algo más? (Formal).

Pedir en bares y restaurantes (cliente)

- (**De** primero/segundo/beber/postre) **Yo** (quiero)...
- **Para mí...**

Pedir una explicación

- **¿De qué es** la tarta de la casa/**son** los bocadillos?
- **Una pregunta:** ¿qué es/son...?

Pedir la cuenta

- **¿Cuánto es (todo)?** (Informal).
- **La cuenta**, por favor.
- **¿Me/Nos trae la cuenta**, por favor? (Formal).

4 ¿Sabes qué es la *comida rápida*? Completa esta encuesta para una cadena de restaurantes de comida rápida.

ENCUESTA SOBRE CONSUMO DE COMIDA RÁPIDA

TACOS CAFÉ

1. ¿Con qué frecuencia consume comida rápida a la semana?
   - ☐ 1 o 2 días.
   - ☐ 3 o 4 días.
   - ☐ 5 o más días.
   - ☐ Nunca.
2. ¿Dónde come normalmente comida rápida?
   ....
3. ¿Qué opina de la comida rápida?
   - ☐ Me gusta mucho.
   - ☐ Me gusta.
   - ☐ No me gusta mucho.
   - ☐ No me gusta nada.
4. ¿Qué le parece más importante cuando consume comida rápida? Puntúe de 4 (muy importante) a 1 (poco importante).
   Sabor ☐ Calidad ☐ Precio ☐
5. Puntúe estos productos de comida rápida de 5 (me encanta) a 1 (no me gusta nada).
   Hamburguesa ☐ *Pizza* ☐ Sándwich ☐ Perrito caliente ☐
6. ¿Cuándo consume productos de comida rápida?
   ☐ Por la mañana. ☐ A mediodía. ☐ Por la tarde. ☐ Por la noche.
7. ¿Cuánto dinero gasta de media a la semana en comida rápida? ....
8. ¿Cuál es el restaurante de comida rápida que prefiere? ....

4.1 **Todo el grupo** Ahora compara la encuesta con la de tus compañeros.

¿Cuántos comen comida rápida? ¿Con qué frecuencia?

....

....

¿A cuántos les gusta la comida rápida? ¿Dónde la comen? ¿Cuándo?

....

....

¿Se consume comida rápida porque es más barata, porque está más rica o por su calidad?

....

....

¿Cuáles son las conclusiones?

....

....

....

NOS VAMOS DE TAPAS

1 Solo uno de estos platos es una tapa, ¿cuál? ¿Por qué?

1

2

3

¿Sabías que...?

Una tapa es un aperitivo que se sirve con la bebida. En algunas ciudades la tapa es gratuita. La tapa de mayor tamaño y que se comparte entre varias personas se llama **ración**. Es bastante habitual salir a cenar o a comer tapas los fines de semana; esta forma de comer se llama **tapear** o **ir de tapas**. En algunas zonas del norte de España las tapas se llaman **pinchos** (*pintxos* en euskera) y no son gratuitos.

RAE

LÉXICO

Español de España › tapa : *El restaurante de moda es un bar español de **tapas** que se llama "La Tasca".*
Español de América › botana : *Para abrir el apetito te presentamos esta gran variedad de **botanas**.*

Croquetas

Son porciones de masa hecha con bechamel y un picadillo de diversos ingredientes que se rebozan en huevo y pan rallado y se fríen en aceite. Las más populares son las de jamón, bacalao y pollo.

Pulpo a la gallega

Es un plato típico de Galicia, aunque se come en toda España. El pulpo se cuece, se trocea y se sirve con pimentón por encima. A veces también se sirve con patatas cocidas.

Patatas bravas

Son patatas fritas que se sirven con una salsa picante, llamada salsa brava. Se sirven calientes y en algunas zonas de España se añade salsa alioli.

Pimientos de Padrón

Son pimientos verdes pequeños que suelen hacerse a la plancha o fritos. Algunos son particularmente picantes. Por eso, suele decirse que "los pimientos de Padrón, unos pican y otros no".

Huevos estrellados

Son huevos fritos acompañados generalmente de patatas fritas y jamón ibérico. A veces el jamón se sustituye por otros ingredientes como chorizo o setas.

2 **Todo el grupo** ¿Es habitual en tu país comer tapas? ¿Existe algo similar? ¿Es habitual comer en los bares?

3 **Todo el grupo** Vamos a hacer un listado de tapas de la clase. Piensa en un plato de tu país que se pueda servir como tapa y preséntaselo a la clase. Luego tu profesor/a recogerá todas las propuestas para hacer una lista con las tapas que se ofrecen.

Nombre de la tapa	Ingredientes	Precio

Vídeo

HOSTAL Babel

Unas tapas muy ricas

Antes del vídeo

1 **En grupos pequeños** ¿Te gusta esta cafetería? ¿Cómo se llama tu cafetería favorita? ¿Cómo es? ¿Qué se puede tomar en ella? Cuéntaselo a tus compañeros de grupo.

Durante el vídeo

2 Visiona el fragmento 00:30 ▶ 01:15. ¿Qué dice siempre Carla?

1. "Me .... la cafetería donde trabajo".
2. "En la cafetería .... muy bien".
3. "Trabajo de ....".

Fíjate:
¿Qué palabra utiliza Hugo para hablar de la profesión de Carla?
....

3 ¿De qué comidas hablan Tere, Carla y Hugo? Visiona el fragmento 02:06 ▶ final y márcalas en el siguiente menú.

TAPAS
- jamón ibérico
- paella de marisco
- huevos estrellados
- pincho de tortilla
- patatas bravas
- croquetas
- tabla de quesos
- pulpo a la gallega

SÁNDWICHES
- mixto
- mixto con huevo
- vegetal

HAMBURGUESAS
- normal (lechuga, tomate y cebolla)
- normal con queso
- especial (cebolla, lechuga, pepinillo y tomate)

(Todas las hamburguesas se sirven acompañadas de patatas hervidas y ensalada).

4 ¿Qué pide Tere? ¿Y Hugo? Visiona de nuevo el fragmento y escríbelo.

	Tere	Hugo
De beber		
De comer		

Después del vídeo

5 **En grupos pequeños** Como ves, Hugo tiene muchos problemas para comer cuando sale. ¿Puedes ayudarlo? Piensa con tus compañeros en la carta de una cafetería en la que pueda comer una persona vegana.

5.1 **Todo el grupo** Ahora presentad vuestra propuesta a la clase.

Evaluación

1 Relaciona las palabras de las columnas.

1. flan
2. tarta
3. agua
4. pescado/carne/verduras
5. sopa/crema
6. tortilla
7. pollo
8. sándwich

a. mixto
b. con gas/sin gas
c. de patatas/francesa
d. casero
e. con patatas/con ensalada
f. de chocolate
g. de marisco/de verduras
h. a la plancha/a la parrilla

2 Elige la forma adecuada de los verbos *gustar*, *encantar* e *interesar*.

1. Me **encanta/encantan** tomar pinchos con los amigos el fin de semana.
2. A mi vecina le **interesa/interesan** los documentales de animales.
3. A mis gatos no les **gusta/gustan** mucho el pescado, prefieren comer carne.
4. A mi hija le **gusta/gustan** los dibujos animados de Peppa Pig.
5. A mis perros les **encanta/encantan** salir a dar paseos por el campo.
6. No me **interesa/interesan** los deportes, solo un poco el tenis.

3 Lee las frases y reacciona según tus gustos con *a mí también*, *a mí tampoco*, *a mí sí*, *a mí no*.

1. ▶ No me gusta la carne. ▷ ....
2. ▶ A mis amigos y a mí nos gusta ir al cine. ▷ ....
3. ▶ A Rocío le gusta bailar. ▷ ....
4. ▶ Me encantan los coches deportivos. ▷ ....
5. ▶ A mi profesora le interesa la literatura rusa. ▷ ....

4 Completa el siguiente diálogo entre un camarero y unos clientes.

¿Y de segundo? | ¿Y de beber? | ¿La paella es de marisco? | Sin gas, pcr favor. | Para mí, agua. | Yo, de primero, quiero la ensalada mixta.

▶ Hola, buenos días.
▷ Buenos días.
▶ ¿Qué quieren tomar?
▷ [1] ....
▶ Muy bien. ¿Y usted?
▷ Para mí las verduras a la parrilla.
▶ [2] ....
▷ Para mí la merluza a la plancha.
▷ [3] ....
▶ Sí.
▷ Pues yo quiero la paella.
▶ [4] ....
▷ Yo, un refresco de naranja.
▶ ¿Y para usted?
▷ [5] ....
▶ ¿Con gas o sin gas?
▷ [6] ....
▶ Muy bien, pues ahora mismc les traigo la bebida.
▷ Gracias.

Unidad

7 Buenas intenciones

¿Qué planes tienes para las próximas vacaciones?

¿Qué obligaciones tienes?

¿Piensas hacer algún cambio en tu vida?

En esta unidad vas a. . .

- Hablar de planes y proyectos en un futuro inmediato
- Expresar intenciones, deseos y obligaciones
- Hacer sugerencias
- Proponer un plan, aceptarlo o rechazarlo
- Expresar opinión y valoración
- Conocer el parque nacional Canaima (Venezuela)

¿Qué sabes?

1 [25] Vas a escuchar tres diálogos en los que Ramón, Susana y Ángel nos hablan de deseos, de obligaciones y de planes. Escucha el audio y corrige la información falsa.

1.1 **Todo el grupo** Mira las imágenes de la actividad anterior y completa la tabla. ¿Coincides con tus compañeros?

¿Quién habla de deseos?	¿Quién habla de obligación?	¿Quién habla de planes?
☐ Ramón	☐ Ramón	☐ Ramón
☐ Susana	☐ Susana	☐ Susana
☐ Ángel	☐ Ángel	☐ Ángel

1.2 Piensa en un deseo que tienes, en una obligación y en un plan. Luego compártelo con tus compañeros.

Palabras

1 **En grupos pequeños** Estos son algunos objetos que llevamos normalmente cuando hacemos una excursión o vamos a la playa. ¿Sabes cómo se llaman en español? Con tus compañeros de grupo, escribe el nombre correspondiente.

1 ....

2 ....

3 ....

4 ....

5 ....

6 ....

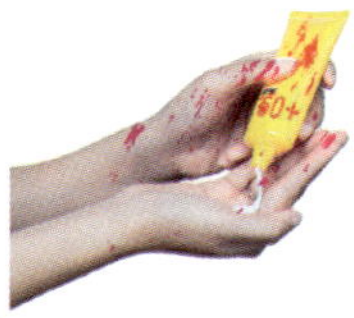

7 ....

8 ....

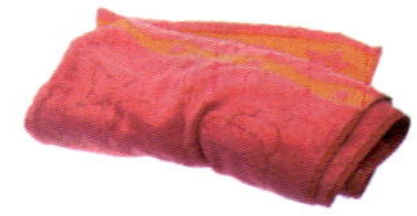
9 ....

10 ....

11 ....

12 ....

13 ....

1.1 **En parejas** ¿Qué otras cosas se pueden llevar de excursión? Piensa en las excursiones que haces normalmente y haz una lista con tu compañero/a.

RAE

LÉXICO

Español de España › linterna: *El garaje está como boca de lobo. Tengo que comprarme una **linterna** para estos casos.*
Español de México › lámpara: *Trae guantes, botas altas, un arnés en el pecho y una **lámpara** en el casco, que le protege la cabeza.*

Español de España › bañador/traje de baño: *Regresábamos a casa con los **bañadores** todavía húmedos.*
Español de Argentina › malla: *Marta se compró la **malla** de baño.*

1.2 [26] Escucha la conversación entre Inma y una amiga suya sobre la excursión que va a hacer este fin de semana y completa la información del programa con lo que tiene que llevar.

TRAVESÍA EN PIRAGUA

2 días con acampada en el río Guadiela (Cuenca) - 90€/persona

Recorrido total de 25 km en dos etapas con comidas incluidas.

En esta excursión vamos a:
- recorrer la parte más bonita y espectacular del río Guadiela;
- observar el vuelo de los buitres;
- acampar bajo las estrellas;
- bañarnos en el río.

Material necesario:
- ropa cómoda, ..., ... y chanclas;
- protector solar y ....;
- calzado deportivo y ropa de abrigo para la noche;
- linterna;
- ....;
- prismáticos.

2 **Todo el grupo** Lee los comentarios de estos estudiantes sobre lo que les gusta y lo que no les gusta hacer en la clase de español. ¿Con quién te identificas? ¿Por qué?

"A mí me gusta mucho trabajar en parejas porque también aprendo mucho de mis compañeros. También me gusta hablar en clase y escribir mensajes en las redes sociales".

"Yo prefiero estudiar gramática y vocabulario en casa por internet. Hay muchas aplicaciones que son gratis. En clase me gusta hablar y hacer ejercicios".

"A mí me gusta ir a clase para escuchar y preguntar las dudas al profesor. También me gusta hacer los deberes en casa, leer libros y escribir mi diario en español".

"A mí me gusta repetir la lección en casa y hacer actividades interactivas en el ordenador".

"A mí me gusta practicar mi español en cualquier situación y hacer intercambios de idiomas, pero odio hacer exámenes".

"Yo siempre busco en el diccionario las palabras que no entiendo, pero no es útil para entender los audios clase. Por eso, mi profesora dice que tengo que escuchar la radio y ver más la tele para mejorar".

2.1 **En parejas** ¿Qué combinaciones de palabras se pueden hacer con estos verbos? Escríbelas en la tabla. Puede haber varias combinaciones. Trabaja con tu compañero/a.

a un/a compañero/a | los deberes | comentarios | preguntas | en grupo | ejercicios | la radio | música | al/a la profesor/a | una actividad | notas | gramática | con un/a nativo/a | información en internet | un intercambio con un/a nativo/a | de mis compañeros | palabras | libros y revistas | mensajes | canciones | palabras en el diccionario | en clase | en parejas

Hacer	Hablar	Leer	Escribir	Escuchar	Preguntar	Aprender	Buscar	Trabajar
			a un/a compañero/a	a un/a compañero/a	a un/a compañero/a			

2.2 **En grupos pequeños** Y a ti, ¿qué te gusta hacer en la clase de español? ¿Qué no? Utiliza las combinaciones de palabras anteriores.

Gramática

> Recuerda:
> - Los días de la semana son *lunes*, *martes*, *miércoles*, *jueves*, *viernes*, *sábado* y *domingo*.
> - Los meses del año son *enero*, *febrero*, *marzo*, *abril*, *mayo*, *junio*, *julio*, *agosto*, *septiembre*, *octubre*, *noviembre* y *diciembre*.

> Fíjate:
> Las estaciones del año son *primavera*, *verano*, *otoño* e *invierno*.

1 *Ir a* + infinitivo

- Para **hablar de planes y proyectos en un futuro próximo** puedes utilizar *ir a* + infinitivo:

  *Este fin de semana **voy a ir** a la playa.*

  También se usa esta estructura cuando algo va a ocurrir de manera inminente:

  *El tren **va a salir**.*

  Recuerda que el verbo *ir* es irregular en presente: ***voy*, *vas*, *va*, *vamos*, *vais*, *van*.**

- Para hablar del **futuro** puedes utilizar **marcadores temporales** como:
  - esta tarde/noche
  - este fin de semana/verano/lunes...
  - el próximo año/la próxima semana...
  - el año/la semana que viene...
  - el lunes, el martes...
  - en enero/febrero...
  - en verano/invierno...
  - mañana

  Con estos marcadores se puede usar el presente de indicativo para **hablar de futuro** cuando lo presentamos como algo seguro:

  ***El domingo como** con mis padres.*

1.1 **En parejas** Observa la imagen. ¿Qué va a hacer Silvia este fin de semana?

Este fin de semana Silvia...

1.2 **Todo el grupo** ¿Y tú? ¿Qué vas a hacer este fin de semana? Cuéntaselo a la clase.

2 *Tener que* + infinitivo

- Para expresar **obligación** o **necesidad** puedes utilizar *tener que* + infinitivo:

  Tengo que hacer *los deberes para mañana.* (Obligación)

  Tengo que hacer *la compra sin falta porque no hay nada en la nevera.* (Necesidad)

Recuerda que el verbo ***tener*** es irregular en presente: ***tengo**, **tie**nes, **tie**ne, tenemos, tenéis, **tie**nen.*

2.1 Pablo es guía turístico. Mira su agenda y escribe en tu cuaderno las cosas que tiene que hacer esta semana.

Lunes	Martes	Miércoles	Jueves	Viernes
10:00 Recoger al grupo de Japón en el aeropuerto.	11:00 Visita al museo arqueológico.	9:00 Visita guiada a bodegas.	9:30 Recorrido por el centro de la ciudad.	12:00 Llevar al grupo de Japón al aeropuerto.
Tarde Supermercado: leche, huevos, carne, pescado.	15:00 Recoger a los niños de la escuela. 17:30 Dentista.	17:30 Llevar a mamá al médico.	**Tarde** Cumpleaños de Carlota: ¡¡llamar!!	**Tarde** Comprar zapatos a los niños.

Ejemplo: *El lunes por la mañana Pablo tiene que…*

2.2 **En parejas** Escribe una lista con las cosas que tienes que hacer esta semana. Después compárala con la de tu compañero/a.

3 *Querer* + infinitivo

- Para expresar **deseos** puedes utilizar *querer* + infinitivo:

  *El próximo año **quiero trabajar** menos y **viajar** más.*

Recuerda que el verbo ***querer*** es irregular en presente: *qu**ie**ro, qu**ie**res, qu**ie**re, queremos, queréis, qu**ie**ren.*

3.1 Relaciona los deseos con las personas de las imágenes.

a. Quieren ir al cine.
b. Quieren estudiar chino.
c. Quieren comer *pizza*.
d. Quieren ser cocineros.
e. Quieren beber algo.
f. Quieren acabar un proyecto.
g. Quieren hacer un pícnic.
h. Quieren ir de compras.
i. Quieren viajar.

3.2 **Todo el grupo** ¿Qué deseos tienes tú? Escribe en un papel tres cosas que quieres y dáselo a tu profesor/a. Él/Ella leerá los deseos sin decir el nombre de la persona que los ha escrito. ¿De quién crees que son los deseos? ¿Por qué?

Practica en contexto

1 Lee la información de estas excursiones para el fin de semana y señala las afirmaciones verdaderas.

CUEVAS DEL DRACH

(Islas Baleares)

Incluye un paseo en barca a través del lago Martel y un concierto de música clásica.

- Duración de la visita: 1 hora.
- Información práctica: la temperatura interior es de unos 21 °C y la humedad del 80 %. Las visitas son colectivas pero no guiadas.

COVALEDA Y NAVALENO

(Soria)

Respira entre pinos y aprende a recolectar setas con la ayuda de expertos.

- Material necesario para la actividad: agua, botas, mochila, ropa cómoda, ropa de abrigo.
- Precio: 20 € (el precio incluye la cesta y la navaja).

PARQUE NATURAL ISLAS CÍES

(Pontevedra)

Puedes bañarte en sus playas de aguas azules y bucear, hacer senderismo, excursiones en kayak y ver aves y fauna marinas.

Ten en cuenta que solo se puede llegar por mar. Los ferris hacen rutas diarias de junio a septiembre, en Semana Santa y los fines de semana de mayo.

1. ☐ Hay que llevar navaja y cesta para coger setas.
2. ☐ Puedes visitar el parque natural en transporte público durante todo el año.
3. ☐ La visita a las cuevas no incluye un/a guía.

Preguntar por planes e intenciones

- ¿***Va(s) a*** + infinitivo?
  *¿**Vas a estar** aquí el fin de semana?*
- ¿Verbo en presente + marcador temporal de futuro?
  *¿**Haces** algo **mañana**?*

Proponer y sugerir planes

- ¿***Quiere(s)*** + infinitivo/nombre?
  *¿**Quieres ir** conmigo al teatro?*
- ¿***Te/Le apetece*** + infinitivo/nombre?
  *¿**Te apetece** un paseo por el parque?*

Aceptar una propuesta o invitación

- (Sí,) Vale.
- De acuerdo.
- Vale, ¿por qué no?
- Bueno, vale, pero...

Rechazar una propuesta o invitación

- *(No,)* ***Lo siento, es que*** + explicación
  ▶ *¿Quieres salir a tomar algo?*
  ▷ *No, lo siento, es que tengo que estudiar.*

Cuando se rechaza una propuesta o invitación es necesario justificar el rechazo. Lo habitual es usar ***es que***.

Puedes **expresar obligación o necesidad y dar consejos** de manera general con ***hay que*** + infinitivo:

Para aprobar hay que estudiar mucho.

1.1 Escucha el audio y di qué plan le proponen a cada una de las personas y si lo aceptan o lo rechazan.

[27]

1.2 **En parejas** Piensa un plan para este fin de semana y propónselo a tu compañero/a. Él/Ella lo aceptará o lo rechazará según su agenda y sus gustos.

1.3 **En grupos pequeños** Ahora piensa con tus compañeros de grupo en una excursión para este fin de semana. ¿Dónde vais a ir? ¿En qué medio de transporte? ¿Qué vais a hacer? ¿Dónde vais a alojaros? ¿Qué cosas vais a necesitar? Después contádselo a la clase.

2 **En grupos pequeños** ¿Qué haces para aprender un idioma extranjero? Elabora con tus compañeros una lista de cinco consejos para aprender idiomas.

Para aprender bien un idioma...

- hay que hablar con nativos;
- ....
- ....
- ....
- ....

2.1 **En grupos pequeños** El siguiente artículo da consejos para aprender idiomas. Compáralos con los de tu lista. ¿Cuáles coinciden?

7 consejos para aprender un idioma más rápido

Aprender idiomas es uno de esos propósitos de Año Nuevo que abandonamos con facilidad, como ir al gimnasio, perder peso o dejar el tabaco. Si quieres aprender un idioma, estos trucos te pueden ayudar.

1 Hay que estudiar usando solo el idioma que estás aprendiendo.

2 Tienes que ver películas o series y escuchar música o la radio en el idioma que estudias.

3 Tienes que buscar a un compañero con el que hablar o hacer intercambios para practicar idiomas.

4 Puedes usar aplicaciones móviles. Actualmente hay muchos juegos y aplicaciones para aprender idiomas.

5 Hay que relacionar todo lo que sabes con tu idioma. Puedes relacionar las palabras de tu lengua materna con palabras de la lengua que estudias para recordarlas con más facilidad.

6 Hay que hablar desde el principio. No es necesario tener muchos conocimientos de un idioma para comunicarse.

7 Hay que imitar el acento del idioma que aprendes. Para ello, tienes que escuchar a nativos y repetir lo que dicen imitándolos.

Adaptado de https://www.elconfidencial.com/alma-corazon-vida/2016-08-16/trucos-para-aprender-idiomas_1246231/

Contraste *por/para*

- Para expresar **causa** se usa *¿Por qué?* › *Porque* + frase o *por* + nombre:
  ▶ *¿**Por qué** estudias español?*
  ▷ *Estudio español **porque** trabajo en Argentina.*
  *Está en la cama **por** la fiebre.*
- Para expresar **finalidad** se usa *¿Para qué?* › *Para* + infinitivo:
  ▶ *¿**Para qué** quieres aprender español?*
  ▷ *Quiero aprender español **para** viajar por Hispanoamérica.*
- Además, con la preposición ***por*** se expresa tiempo y lugar aproximado:
  ***Por** la mañana voy al gimnasio.*
  *¿Está mi libro **por** aquí?*
- Además, con la preposición ***para*** se expresa un plazo de tiempo y dirección:
  *Este ejercicio es **para** mañana.*
  *Vamos **para** Madrid.*

2.2 **Todo el grupo** ¿Qué opinas de los consejos del artículo que has leído? ¿Estás de acuerdo?

▶ *Yo **creo que** estudiar usando solo el español es muy difícil.*
▷ *Pues **yo creo que** ver películas es muy divertido.*

Dar una opinión o valorar

- (Yo) **Creo que…**
  ***Yo creo que** aprender español uno solo no es fácil.*
- ***Es (muy/bastante/un poco)*** + adjetivo de valoración *(útil, necesario, bueno, malo, difícil, fácil, aburrido, divertido…)*
  ***Es muy importante** preguntar al profesor las dudas.*

2.3 **Todo el grupo** En una puesta en común de todos los consejos, elige con tus compañeros los 10 mejores para confeccionar un decálogo y colgarlo en clase.

2.4 ¿Qué consejos del decálogo tienes intención de seguir? Escríbelos explicando por qué.

....

....

....

....

....

Para **expresar la intención de hacer algo en el futuro** puedes utilizar la estructura *pensar* + infinitivo:
*El próximo año **pienso estudiar** francés.*

Recuerda:
El verbo *pensar* es irregular en presente: *p**ie**nso, p**ie**nsas, p**ie**nsa, pensamos, pensáis, p**ie**nsan.*

VIAJAR POR LOS PARQUES NACIONALES

más bellos de Hispanoamérica

1 **Todo el grupo** ¿Sabes qué es un *parque nacional*? ¿Cuál es el más famoso de tu país?

2 Lee el siguiente texto sobre el parque nacional Canaima (Venezuela).

HOY VAMOS A ADENTRARNOS EN

EL PARQUE NACIONAL CANAIMA

El salto Ángel

DATOS

- Está situado en el estado Bolívar de Venezuela.
- Se extiende sobre una superficie de 30 000 km².
- Es el sexto parque nacional más grande del mundo.

QUÉ VER

- **Los tepuyes.** Son mesetas elevadas de roca que ocupan el 65 % del parque.
- **El Salto Ángel.** Es el salto de agua más alto del mundo, generado desde el Auyantepuy, el tepuy más grande y famoso del parque. Mide 979 metros.

FLORA

A causa del clima frío de los tepuyes, muchas de las especies que habitan allí son exclusivas de este lugar, como la *Orectanthe sceptrum*, de hojas de color verde y azulado, alargadas y terminadas en punta, que se puede ver en las cumbres de los grandes tepuyes. Existen también algunas plantas carnívoras, como la *Heliamphora chimantensis* y la *Drosera roraimae*.

FAUNA

Podemos encontrar multitud de animales como pumas, jaguares, osos hormigueros, colibríes, nutrias, anacondas, etc. También hay más de 90 especies de sapos y ranas, pero una de las más curiosas es la pequeña rana negra del Roraima. Mide unos 2 cm y se puede encontrar en la cima del tepuy Roraima, de ahí su nombre.

Fíjate:
Las palabras que terminan en *-y* tienen el plural en *-yes*:

tepuy › **tepuyes** rey › **reyes**

Pero:

jersey › **jerséis** espray › **espráis**

NO TE PUEDES IR SIN CONOCER...

Las piscinas naturales en lo alto del monte Roraima, una maravilla de la naturaleza. Se trata de una cadena de lagos conectados que parecen grandes bañeras o *jacuzzis*. En ellos se puede disfrutar de un baño muy agradable.

Anaconda

Colibrí

Planta carnívora *Drosera roraimae*

Planta carnívora *Heliamphora chimantensis*

Jacuzzis del monte Roraima

Orectanthe sceptrum

3 **En grupos pequeños** Ponte de acuerdo con tus compañeros y elige uno de los parques nacionales de la lista que te damos. Después busca información sobre él en internet, completa la ficha y preséntaselo a la clase.

- Parque nacional Galápagos.
- Parque nacional de Tortuguero.
- Parque nacional Los Glaciares.

Datos
Localización:
Extensión:
Qué ver
Flora:
Fauna:
No te puedes ir sin conocer...

Oso hormiguero

Nutria

Puma

Rana negra del Roraima

Vídeo

HOSTAL Babel

Uvas y campanadas

Antes del vídeo

1 **Todo el grupo** Los amigos del hostal están celebrando una fiesta. Fíjate en la imagen y en el título del episodio. ¿Sabes qué fiesta es? Justifica tu respuesta.

Durante el vídeo

2 Visiona el fragmento 00:30 ▶ 03:36 y relaciona las tradiciones con su finalidad.

1. Barrer la casa...
2. Poner dinero en los zapatos...
3. Estrenar ropa...
4. Tomar doce uvas...
5. Usar ropa blanca...
6. Caminar con una maleta...

a. para tener un buen año.
b. para eliminar malas energías y atraer buenas vibraciones.
c. como símbolo de purificación y para tener buena salud.
d. para viajar mucho durante el año.
e. para atraer la prosperidad económica.
f. para tener buena suerte.

3 Visiona ahora el fragmento donde Tere nos cuenta sus planes para Nochevieja (03:37 ▶ 05:00). Luego responde a las preguntas.

1. ¿Qué quiere hacer Tere?
....
2. ¿Adónde va a ir? ¿Qué va a hacer?
....
3. ¿Quiénes van a salir de fiesta esta noche?
....
4. ¿Qué va a hacer Carla? ¿Por qué?
....

4 En el último fragmento (05:00 ▶ final), Carla, Leo, Hugo, Tere y Bea van a contarnos sus planes, proyectos e intenciones para el año nuevo. Visiónalo y luego escribe los planes de cada uno.

Carla: ....
Leo: ....
Hugo: ....
Tere: ....
Bea: ....

Después del vídeo

5 Lee los comentarios de estas personas para saber qué costumbres tienen cuando reciben el año nuevo.

"En Japón hay que empezar el año sin deudas y con una casa purificada, así que unos días antes de Año Nuevo tenemos que ocuparnos de esos asuntos".

"En México hay que usar ropa interior amarilla, pero, si quieres tener suerte en el amor, tienes que llevar ropa interior roja".

"En Uruguay hay que tirar los calendarios antiguos por la ventana y también hay que echar agua a la calle para arrastrar todo lo malo".

"En España hay que comer doce uvas a las doce de la noche. El número doce representa los doce meses del año y simboliza la prosperidad y los buenos deseos para el año que entra".

6 **En grupos pequeños** ¿Y tú? ¿Cómo celebras la Nochevieja? ¿Qué haces de especial? Cuéntaselo a tus compañeros de grupo.

Evaluación

1 Observa estas situaciones. ¿Qué va a pasar?

estornudar | tener un bebé | explotar | llover | operar

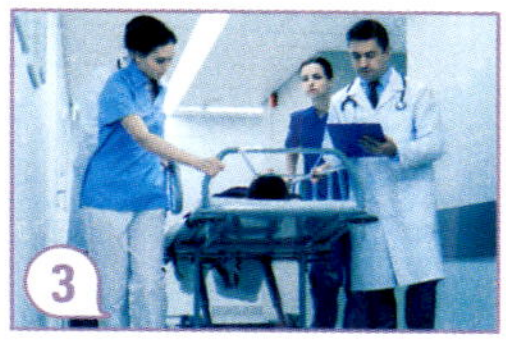

1. El globo ....
2. La mujer ....
3. Los médicos .... al paciente.
4. La mujer ....
5. .... en el campo.

2 Imagina que hoy es 31 de diciembre. ¿Cuáles son tus intenciones, planes y deseos para el próximo año? Escríbelos en tu cuaderno.

3 Escribe dos consejos para cada pregunta.

1. ¿Qué hay que hacer para conocer bien a la gente de tu país?
   Consejo 1: ....
   Consejo 2: ....
2. ¿Qué hay que hacer para ser un buen amigo?
   Consejo 1: ....
   Consejo 2: ....

4 Clasifica las expresiones en la tabla.

1. ¿Te apetece ver una exposición este fin de semana? | 2. ¿Vas a salir? | 3. ¿Por qué no? | 4. Vale. | 5. ¿Quieres ir a bailar esta noche? | 6. De acuerdo. | 7. Lo siento, no puedo. | 8. Sí, vale. | 9. No, es que tengo que estudiar. | 10. ¿Qué haces mañana?

Preguntar por planes e intenciones	Proponer un plan	Aceptar un plan	Rechazar un plan

5 Completa con el verbo *ir*, *querer* o *tener* en la forma adecuada.

1. Este año Candela y Flora .... viajar a Venezuela para ver los tepuyes.
2. Mañana .... que llamar a mi amiga Sonia porque es su cumpleaños.
3. La próxima semana mis padres .... a ir al teatro.
4. Amanda, Luis, ¿......................... cenar conmigo esta noche?
5. Chema no .... a salir esta noche porque .... que estudiar.
6. Jorge y Lidia .... que aprender italiano porque el próximo año .... a estudiar en Roma con una beca Erasmus.

Unidad

8 Cuídate

¿Qué le pasa al hombre de la foto?

¿Le duele algo?

¿Qué haces cuando estás enfermo/a?

En esta unidad vas a...

- Hablar de enfermedades, dolencias y síntomas
- Hablar de los estados de ánimo
- Dar consejos, órdenes e instrucciones
- Pedir permiso, objetos y favores
- Aceptar y denegar peticiones
- Conocer la dieta mediterránea

¿Qué sabes?

1 **En parejas** ¿Conoces las partes del cuerpo humano? Con tu compañero/a, completa la imagen con las palabras que faltan. Puedes usar el diccionario. Luego comprueba las respuestas con el resto de la clase.

RAE

LÉXICO

Hablamos de barriga o vientre para referirnos a la parte del cuerpo correspondiente al abdomen:
–Aquí, hijo, aquí me hizo la herida. –¿En el ***vientre****, abuela?*
Español de España › barriga: *Es que me duele la* ***barriga****.*
Español de América › panza: *MAMÁ: Le duele la* ***panza****.*

2 **Todo el grupo** Fíjate en la máquina de la imagen. ¿Sabes cómo se llaman estas máquinas en español? ¿Qué tipo de productos se venden en ellas?

2.1 **En parejas** Imagina que tienes que decidir qué alimentos se pueden comprar en las máquinas de venta automática. La condición es que tienen que ser alimentos sanos. Habla con tu compañero/a y confecciona tu lista ideal de productos.

2.2 **Todo el grupo** Ahora presenta la propuesta a tus compañeros y entre todos elegid la mejor de todas.

Palabras

1 **En parejas** ¿Con qué partes del cuerpo relacionas estas palabras? Puedes usar el diccionario.

crema antiarrugas | pendientes | jabón | gorro | bufanda | pantalones | sandalias | guantes | anillo | bolso | pintalabios | rímel | mochila | pañuelo de papel

Ejemplo: *crema antiarrugas › cara*

1.1 **En parejas** Piensa con tu compañero/a en cinco palabras relacionadas con una parte del cuerpo. Tus compañeros tienen que adivinar a qué parte del cuerpo se refieren.

1.2 [28] Escucha y escribe la parte o partes del cuerpo que se mencionan.

1. ....
2. ....
3. ....
4. ....

2 Con tu compañero/a, observa los gestos de estas personas y responde a las preguntas.

1. ¿Quién está triste? Foto: ....
2. ¿Quién está nervioso/a? Foto: ....
3. ¿Quién está aburrido/a? Foto: ....
4. ¿Quién está contento/a? Foto: ....
5. ¿Quién está enfadado/a? Foto: ....
6. ¿Quién está asustado/a? Foto: ....
7. ¿Quién está preocupado/a? Foto: ....
8. ¿Quién está tranquilo/a? Foto: ....

Fíjate:
Usamos ***estar*** para hablar de los estados físicos y de ánimo y ***ser*** para describir el carácter de personas:
*Francisco **es muy tranquilo**, pero hoy **está muy nervioso** porque mañana tiene un examen.*

2.1 **Todo el grupo** ¿Cuáles de los anteriores estados de ánimo son positivos? ¿Y negativos? ¿Utilizas algún gesto concreto para expresarlos? Enséñaselo a la clase.

RAE LÉXICO
Español de España › enfadado/a : *... pero Andrés está muy **enfadado**, enfadado de verdad, y Elena tiembla de miedo.*
Español de América › enojado/a : *Estás **enojada** con Clara porque es una muchacha independiente, ¿no?*

3 ¿Qué les pasa a las personas de las imágenes? Completa las frases con estas palabras.

la espalda | tos | los ojos | fiebre | la cabeza | el estómago | cansado/a

1. Le duele ....

2. Tiene ....

3. Está ....

7. Tiene ....

4. Le duele ....

5. Le pican ....

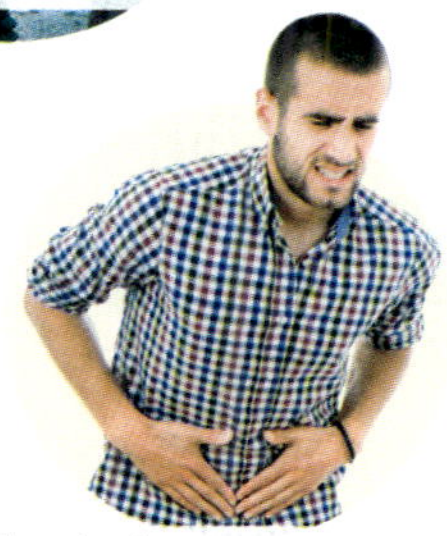
6. Le duele ....

3.1 **En parejas** Clasifica las siguientes palabras sobre distintos síntomas de una enfermedad en la tabla. En algunos casos puede haber más de una opción.

gripe | enfermo/a | tos | la cabeza | bien | mal | los ojos | alergia
dolor de cabeza | malo/a | un oído | cansado/a | fiebre | un resfriado
dolor de espalda | mareado/a | las muelas | la garganta | dolor de estómago | la nariz
vómitos | las piernas | el cuello | mareos | la espalda | los brazos

Tiene	Le duele/duelen	Le pica/pican	Está/Se siente

- Los verbos ***doler*** y ***picar*** se construyen como el verbo ***gustar***, en 3.ª persona de singular o plural:
  Le duele *la cabeza.* ***Le pican*** *los brazos.*

  Son equivalentes a las expresiones ***tener dolor de*** y ***tener picor de***, respectivamente:
  Le duelen *los oídos.* = ***Tiene dolor de*** *oídos.*
  Le pican *los ojos.* = ***Tiene picor de*** *ojos.*
- Lo mismo ocurre con verbos específicos como ***marearse, toser*** y ***vomitar***:
  Se marea. = Tiene mareos. *Tose. = Tiene tos.* *Vomita. = Tiene vómitos.*

3.2 **En parejas** Pregúntale a tu compañero/a cómo se siente en estas situaciones.

¿Cómo te sientes cuando...

no duermes? ....
haces un viaje largo en avión? ....
estás muchas horas sentado/a? ....
andas muchas horas? ....
ves mucho tiempo la tele? ....
llevas muchas horas sin comer? ....
estudias toda la noche? ....
conduces muchas horas? ....

Ejemplo: *Cuando no duermo, me pican los ojos y me duele la cabeza.*

Gramática

1 Imperativo afirmativo

Usamos el imperativo para **dar instrucciones**, **órdenes** y **consejos**.

- **Verbos regulares**

	Hablar	Beber	Abrir
tú	habl**a**	beb**e**	abr**e**
usted	habl**e**	beb**a**	abr**a**
vosotros/as	habl**ad**	beb**ed**	abr**id**
ustedes	habl**en**	beb**an**	abr**an**

- **Verbos con irregularidades vocálicas**

	Empezar (e › ie)	Volver (o › ue)	Pedir (e › i)
tú	emp**ie**za	v**ue**lve	p**i**de
usted	emp**ie**ce	v**ue**lva	p**i**da
vosotros/as	empezad	volved	pedid
ustedes	emp**ie**cen	v**ue**lvan	p**i**dan

- **Otros verbos irregulares**

	Ser	Tener	Hacer	Poner
tú	**sé**	**ten**	**haz**	**pon**
usted	**sea**	**tenga**	**haga**	**ponga**
vosotros/as	sed	tened	haced	poned
ustedes	**sean**	**tengan**	**hagan**	**pongan**

	Ir	Venir	Salir	Decir
tú	**ve**	**ven**	**sal**	**di**
usted	**vaya**	**venga**	**salga**	**diga**
vosotros/as	id	venid	salid	decid
ustedes	**vayan**	**vengan**	**salgan**	**digan**

- Algunos verbos sufren cambios ortográficos en las formas de *usted* y *ustedes*. Son los verbos terminados en:

  -car: bus**car** › bus**qu**e, bus**qu**en
  -ger, **-gir**: ele**gir** › eli**j**a, eli**j**an
  -gar: car**gar** › car**gu**e, car**gu**en
  -zar: empe**zar** › empie**c**e, empie**c**en

- Los verbos reflexivos en imperativo llevan el pronombre correspondiente detrás del verbo y unido a él: *levantar**se*** › *levántate*, *levánte**se***, *levanta**os***, *levánten**se***.
  – En los verbos reflexivos, la forma ***vosotros/as*** pierde la *-d-*: *levantados* › *levanta**os***.

¿Diga?

Fíjate:
Las irregularidades del imperativo son las mismas que las del presente *(e › ie, o › ue, e › i)* en las formas ***tú***, ***usted*** y ***ustedes***.

Ten, para ti.

Fíjate:
Vosotros/as es siempre regular.

RAE GRAMÁTICA

- En las zonas voseantes de América, el imperativo tiene una forma propia para la persona vos *(hablá, bebé, abrí, empezá, volvé, elegí, tené, hacé, poné, vení, salí, decí...)*: ***Empezá*** *vos, por favor./****Comé****,* ***comé****, está muy bueno.*
- El verbo ir (imperativo ve) no suele utilizarse y se usa andá (verbo andar): ***Andá****, que es tarde.*

1.1 Completa las frases con el verbo en imperativo.

▶ [1] .... (Hablar, vosotros) más alto, por favor, que no os oigo bien.
▷ Por supuesto, [2] .... (disculpar, usted).

▶ ¿Y qué hago ahora, papá?
▷ Ahora [3] .... (poner, tú) un poco de sal y luego [4] .... (añadir, tú) la salsa de tomate.

[5] .... (Escoger, ustedes) una pareja de baile y [6] .... (practicar, ustedes) el paso nuevo.

Esta noche vamos a cenar fuera. Se queda a dormir la tía, así que [7] .... (ser, tú) buena, [8] .... (portarse, tú) bien y [9] .... (hacer, tú) caso a tu tía.

Ahora [10] .... (girar, tú) en la siguiente calle y [11] .... (ir, tú) despacito. [12] .... (Tener, tú) mucho cuidado en el cruce, que hay mucho tráfico.

[13] .... (Beber, usted) más agua, [14] .... (tomar, usted) las pastillas y [15] .... (volver, usted) dentro de una semana para ver qué tal.

2 Pronombres de objeto directo

- Muchos verbos llevan un complemento (que puede ser una persona o un objeto) llamado **objeto directo**. Cuando este complemento ya se ha mencionado anteriormente, se sustituye por un pronombre. Los pronombres de objeto directo son:

yo	**me**	nosotros/as	**nos**
tú	**te**	vosotros/as	**os**
él, ella, usted	**lo/la**	ellos, ellas, ustedes	**los/las**

*Mi amiga **Vanessa** vive muy cerca de mi casa. **La** veo todos los días en la calle.*

- El objeto directo va normalmente antes del verbo. Sin embargo, con el imperativo, el infinitivo y el gerundio el pronombre de objeto directo siempre se coloca **a continuación** del verbo formando una sola palabra con él:

*Coge **el libro** y déja**lo** encima de la mesa, por favor.*
*Faltan dos **regalos**. Tienes que comprar**los** hoy.*
*Me encanta este **libro**. Estoy leyéndo**lo** muy deprisa.*

2.1 Completa los diálogos con el pronombre adecuado.

1. ▶ ¿Tienes tú las llaves del coche?
   ▷ No, ... tiene tu madre.
2. ▶ ¿Puedes dejarme el diccionario?
   ▷ Claro, cóge..........
3. ▶ ¿Cómo quieres el café?
   ▷ .... quiero con leche, por favor.
4. ▶ ¿Tienes ya los regalos de Navidad?
   ▷ No, aún no. Voy a comprar.......... hoy.
5. ▶ ¿Me dejas la cámara de fotos?
   ▷ Un momento. Es que ahora estoy usándo..........
6. ▶ ¿Puedo hacer los deberes mañana?
   ▷ No, haz.......... ahora.
7. ▶ ¿Tú llevas gafas?
   ▷ Sí, pero solo .... utilizo para leer.
8. ▶ ¿Tú visitas a tus abuelos?
   ▷ Sí, por supuesto, ... veo una vez al mes.

Practica en contexto

1 **En parejas** Aquí tienes algunos consejos para dormir bien y para llevar una dieta equilibrada. Decide cuáles corresponden a cada uno. Fíjate en los ejemplos.

	Dormir bien	Llevar una dieta equilibrada
1. (Dormir) en un lugar completamente oscuro y sin ruidos.	✓	☐
2. (Comer) de todo, pero en su justa medida y cinco veces al día.	☐	☐
3. (Hacer) ejercicio a diario.	☐	☐
4. (Evitar) ver la televisión, trabajar o usar el móvil en la cama.	☐	☐
5. (Reducir) el consumo de alimentos precocinados y dulces.	☐	☐
6. (Tomar) algo caliente (una infusión, por ejemplo) antes de acostarte.	☐	☐
7. (Planificar) lo que vas a comer.	☐	✓
8. (Ir) al baño antes de acostarte.	☐	☐
9. (Mantener) los dispositivos electrónicos alejados de la cama.	☐	☐
10. (Cocinar) los alimentos a la plancha, al vapor, cocidos o al horno.	☐	☐

Dar consejos

Además del **imperativo**, puedes usar:

- ***Tener que*** + infinitivo
  ***Tienes que ir** al médico ahora mismo. Estás muy acatarrado.*
- ***Hay que*** + infinitivo (para dar consejos de manera general)
  *Con el resfriado **hay que beber** agua.*
- ***Deber*** + infinitivo
  ***Debe** usted **ir** a casa y hacer reposo.*
- ***Poder*** + infinitivo
  ***Puedes hacer** algo de ejercicio para ayudar a la dieta de adelgazamiento.*

  Recuerda:
  Esta estructura se usa también para expresar posibilidad.
- ***Te/Le recomiendo/aconsejo*** + infinitivo
  ***Te recomiendo tomar** miel con limón para la garganta.*

1.1 **En parejas** Ahora escribe los consejos utilizando las diferentes estructuras que ya conoces.

1. ....
2. ....
3. ....
4. ....
5. ....

1. ....
2. ....
3. ....
4. ....
5. ....

1.2 [29] Escucha lo que les pasa a estas personas y piensa qué consejos puedes darles para solucionar sus problemas.

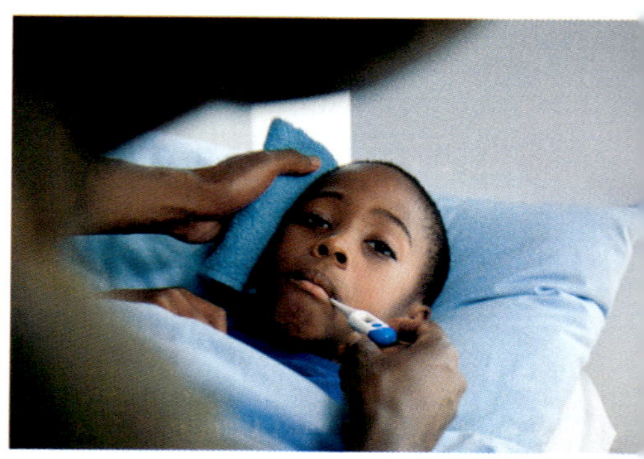

2 Lee las instrucciones de estas máquinas y complétalas con las frases del recuadro.

Introduzca las monedas | Retire la tarjeta | Seleccione la bebida | Teclee su número PIN
Espere un momento | Retire la bebida

- Introduzca la tarjeta.
- [1] .... por favor.
- [2] ....
- Seleccione la operación deseada (sacar dinero, ingresar dinero, consultar saldo...).
- Introduzca el importe.
- [3] ....

- [4] ....
- [5] ....
- Espere mientras se prepara la bebida.
- [6] ....

2.1 **En parejas** Piensa en una máquina de este tipo y dale las instrucciones de cómo funciona a tu compañero/a. Él/ella tiene que adivinar qué máquina es.

3 Lee estas frases y marca si la persona pide un objeto (O), pide un favor (F) o pide permiso (P).

1. ¿Puedes ayudarme a mover la mesa? Pesa mucho. .... O F P
2. ¿Puedo cerrar la ventana? Es que estoy resfriada. .... O F P
3. ¿Me das una aspirina? Tengo un poco de fiebre................ O F P
4. ¿Puedo coger una pera? Es que tengo mucha hambre....... O F P

3.1 **En parejas** Lee estas situaciones y represéntalas con tu compañero/a según la instrucción dada.

Estudiante A

1. Estás en casa de un/a amigo/a. Tienes mucha sed y quieres beber agua.
2. Tu amigo/a necesita un euro para comprar una bebida. Tú no tienes dinero.
3. Tu compañero/a de piso está viendo la tele con el volumen muy alto y tú quieres estudiar.
4. Trabajas en una oficina y una persona te pregunta si puede usar el servicio. Tú aceptas.

Estudiante B

1. Tu amigo/a está en tu casa y quiere un vaso de agua. El agua mineral se acaba de terminar.
2. Quieres comprar un refresco pero no tienes dinero. Pide un euro a tu amigo/a.
3. Tu compañero/a de piso te pregunta si puedes bajar el volumen de la tele porque quiere estudiar. Tú aceptas.
4. Estás esperando para hacer una entrevista de trabajo y necesitas ir al servicio. Pide permiso para ir al servicio.

Pedir un favor o un objeto

- *(Por favor,)* ¿***Puede(s)*** + infinitivo?
  *Por favor, ¿**puedes ayudarme** a hacer los deberes?*
- *Por favor,* + imperativo
  Por favor, ayúdame a ordenar el salón.
  Por favor, déjame tu coche.
- *(Por favor,)* ¿***Tiene(s)*** + nombre?
- *(Por favor,)* ¿***Me da(s)/deja(s)/presta(s)*** + nombre?
  *¿**Me prestas** un bolígrafo, por favor?*

Pedir permiso

- ¿***Puedo*** + infinitivo? *¿**Puedo** ir al servicio?*

Aceptar una petición

- **Sí, claro./por supuesto.**
- ***Sí,*** + imperativo
  ▶ *¿Puedo entrar?*
  ▷ *Sí, **pasa, pasa**.*

Fíjate:
Es habitual repetir el imperativo para conceder permiso.

Denegar una petición

- **No, lo siento, es que...**
  ▶ *¿Me dejas el diccionario? **Es que** el mío está en casa.*
  ▷ ***No, lo siento, es que** estoy usándolo yo ahora.*

La dieta mediterránea

1 **En parejas** ¿Sabes qué es la *dieta mediterránea*? Haz con tu compañero/a una lista de los alimentos que hay que consumir en esta dieta.

1.1 Lee el artículo y comprueba tus hipótesis.

¿Qué es?

Es una valiosa herencia cultural que representa mucho más que una dieta nutricional rica y saludable. Es un estilo de vida equilibrado que recoge recetas, formas de cocinar, celebraciones, costumbres, productos típicos y actividades humanas diversas. Se da en los países de la cuenca mediterránea, especialmente en Chipre, Croacia, España, Grecia, Italia, Marruecos y Portugal.

¿Qué beneficios tiene?

Entre las muchas propiedades beneficiosas que esta dieta tiene para la salud, destaca el tipo de grasa que la caracteriza (aceite de oliva, pescado y frutos secos), las proporciones en los nutrientes principales de sus recetas (cereales y vegetales como base de los platos) y la riqueza en micronutrientes que contiene debido a la utilización de verduras de temporada, hierbas aromáticas y condimentos.

La dieta mediterránea es Patrimonio Cultural Inmaterial de la Humanidad desde 2013.

Adaptado de https://dietamediterranea.com

10 CONSEJOS BÁSICOS

1 

Utiliza el **aceite** de oliva como grasa principal.

2 

Consume alimentos de **origen vegetal** en abundancia: frutas, verduras y frutos secos.

 3

El **pan**, la **pasta** y el **arroz** tienen que formar parte de la alimentación diaria.

Los alimentos **poco procesados**, frescos y de temporada son los más adecuados.

4 

 5

Consume todos los días **productos lácteos**, principalmente yogur y quesos.

6 

Come **carne roja** con moderación (mejor en guisos) y las carnes procesadas en cantidades pequeñas (en bocadillos).

Consume **pescado** en abundancia y **huevos** con moderación (3 o 4 a la semana).

7 

 8

Toma **fruta fresca** de postre y consume dulces y pasteles ocasionalmente.

Bebe **agua** (debes tomar entre 1.5 y 2 l al día).

 9

10 

Realiza **actividad física** todos los días.

2 **En grupos pequeños** Elabora con tus compañeros un menú para un día siguiendo las recomendaciones de la dieta mediterránea. Tienes que hacer un menú completo: desayuno, media mañana, comida, merienda y cena.

Pirámide de la dieta mediterránea

Semanal

dulces ≤ 2 raciones

patatas ≤ 3 raciones
carne roja < 2 raciones
carnes procesadas ≤ 1 ración

carne blanca = 2 raciones
pescado/marisco = 2 raciones
legumbres ≥ 2 raciones

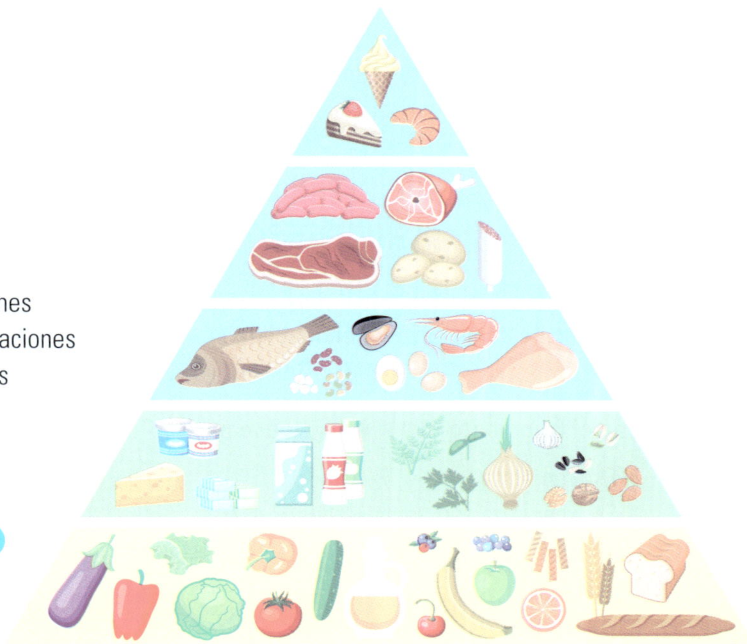

Cada día

lácteos 2 raciones

frutos secos/semillas/aceitunas ≤ 2 raciones
hierbas/especias/ajo/cebolla

En las comidas principales

frutas 1-2 raciones
verduras ≥ 2 raciones

aceite de oliva
pan/pasta/arroz/cuscús/otros cereales 1-2 raciones

Actividad física diaria

Descanso adecuado

Agua e infusiones de hierbas

Productos de temporada, locales y respetuosos con el medioambiente

3 **Todo el grupo** ¿Cómo es tu alimentación? ¿Sigues la dieta mediterránea?

Vídeo

HOSTAL Babel

¿Enferma?

Antes del vídeo

1 **En parejas** Fíjate en esta escena del episodio de hoy. ¿Qué pasa? ¿Cómo se sienten los personajes? Utiliza estos adjetivos para describir su estado de ánimo. Hay un adjetivo que no es adecuado. ¿Cuál?

preocupado/a | enfermo/a | contento/a | nervioso/a | tranquilo/a

Durante el vídeo

Fíjate:
¿Cómo llama Hugo a la comida basura?
....

2 **En parejas** Visiona el primer fragmento del episodio (00:30 ▶ 02:00) y responde a las siguientes preguntas.

1. ¿Qué le duele a Leo? ¿Por qué? ....
2. ¿Qué tipo de comida come normalmente Leo? ....
3. ¿Qué alimentos no come Leo nunca? ....

2.1 ¿Quién crees que da estos consejos a Leo? Señala si es Hugo (H) o Carla (C). Luego visiona el fragmento 01:22 ▶ 02:00 para comprobar tu respuesta.

1. No debes comer eso. .... H C
2. Tenés que alimentarte bien. .... H C
3. En serio, hacele caso a Hugo. .... H C
4. Tienes que comer más proteínas y sobre todo mucha verdura. .... H C
5. ¡No podés comer solo papas fritas! .... H C
6. Vos hacenos caso y comé bien. .... H C

2.2 ¿Qué te ha ayudado a diferenciar los consejos de Carla de los de Hugo? ¿Recuerdas cómo se llama este fenómeno lingüístico? ¿En qué países es más frecuente? ¿Es para un trato formal o informal?

3 Visiona el fragmento 03:23 ▶ final. ¿Qué le pasa a Tere en realidad?

1. ☐ Está enferma.
2. ☐ Está cansada porque ha estado bailando toda la noche.
3. ☐ Ha dormido mucho.
4. ☐ Se ha levantado esta mañana muy temprano.

Después del vídeo

4 **En parejas** Hazle el siguiente cuestionario a tu compañero/a.

1. ¿Qué parte del cuerpo te duele con más frecuencia? ¿Por qué?
2. ¿Qué haces cuando te duele la cabeza?
4. ¿Con qué frecuencia vas al dentista?
3. ¿Tienes algún remedio para cuando no puedes dormir?
5. ¿Llevas una dieta equilibrada?
6. ¿Qué haces cuando estás nervioso/a?

Evaluación

8

1 Escribe tres consejos usando imperativos para cada una de estas situaciones.

Hacer bien una entrevista de trabajo | Llevarte bien con tus compañeros de piso

2 Lee los siguientes mensajes y relaciónalos con las imágenes.

1. ☐ Por favor, apaguen sus teléfonos móviles, la función va a empezar.
2. ☐ Coja número y espere su turno.
3. ☐ Al salir, tengan cuidado con las puertas.
4. ☐ Lea las instrucciones y, en caso de duda, consulte con su farmacéutico.
5. ☐ ¿Te queda poca batería? Carga aquí tu móvil.
6. ☐ Vamos, chicos, subid despacio y en orden.

3 Completa estas frases con el imperativo y el pronombre de objeto directo adecuados.

1. ¿Puedo usar tu móvil? Sí, ... (tomar, tú).
2. ¿Podemos abrir las ventanas? Sí, ... (abrir, vosotros).
3. ¿Puedo poner la tele? Sí, ... (poner, tú).
4. ¿Puedes dejarme los auriculares? Claro, ... (coger, tú).

3.1 Ahora escribe los imperativos anteriores en las formas *usted* y *ustedes*.

1. ....
2. ....
3. ....
4. ....

4 Completa las frases según tus reacciones.

1. Cuando estoy nervioso/a, *muevo los pies.*
2. Cuando estoy triste, ...
3. Cuando estoy contento/a, ...
4. Cuando estoy preocupado/a, ...
5. Cuando estoy aburrido/a, ...
6. Cuando estoy cansado/a, ...

5 ¿Crees que has aprendido muchas cosas en esta unidad? Escribe...

1. tres palabras relacionadas con la dieta mediterránea: ....;
2. tres palabras del cuerpo humano: ....;
3. tres imperativos irregulares: ....;
4. tres enfermedades: ....;
5. tres síntomas: ....;
6. tres estados de ánimo: ....

Unidad

9 ¡Vaya día!

¿Qué crees que ha hecho hoy la mujer de la imagen?

¿Tú tienes días así?

En esta unidad vas a...

- Hablar de acciones terminadas en un tiempo no terminado
- Hablar de la existencia o no de algo o de alguien
- Hacer valoraciones
- Conocer lugares insólitos de Hispanoamérica

¿Qué sabes?

1 **En parejas** Gregorio está jubilado y durante su primer año de jubilación ha cambiado mucho su vida. Fíjate en las fotos y marca las cosas que ha hecho.

1. ☐ Ha empezado a hacer yoga.
2. ☐ Ha colaborado como voluntario en una ONG.
3. ☐ Ha empezado a ir a clase de pilates.
4. ☐ Ha hecho un crucero por el Caribe.
5. ☐ Ha sido abuelo por tercera vez.
6. ☐ Ha participado en una carrera solidaria.
7. ☐ Se ha apuntado a un curso de pintura.
8. ☐ Ha vuelto a la universidad para estudiar Historia, su verdadera pasión.
9. ☐ Ha hecho un safari en Kenia.
10. ☐ Ha hecho un curso de Informática.

Gregorio, 66 años,
profesor de Matemáticas jubilado

1.1 **Todo el grupo** ¿Conoces a alguna persona jubilada? ¿Hace las mismas cosas que Gregorio? ¿Qué hace normalmente la gente mayor de tu país?

RAE

LÉXICO

- En el español de España se utilizan expresiones como gente mayor, personas mayores o los mayores para referirse a las personas de edad avanzada. Utilizar el adjetivo viejo/a se considera descortés:
  *Entré en el vagón y me senté. A mi lado había un señor **mayor**, de esos que a la primera de cambio te cuentan su vida...*
- En el español de América se usa viejo/a afectuosamente para dirigirse a una persona de confianza:
  *(...) porque cree que su **vieja** es más feliz ahora que le mandó el televisor...*
  También para referirse o llamar al padre o a la madre cariñosamente: *¿Lo sabe tu **viejo**?*

2 **Todo el grupo** ¿Qué ha cambiado este año en tu vida?

Ejemplo: ▶ *Pues yo he empezado a aprender español.*
▷ *Yo también. Además, he terminado la universidad.*

Palabras

1 [30] Escucha la conversación entre María y Juan y señala los productos de los que hablan.

Fíjate:

Envases

- una botella de...
- una lata de...
- un paquete de...
- un brik de...
- una bolsa de...
- un bote de...

Medidas

- una/media docena de...
- un/medio litro de...
- un kilo/medio (kilo)/(un) cuarto (de kilo) de...
- 100/200/300... gramos de...
- una barra de pan

1.1 [30] Escucha de nuevo la conversación. ¿Qué productos ha comprado Juan? ¿Qué tiene que comprar?

Ha comprado	Tiene que comprar
2 paquetes de harina	

1.2 **En parejas** ¿Con qué envases o medidas relacionas estas palabras? Puede haber más de una opción.

pasta | azúcar | agua | mermelada | sardinas | zumo | arroz | cebollas | salchichas

1.3 **Todo el grupo** ¿Se envasan estos productos de la misma manera en tu país?

RAE

LÉXICO

Español de América (Puerto Rico, El Salvador, Guatemala, Cuba, Ecuador y Panamá) › libra (una libra equivale a 500 g): *1/2 **libra** (250 g) de papa criolla; 2 **libras** (1 kilo) de papas; 1 1/2 **libras** (750 g) de carne molida.*

En España la libra equivale a 453 g. Su uso actual es poco frecuente: *Vendían frutas escarchadas y chocolate en medias **libras** de fabricación propia.*

Español de América (Guatemala, Panamá, Honduras, Nicaragua, El Salvador, Colombia, México...) › galón de agua o leche (un galón equivale a 3785 litros): *Pienso ahora en Miller, al que le bastaban diez **galones** de agua, bebidos sin interrupción.*

Español de México › bote: *Le pasó un **bote** de jugo de papaya.*

Español de América (Argentina, Uruguay, Paraguay...) › *sachet* (envase de plástico en forma de bolsa o bolsita): *Pensé que pronto volvería con un **sachet** de leche.*

Español de México › cartera (envase de 24 huevos), media cartera (envase de 12 huevos): *Se acerca a la tienda y compra media **cartera** de huevos.*

2 ¿Sabes qué es un *banco de alimentos*? Esta es la web de un banco de alimentos que quiere hacer una "Gran Recogida de Alimentos" para Navidad. Lee la información y comprueba tu respuesta.

granrecogidadenavidad.com

QUIÉNES SOMOS | GRAN RECOGIDA DE ALIMENTOS | QUIERO DONAR | HAZTE VOLUNTARIO | CONTACTO

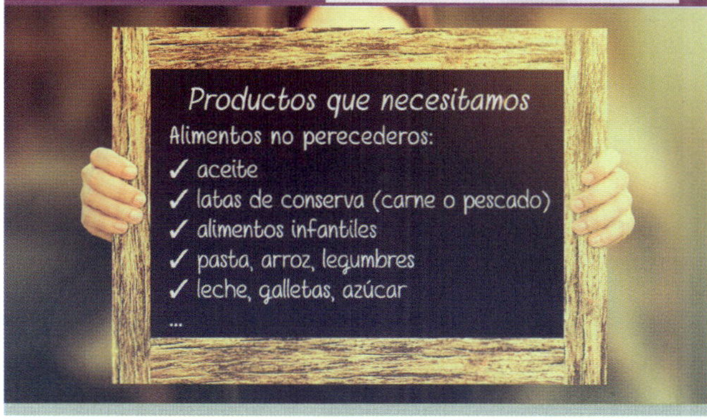

¿SABES LO QUE SE PUEDE HACER CON LOS PRODUCTOS Y ALIMENTOS QUE DONAS?

¡NI TE LO IMAGINAS!

Un banco de alimentos es una organización benéfica sin ánimo de lucro que recoge alimentos para donarlos y distribuirlos de manera gratuita entre diferentes entidades benéficas y así dar de comer a personas sin recursos.

Recuerda:

GRAN RECOGIDA DE ALIMENTOS

Zaragoza - 1, 2 y 3 de diciembre

2.1 **Todo el grupo** ¿Hay bancos de alimentos en tu ciudad? ¿Colaboras con ellos? ¿Con qué productos? Cuéntaselo a la clase.

2.2 **En parejas** Clasifica los alimentos de las actividades 1 y 1.2 en la siguiente tabla. Luego compara con tu compañero/a.

Alimentos perecederos	Alimentos no perecederos o en conserva
huevos,	*lata de atún,*

2.3 **En parejas** Ahora vas a elaborar con tu compañero/a una cesta de donación de aproximadamente 20 €. Elige los productos mirando los precios que aparecen en la actividad 1 y algún folleto o página web del supermercado que quieras.

CESTA		20 €
Descripción	**Unidades**	**Precio**
paquete de pasta	*1*	*0.95 €*

2.4 **Todo el grupo** ¿Qué pareja tiene más productos en su cesta? ¿Qué pareja ha elaborado la cesta más variada?

Gramática

1 Pretérito perfecto regular e irregular

- El **pretérito perfecto** de indicativo es un **tiempo del pasado** que se forma con el **presente** del verbo *haber* y el **participio** del verbo principal.
- El **participio regular** de los verbos se forma sustituyendo la terminación *-ar* por *-ado* y las terminaciones *-er* e *-ir* por *-ido*:

	Hablar	Comer	Vivir
yo	**he** hablado	**he** comido	**he** vivido
tú	**has** hablado	**has** comido	**has** vivido
él, ella, usted	**ha** hablado	**ha** comido	**ha** vivido
nosotros/as	**hemos** hablado	**hemos** comido	**hemos** vivido
vosotros/as	**habéis** hablado	**habéis** comido	**habéis** vivido
ellos, ellas, ustedes	**han** hablado	**han** comido	**han** vivido

Fíjate:
En los verbos reflexivos, el pronombre se coloca delante del verbo *haber*:
***me** he duchado, **te** has perdido, **nos** hemos vestido...*

- Algunos verbos tienen un participio irregular:

abrir	› **abierto**	hacer	› **hecho**	romper	› **roto**
decir	› **dicho**	morir	› **muerto**	ver	› **visto**
escribir	› **escrito**	poner	› **puesto**	volver	› **vuelto**

- Usamos el pretérito perfecto para hablar de **acciones terminadas** en un **pasado no terminado**:
  ***Esta mañana he desayunado** una tostada con aceite de oliva y tomate.* (La acción es pasada, pero el tiempo es presente, pues el día aún no ha terminado).
  ***Este año he ido** de vacaciones a Estados Unidos. He visitado Nueva York y la capital, Washington.* (También en este caso el tiempo es presente).
- Los **marcadores temporales** más usados con pretérito perfecto son:
  - hoy
  - este mes/año/verano/otoño/invierno...
  - esta mañana/tarde/noche/semana/primavera...

RAE

GRAMÁTICA

En el español de América y en el español de España de las zonas de Galicia, Asturias, parte de León y Canarias es más frecuente el uso del pretérito indefinido en lugar del pretérito perfecto para hablar de acciones terminadas en un tiempo no terminado:

Español de América: *Estoy muy cansado porque esta mañana **salí** de casa muy temprano y no **llegué** hasta las nueve de la noche. **Fue** un día muy largo.*

En el español de España (salvo en las zonas mencionadas anteriormente) se dice: *Estoy muy cansado porque esta mañana **he salido** de casa muy temprano y no **he llegado** hasta las nueve de la noche. **Ha sido** un día muy largo.*

1.1 Conjuga los siguientes verbos en pretérito perfecto en la persona indicada.

1. comprar (él)
2. tomar (ellos)
3. romper (vosotros)
4. leer (ella)
5. ver (nosotros)
6. ser (ella)
7. oír (tú)
8. salir (ellas)
9. abrir (yo)
10. escribir (usted)

1.2 **En parejas** Hazle estas preguntas a tu compañero/a.

1. ¿Cómo (venir, tú) .... a clase?
2. ¿(Ir, tú) .... al cine este mes?
3. ¿(Hacer, tú) .... los deberes esta tarde?
4. ¿A qué hora (despertarse, tú) .... hoy?

1.3 Escucha y marca lo que ha hecho Alfredo esta semana.

[31]

1. ☐ Ha estado en Londres por trabajo.
2. ☐ Ha visto una exposición de fotografía.
3. ☐ Ha comprado los regalos de Navidad.
4. ☐ Ha celebrado el cumpleaños de su hijo.
5. ☐ Ha hecho un examen de alemán.

2 Adjetivos y pronombres indefinidos

- Los indefinidos hablan de la **existencia** o **inexistencia** de personas o cosas. Hacen referencia a una cantidad indeterminada. Pueden acompañar a un nombre (adjetivos) o ir solos (pronombres):

	Existencia		Inexistencia	
	Masculino	**Femenino**	**Masculino**	**Femenino**
Singular	*algún* + nombre m. alguno	alguna	*ningún* + nombre m. ninguno	ninguna
Plural	algunos	algunas	ningunos	ningunas

▶ *Antonio, ¿hay **algún problema**?*
▷ *No, **ninguno**. = No, **ningún problema**.*

▶ *¿Hay **alguna chica** rusa en clase?*
▷ *No, en este curso **no** hay **ninguna (chica rusa)**.*

- Además, hay cuatro pronombres indefinidos especiales que se refieren solo a personas y cosas:

	Existencia	Inexistencia
Personas	alguien	nadie
Cosas	algo	nada

▶ *¿Hay **alguien** en casa?*
▷ *No, creo que **no** hay **nadie**.*
▶ *¿Quiere **algo** más?*
▷ *No, gracias, **no** quiero **nada** más.*

Cuando usamos los indefinidos de inexistencia se incluye ***no*** delante del verbo.

Fíjate:
Ningunos/ningunas solo se usan con palabras que se construyen en plural:
Ningunos pantalones *me valen.*
▶ *¿Tienes unas tijeras?*
▷ *No, lo siento, no tengo **ningunas**.*

2.1 Completa los siguientes diálogos con los indefinidos adecuados.

1. ▶ He ido a la sala de reuniones y no he visto a ....
   ▷ Pues qué raro, porque siempre hay .... a esta hora.
2. ▶ ¿Has hecho .... plan para este fin de semana?
   ▷ No, no, todavía no tengo .... plan.
3. ▶ ¿Has hecho .... esta semana?
   ▷ No, no he hecho ....
4. ▶ ¿Has comprado ya los regalos de Navidad?
   ▷ Sí, he comprado .... regalos, pero aún tengo que comprar más cosas.
   ▶ ¿Y tienes .... idea?
   ▷ Bueno, sí, tengo ....…
   ▶ Jo, pues yo no tengo ....

2.2 Ahora escucha y comprueba tus respuestas.

[32]

Practica en contexto

1 **En parejas** Hoy Pilar ha tenido un día muy completo. Mira las fotografías y escribe debajo su actividad correspondiente. Luego ordénalas cronológicamente según tu criterio. Trabaja con tu compañero/a.

Comer con los compañeros de trabajo. | Escribir unos informes.
Hablar con su madre por teléfono. | Hacer la compra. | Ir a clase yoga. | Ir al trabajo.
Levantarse pronto. | Pedir una *pizza* para cenar. | Poner el lavavajillas.
Tener una reunión de trabajo. | Ver la televisión. | Volver a casa.

A ☐

....

B ☐

....

C ☐

....

D ☐

....

E ☐

....

F ☐

....

G *1*

Se ha levantado pronto.

H ☐

....

I ☐
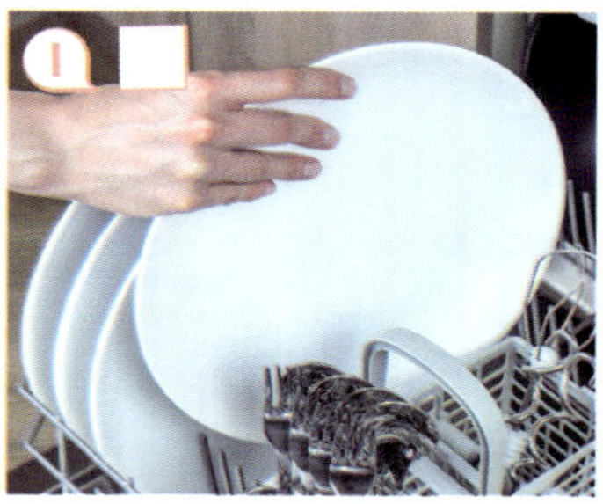
....

J ☐

....

K ☐

....

L ☐

....

1.1 [33] Ahora escucha la conversación entre Pilar y su madre y comprueba tus respuestas anteriores.

1.2 **En parejas** ¿Qué has hecho tú hoy? Escríbelo en un papel y dáselo a tu compañero/a. ¿Habéis coincidido en algunas cosas los dos?

Ejemplo: *Los dos hemos desayunado leche con cereales.*

2 **En parejas** Pilar esta semana ha colaborado en un banco de alimentos. Lee el correo que ha escrito a unos amigos para contárselo y ordena sus partes.

De: Pilar Para: Víctor, Ana, Jesús Asunto: Banco de alimentos

1 Hola, chicos:
¿Qué tal? No he podido escribiros antes; es que esta semana he estado muy ocupada porque,

☐ He conocido a gente de Colombia, de Marruecos… Muchas de esas personas solo pueden ofrecer su tiempo porque ellas mismas necesitan ayuda. Lo que hemos hecho principalmente…

☐ Ha sido increíble ver gestos como este, comprobar que la gente se preocupa por los demás. Pero bueno, ya os cuento más la próxima vez, que ahora voy a descansar. Escribid pronto. Un fuerte abrazo, Pilar

☐ como veis en la foto que os mando, he dedicado todo mi tiempo libre a colaborar como voluntaria en un banco de alimentos de mi barrio. ¡Qué pena! Hay tanta gente que necesita comida… Ha sido agotador, pero me ha encantado porque he comprendido que ayudar a los demás produce mucha satisfacción. Os cuento, así seguro que os animáis a hacerlo vosotros también.

☐ paquetes de arroz, de harina, de azúcar, de pasta; más de doscientos litros en briks de leche, casi quinientas latas de sardinas y atún, botes de tomate, de aceitunas, de mermelada; también algún alimento perecedero, entre otros, fruta y unas 50 docenas de huevos… Un niño de ocho años nos ha llevado esta tarde un brik de zumo y una manzana de su almuerzo en el colegio.

☐ ha sido organizar una recogida de alimentos que ha durado tres días. Muchos vecinos del barrio han colaborado donando todo tipo de alimentos. Hemos recogido unas cien botellas de aceite, algunas de cinco litros;

☐ En el banco de alimentos he trabajado con gente de todas las edades; hay voluntarios de hasta ochenta años, ¡es increíble! También he estado con personas de muchas profesiones diferentes (estudiantes, enfermeras, músicos, etc.) y de distintos países.

Hacer valoraciones

- (No) **Me ha gustado mucho.**
- **Me ha encantado.**
- ***Es/Ha sido*** + adjetivo de valoración
  - ▶ *¿Te ha gustado el concierto?*
  - ▷ *Sí, **ha sido increíble**. El cantante **es muy bueno**.*

Reaccionar valorando

¡**Qué** bien/mal/(mala) suerte/bonito/envidia/pena/barato/caro!

- ▶ *¡Ay, Dios mío! He perdido el tren…*
- ▷ ***¡Qué** mala suerte!*

2.1 Fíjate en las imágenes y marca los alimentos que no menciona Pilar en su correo.

1 ☐

2 ☐

3 ☐

4 ☐

5 ☐

6 ☐

2.2 Imagina que eres uno de los amigos de Pilar, contesta a su correo contándole lo más interesante que has hecho esta semana.

Para: Pilar De: Asunto: Esta semana

2.3 **Todo el grupo** Comparte con tus compañeros lo que has escrito. ¿Quién ha tenido la semana más interesante?

2.4 **Todo el grupo** ¿Has hecho voluntariado durante el último año? Cuéntaselo a tus compañeros.

Lugares

1 **Todo el grupo** ¿Has estado en algún país de Hispanoamérica? ¿Conoces algún lugar insólito de esta parte del mundo? Coméntalo con tus compañeros.

1.1 Aquí tienes tres lugares insólitos de Hispanoamérica. Lee los textos y relaciónalos con las imágenes. Hay una imagen que sobra. ¿Cuál es? ¿Conoces este lugar? ¿Sabes cómo se llama y dónde está?

El Salar de Uyuni, un desierto de sal

Con una extensión de casi once mil kilómetros cuadrados, el Salar de Uyuni se encuentra a una altura de 3663 metros sobre el nivel del mar. Esta rareza geográfica se debe a la desecación de unos lagos prehistóricos que han dejado sus depósitos ricos en sal. Es la mayor reserva de litio del mundo y un sitio ideal para los amantes de la fotografía.

1

2

Vinicunca, la montaña de los siete colores

Es una montaña que está en los Andes de Perú, en la región de Cuzco, con una altitud de 5200 metros. Sus increíbles colores se deben a los minerales del suelo. La mejor época del año para visitarla es en agosto, ya que es la estación seca y los colores destacan más.

3

4

Cenotes, depósitos de agua dulce

Son pozas de agua cristalina que existen en pocos lugares del mundo. La península de Yucatán contiene la mayor extensión de cenotes, con aproximadamente unos seis mil distribuidos en su territorio. Los cenotes eran la fuente de los antiguos mayas, quienes además los consideraban la entrada al mundo de los muertos. Gracias a los cenotes se ha desarrollado el buceo arqueológico y, como consecuencia, se han encontrado tesoros muy antiguos y restos de animales prehistóricos de incalculable valor: elefantes, mastodontes, tigres dientes de sable y armadillos gigantes.

insólitos de Hispanoamérica

Isla de Capurganá

Desierto de Atacama

Aconcagua

Mapa de Centroamérica

2 Completa este test para comprobar cuánto sabes de Hispanoamérica.

1. La capital más alta del mundo es…
   - a. Quito.
   - b. Lima.
   - c. La Paz.
2. El segundo exportador mundial de flores es…
   - a. México.
   - b. Colombia.
   - c. Guatemala.
3. ¿Cuál de estos países no tiene ejército?
   - a. Costa Rica.
   - b. Cuba.
   - c. Nicaragua.
4. ¿Cuál de los siguientes países es uno de los principales exportadores mundiales de esmeraldas?
   - a. Panamá.
   - b. Colombia.
   - c. Cuba.
5. Una de las mayores obras de ingeniería del mundo es…
   - a. Machu Picchu.
   - b. Las pirámides de Tikal.
   - c. El canal de Panamá.
6. ¿Cuál es el país más pequeño de Centroamérica?
   - a. Honduras.
   - b. Costa Rica.
   - c. El Salvador.
7. Uno de los glaciares más espectaculares del mundo está en…
   - a. Chile.
   - b. Cuba.
   - c. Argentina.
8. La isla de Pascua, también conocida como Rapa Nui, pertenece a…
   - a. Chile.
   - b. Ecuador.
   - c. Perú.
9. El Aconcagua, la montaña más alta de América, se encuentra en…
   - a. Perú.
   - b. Argentina.
   - c. Chile.
10. El desierto más seco del mundo, el desierto de Atacama, está en…
    - a. Chile.
    - b. Perú.
    - c. Bolivia.

2.1 **Todo el grupo** Corrige el test con toda la clase. ¿Cuántas preguntas has acertado?

Vídeo

HOSTAL Babel

Cajas y cajas y cajas. . .

Antes del vídeo

1 **En parejas** Cuando alguien dice que ha tenido "un día de locos", ¿cómo crees que ha sido su día? ¿Qué cosas crees que le han pasado?

Durante el vídeo

2 **En parejas** Visiona el primer fragmento del episodio (00:30 ▶ 01:29) y responde a las siguientes preguntas.

1. ¿Por qué llega tarde Leo?
2. ¿Qué toma Leo?
3. ¿Qué toma Carla?
4. ¿A quién están esperando?
5. ¿Qué van a hacer los tres?
6. ¿Quién invita?

3 Visiona el fragmento 01:35 ▶ 03:24 y elige la opción correcta.

1. ¿Dónde ha estado Leo?

a. 

b. 

c. 

2. ¿Dónde ha estado Carla?

a. 

b. 

c. 

4 Lee lo que ha hecho Tere hoy. Después visiona el último fragmento del vídeo (03:24 ▶ final) y ordena las frases.

- ☐ Ha vuelto a su casa para cambiarse de ropa y ha cogido otra vez un autobús para ir a la cafetería.
- ☐ El autobús se ha estropeado y ha tenido que esperar al siguiente.
- ☐ Ha tenido una reunión con su profesor y ha estado en su despacho una hora.
- ☐ Ha tenido clases toda la mañana.
- ☐ Ha ido a la biblioteca porque necesitaba unos libros.
- ☐ Ha perdido el autobús y ha tenido que ir corriendo a su casa.
- ☐ Ha cogido un café de la máquina y se le ha caído encima.
- ☐ Se ha preparado la comida y ha tenido que comer muy rápido.

Después del vídeo

5 **En grupos pequeños** ¿Y tú? ¿Has tenido hoy un día de locos como Tere o ha sido un día tranquilo? ¿Cómo son normalmente tus días? Cuéntaselo a tus compañeros de grupo.

Evaluación

1 Observa la fotografía y di qué productos hay en esta caja solidaria de alimentos.

Una botella de agua, ...

....

....

....

2 Escribe en tu cuaderno un correo electrónico contando a un amigo lo que has hecho hoy.

3 Relaciona cada frase con su valoración correspondiente.

1. ¿Te ha gustado la película?
2. ¿Qué tal tu vuelo?
3. He suspendido el examen.
4. He comprado un billete de avión por 10 €.
5. ¿Has terminado ya el libro?
6. ¡Me ha tocado la lotería!

a. Sí, pero no me ha gustado mucho.
b. ¡Qué pena!
c. ¡Qué barato!
d. Ha sido horrible. Hemos tenido muchas turbulencias.
e. ¡Qué suerte!
f. Me ha encantado. Es muy buena.

4 Observa el billete de tren de Ramón y responde a las siguientes preguntas.

Núm. Billete: 2787600281177

Localizador: V2TWL3 Tarifa PROMO **renfe**

Salida	Valencia - Joaquín Sorolla	08:15
Llegada	Madrid - Puerta de Atocha	09:55
AVE	05161	Turista
Coche	7	Plaza: 04C
		Total: 21.95 €

Cierre del acceso al tren 2 minutos antes de la salida

1. ¿A dónde ha llegado y a qué hora?
2. ¿De dónde ha salido y a qué hora?
3. ¿Cómo se llama la estación de origen?
4. ¿Cómo se llama la estación de destino?
5. ¿En qué coche ha viajado? ¿En qué asiento?
6. ¿Cuánto ha pagado por el billete?

Recuerda que para hablar del origen utilizamos la preposición ***de*** y para hablar del destino la preposición ***a***. También usamos ***a*** para hablar de la hora.

5 [34] Escucha la conversación entre dos compañeros de trabajo que hablan sobre lo que han hecho este fin de semana y señala qué actividades ha realizado cada uno.

1. Ha estado con su familia. .... P C
2. Ha visitado a unos amigos. .... P C
3. Ha visitado la mezquita. .... P C
4. Ha montado a caballo. .... P C
5. Ha estado en Córdoba. .... P C
6. Ha descansado. .... P C
7. Ha visto los patios de flores. .... P C
8. Ha comido tapas. .... P C
9. Ha paseado por la sierra. .... P C
10. Ha estado en un pueblo. .... P C

Unidad

10 Estamos de fiesta

¿Qué fiestas sueles celebrar cada año?

¿Cuál te hace más ilusión?

¿Te gustan las fiestas sorpresa?

En esta unidad vas a...

- Hacer comparaciones
- Formular buenos deseos
- Proponer planes y hacer sugerencias
- Expresar acuerdo y desacuerdo
- Conocer cómo se celebra el cumpleaños en el mundo hispano

¿Qué sabes?

1 **En parejas** Observa los alimentos de la pirámide. Completa los nombres de los alimentos que conoces. Luego comparte los resultados con tus compañeros.

1.1 **Todo el grupo** Actualmente se está discutiendo si esta distribución clásica de los alimentos es correcta para llevar una alimentación saludable, ¿tú qué piensas? ¿Cómo debe ser esta pirámide en tu opinión? Justifica tu respuesta.

2 **En parejas** ¿Cómo te gusta celebrar tu fiesta de cumpleaños? Fíjate en lo que te proponemos, compara ambas opciones y elige una en cada caso. Trabaja con tu compañero/a y defiende tus elecciones.

1. ¿Fiesta normal o sorpresa?
   (+) más (-) menos (=) igual
2. ¿En casa o fuera?
   (+) más (-) menos (=) igual
3. ¿Tarta de chocolate o de manzana?
   (+) más (-) menos (=) igual
4. ¿Regalos o tarjetas regalo?
   (+) más (-) menos (=) igual

3 Marca, entre las palabras que hay a continuación, las que tienen relación con el tema de las fiestas y las celebraciones.

- [ ] globos
- [ ] sorpresa
- [ ] invitación
- [ ] escenario
- [ ] felicitación
- [ ] protagonista
- [ ] preparativo
- [ ] regalo
- [ ] tarjeta
- [ ] ceremonia
- [ ] personaje
- [ ] baile

4 **Todo el grupo** ¿Qué crees que necesitas aprender o repasar para poder hablar mejor sobre este tema? ¿Coincides con tus compañeros?

Palabras

1 **En parejas** Con tu compañero/a, clasifica las palabras en su imagen correspondiente. ¿Sabes el nombre de otros alimentos que aparecen en las fotografías?

1. cebolla	5. arroz	9. tarta	13. plátano
2. espagueti	6. jamón	10. naranja	14. queso
3. manzana	7. zanahoria	11. ajo	15. helado
4. tomate	8. patata	12. lechuga	16. tapa

A

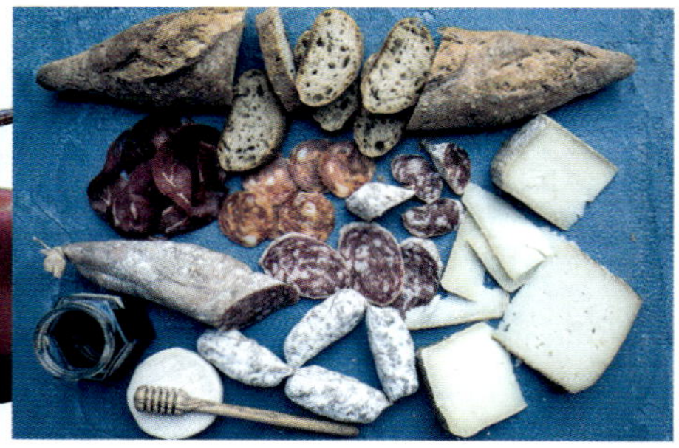

B

C

D

E

F

1.1 **En parejas** Relaciona las imágenes anteriores con las siguientes palabras. ¿Cuál de ellas no se puede clasificar en ninguna categoría? ¿Por qué? Justifica tu respuesta.

☐ verdura ☐ fruta ☐ dulces ☐ lácteos ☐ embutidos ☐ pasta y legumbres

1.2 **Todo el grupo** De los alimentos anteriores, ¿cuáles son tus preferidos? ¿Cuáles comes con más frecuencia y cuáles con menos?

RAE

LÉXICO

Español de España › patata: *Tenemos el tiempo justo para comprar de camino pollo y* ***patatas*** *fritas.*
Español de España (Canarias) y español de América › papas:
Rosa aparece con el plato del día: huevos estrellados, bistec, ***papas*** *francesas, chiles jalapeños y frijoles refritos.*

Español de España y América › tomate:
En la cafetería de la prensa se sirven ensaladas de ***tomate*** *y* mozzarella *con albahaca y aceite de oliva.*
Español de México › jitomate: *Pique finamente los* ***jitomates****, la cebolla y dos dientes de ajo y fríalos en aceite caliente.*

Español de España › plátano: *Elisa pidió arroz con* ***plátanos*** *fritos y un bistec.*
Español de América › banana: *Es una bebida hecha con trozos de frutas de la época:* ***banana****, uva, piña, melón, naranja.*

Español de España › pimiento: *Basilio te prepara una cesta de tomates,* ***pimientos*** *y hortalizas.*
Español de América › chile: *Ellos comen con hambre albóndigas de liebre, carne con* ***chile*** *y papas, frijoles y tortillas de trigo.*

2 **En parejas** En cada grupo de palabras hay dos intrusos. Descúbrelos. Luego compara con tu compañero/a.

Bebidas			Utensilios		
con/sin alcohol	cerveza	con/sin hielo	botella	cuchillo	tenedor
con/sin gas	refresco	agua (mineral)	plato	taza	infusión
champán	cuchara	servilleta	vaso	zumo	copa

2.1 **Todo el grupo** ¿Qué alimentos y bebidas de las actividades 1 y 2 relacionas con algún tipo de celebración u ocasión especial?

3 **En parejas** Observa las imágenes. ¿Sabes cómo se llaman estas celebraciones? Escribe el nombre en cada imagen. Luego compara con tu compañero/a.

1 ______________________

2 ______________________

3 ______________________

3.1 Fíjate ahora en las siguientes expresiones y clasifícalas en su celebración correspondiente. Piensa en otras situaciones donde se pueden usar las expresiones que no puedes clasificar en estos contextos.

	Cumpleaños	Graduación	Boda	Otras situaciones:
¡Muy bien!	☐	☐	☐	....
¡(Muchas) Felicidades!	☐	☐	☐	....
¡Enhorabuena!	☐	☐	☐	....
¡Feliz cumpleaños!	☐	☐	☐	....
¡Felices fiestas!	☐	☐	☐	....
¡(Buena/Mucha) Suerte!	☐	☐	☐	....
¡Buen viaje!	☐	☐	☐	....
¡Felices vacaciones!	☐	☐	☐	....
¡Buen provecho! ¡Que aproveche!	☐	☐	☐	....

3.2 **Todo el grupo** Comparte tus resultados con el resto de la clase. ¿Coincidís?

3.3 [35] Escucha y relaciona cada diálogo con una celebración.

	Cumpleaños	Graduación	Boda
Diálogo 1	☐	☐	☐
Diálogo 2	☐	☐	☐
Diálogo 3	☐	☐	☐

3.4 [35] Escucha de nuevo y señala cuáles de las expresiones de 3.1 se han usado y si se corresponden con la celebración que has marcado previamente.

3.5 **Todo el grupo** ¿Cómo se felicita en tu idioma? ¿Cómo se desea suerte o se desea buen viaje? ¿Se parecen las expresiones a las que se usan en español?

Gramática

1 Comparativos

Cuando **comparamos** algo, podemos establecer tres grados:

- De **superioridad** (+) › *más... que*: *Laura es **más** morena **que** tú.*
- De **inferioridad** (-) › *menos... que*: *Hoy hay **menos** gente **que** ayer.*
- De **igualdad** (=) › – *tan* + adjetivo + *como*: *Javi es **tan** alto **como** yo.*
  - *tanto-a-os-as* + nombre + *como*:
    *Hoy hace **tanto** calor **como** ayer.*
    *Tienen **tanta** hambre **como** yo.*
    *Sara no tiene **tantos** libros **como** Julia.*
    *Tengo **tantas** amigas **como** amigos.*
  - verbo + *tanto* + *como*:
    *Mario gana **tanto como** yo.*

Hay cuatro comparativos de superioridad irregulares:

- + bueno › *mejor*: *Esta canción es **mejor** que la anterior.*
- + malo › *peor*: *Hoy el tiempo está **peor** que ayer.*
- + grande › *mayor*: *Mi madre es **mayor** que la tuya.*
- + pequeño › *menor*: *David es un año **menor** que nosotras.*

Fíjate:
Los comparativos *mayor* y *menor* se usan para referirse a la edad. Para comparar tamaños es más habitual usar *más grande/más pequeño*:
*Tu casa es **más grande** que la de Juan, sin duda.*

1.1 **En parejas** Tres de estos estudiantes han escrito textos para practicar la comparación. Subraya las expresiones que usan para ello y señala quiénes han sido.

1. ....
Sara es más alta que yo. Ella es tan alta como Sam, quizá un poco más que él. Lena es más delgada que yo y también tiene el pelo más largo, pero yo lo tengo más rizado que ella y casi tan largo como Sara. Sam es más moreno que yo y también tiene más barba. Yo tengo muy poca.

2. ....
Lena tiene el pelo más liso que Tina y casi tan largo como ella, yo lo tengo un poco más oscuro y más corto que ellas. Mi camiseta es más clara que la de John, pero menos que la de Tina. Sara es tan alta como yo, pero yo soy un poco más joven.

3. ....
Eva tiene el pelo más claro que yo, yo lo tengo tan oscuro como Lena, pero un poco más largo que ella. Sam y Sara son un poco mayores que los demás y son también más altos que nosotros. John es tan alto como yo y Lena un poco más baja.

1.2 **Todo el grupo** Piensa en alguien de la clase y escribe tres frases comparándolo con otros. Los demás tendrán que adivinar quién es.

+ ....
– ....
= ....

1.3 En diez años cambian muchas cosas. Piensa en tu vida y escribe una redacción de ochenta palabras explicando qué cosas son *más... que* antes, cuáles *menos... que* y qué es *tan... como* antes.

Ahora soy más tranquila que antes y tengo menos amigos que hace diez años, pero son mejores. Eso sí, ahora estudio tanto como entonces...

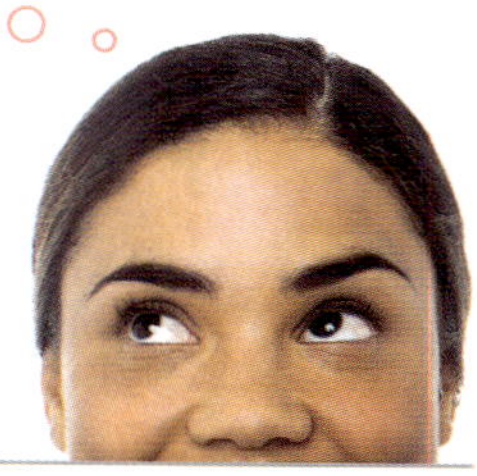

2 Contraste *ser* y *estar*

Usamos el verbo *ser* para hablar de las **características** que definen a las personas, las cosas y los lugares. Con el verbo *ser*:

- **Identificamos:**
  *David **es** mi profesor.* *Mi chaqueta **es** la azul.*
- **Describimos** personas, cosas y lugares:
  ***Eres** muy alta.*
  *La mesa **es** redonda y **es** de madera.*
- Describimos el **carácter** de las personas y la **calidad** de las cosas:
  ***Son** chicos inteligentes y serios.*
  *Esa película **es** muy buena.*
- Expresamos la **nacionalidad** y el **origen**:
  ***Soy** chileno, **soy** de Santiago.*
  *El ceviche **es** peruano.*
- Decimos la **profesión** y la ocupación:
  *Yo **soy** veterinaria, ¿tú qué **eres**?* ***Soy** estudiante.*
- Hablamos de las **relaciones personales** y de **pertenencia**:
  *Juan **es** mi primo y Ana y yo **somos** amigos.*
  *Este libro **es** de Raúl.*

Usamos el verbo *estar* para referirnos a **características temporales** o que se refieren a un estado. Con el verbo *estar* hablamos de:

- Estados **físicos**:
  *No **estoy** enfermo, **estoy** cansado.*
- Estados **de ánimo**:
  *Marta **está** muy contenta y Javi **está** nervioso.*
- Estado o situación **provisional**:
  ***Estoy** de vacaciones.*
- **Ubicación** y **posición**:
  *Juan **está** de pie, **está** a la derecha de Luis.*
- El **resultado** de una **acción**:
  *La puerta **está** cerrada.*

Fíjate:
Con algunos adjetivos, es posible usar *ser* o *estar*:
*El coche **es** nuevo./El coche **está** nuevo.*
(Con el verbo *estar*, el coche en realidad no es nuevo, solo lo parece).

2.1 [36] Escucha estos tres diálogos, fíjate en las imágenes y señala de qué persona, de qué coche y de qué habitación hablan. Argumenta tu elección.

Diálogo 1 A B C

A

B

C

Diálogo 2 A B C

A

B

C

Diálogo 3 A B C

A

B

C

2.2 **Todo el grupo** Piensa en algo que usas todos los días, cómo es y dónde está en este momento. Tus compañeros te hacen preguntas con *ser* y *estar* hasta adivinar de qué se trata.

Practica en contexto

Expresar la opinión

- Para mí...
  Para mí, este plato es mejor que el que cenamos ayer.
- Creo, pienso + que
  ***Creo que** es una buena idea.*
  ***Pienso que** los globos son más bonitos que las guirnaldas.*
- *Me parece* + *que*/adjetivo/adverbio de valoración
  ***Me parece que** han suspendido las clases.*
  ***Me parece bien** lo que dices.*

Fíjate:
- ***Parecer*** se construye como el verbo ***gustar***:
  Me parecen bonitas tus fotos.
- Recuerda que ***pensar*** es irregular, cambia la ***e*** del infinitivo por ***ie***: *p**ie**nso, p**ie**nsas, p**ie**nsa, pensamos, pensáis, p**ie**nsan.*

Hacer propuestas o sugerir planes

- Vamos a...
  ***Vamos a** hacer la fiesta con muchos globos.*
- ¿Por qué no...?
  ***¿Por qué no** hacemos un regalo colectivo?*
- ¿Qué tal si...?
  ***¿Qué tal si** ponemos tapas variadas?*

Expresar acuerdo

- Vale/Buena idea/Estoy de acuerdo. Yo también creo...
  ***Vale. Nosotros también creemos** que los globos son muy bonitos y decoran mucho.*
- Para mí también/tampoco...
  ***Para mí también** es mejor poner tapas.*

Expresar desacuerdo

- (Pues) (Yo) No estoy de acuerdo contigo/con vosotros/con...
- Cuando se expresa desacuerdo con una propuesta o sugerencia, es frecuente dar una alternativa:
  *Yo no estoy de acuerdo con vosotros. **Es mejor** llevar unos sándwiches.*

1 **En parejas** Muy pronto va a ser el cumpleaños de tu profesor/a de español y vais a organizarle una fiesta sorpresa. Primero, toma nota de tus ideas en cada punto. Luego, discute con tu compañero/a tus preferencias. Fíjate en el ejemplo.

¿Tema de la fiesta?
¿Decoración con fotos, globos...?
¿*Photocall* o escenario?
¿Tipo de comida? ¿Tapas o cena?
¿Música personal o festiva?
¿Regalo colectivo o individual?

Yo creo que un escenario es mucho más divertido que un *photocall* y que tomar tapas está tan bien como una cena más formal. Depende...

....
....
....
....
....
....

1.1 **Todo el grupo** Presenta al resto de la clase tus propuestas y opina y reacciona expresando acuerdo o desacuerdo con las de tus compañeros.

1.2 **Todo el grupo** Después de discutirlo con la clase, ¿cuál va a ser el tema de la fiesta? Señala las demás opciones elegidas.

☐ decoración con fotos / ☐ con globos
☐ *photocall* / ☐ escenario
☐ regalo colectivo / ☐ individual
☐ cena / ☐ tapas
☐ música festiva / ☐ personal

1.3 **Todo el grupo** Vamos a empezar a organizar algunas cosas. Por ejemplo, ¿qué comidas y bebidas vais a preparar? ¿Qué regalo le vais a hacer? ¿Dónde va a ser la fiesta? ¿Vais a invitar a otros profesores?

Se dice que *la fiesta es en el salón de actos*. En este caso el verbo *ser* equivale a "celebrarse o tener lugar". Se usa con sujetos que designan celebraciones, sucesos o eventos como *fiesta, boda, funeral, conferencia*, etc.

2 Imagina que estos son algunos de los invitados a la fiesta. Primero, lee las fichas con su información personal y complétalas con *ser* o *estar*.

Serge

[1] .... profesor de tenis y [2] .... estudiando chino en la universidad. [3] .... simpático, hablador y divertido. Le encantan las películas de terror y chatear con los amigos. [4] .... adicto al móvil.

Lara

[1] .... estudiante de Veterinaria, también [2] .... vegetariana y animalista. A Lara le molesta la gente que usa el móvil cuando [3] .... en una cena o reunión. Lara [4] .... muy poco habladora.

Edgar

[1] .... fotógrafo y [2] .... de vacaciones en la ciudad. [3] .... tímido y poco hablador. Edgar [4] .... muy interesado en Eva. A Edgar le gustan los animales y también el rap.

Eva

[1] .... estudiante de Arquitectura. Le interesan el arte, la música clásica y la literatura. Le gusta [2] .... en casa con los amigos y ver películas en la tele, sobre todo si [3] .... de terror.

Joseph

Joseph [1] .... músico, tiene un grupo de rap. [2] .... un poco nervioso y también [3] .... un chico muy bromista. Además [4] .... amante de los animales y del fútbol.

Silvia

[1] .... inglesa. [2] .... una chica muy tranquila y seria, no le gustan nada las bromas. Silvia [3] .... pianista. Le encanta el fútbol y también le gustan las películas de terror.

2.1 **Todo el grupo** Comprueba con tus compañeros tus respuestas y, si es necesario, corrígelas.

2.2 **En parejas** Decide cuál es la mejor colocación de los invitados en esta mesa. Pon atención a sus afinidades y diferencias.

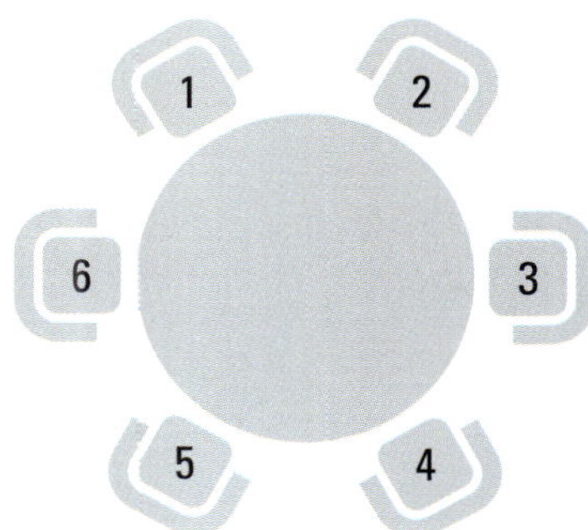

2.3 **Todo el grupo** Cuenta al resto de la clase cómo has ordenado a los invitados. Explica detalladamente tus razones.

Edgar está en la silla 1, entre Joseph y Eva. Creo que Joseph y Edgar están bien juntos porque a los dos les gustan los animales y el rap.

Contrargumentar o puntualizar

- Sí, (es verdad,) pero...
  - ▶ *Es una novela muy interesante.*
  - ▷ ***Sí, (es verdad,) pero** demasiado larga.*
- Sí, (estoy de acuerdo,) pero...
  - ▶ *Es un coche muy caro.*
  - ▷ ***Sí, (estoy de acuerdo,) pero** es más seguro que la mayoría.*

2.4 **Todo el grupo** ¿Has coincidido en muchas posiciones con tus compañeros? Y tú, ¿entre qué dos invitados preferirías estar? ¿Por qué?

2.5 **Todo el grupo** Por último, diseñad una gran tarjeta de felicitación para vuestro/a profesor/a.

Feliz CUMPLEAÑOS

1 [37] Escucha la canción *Cumpleaños feliz* en distintos países hispanos. ¿Cómo es la canción en tu país? ¿Puedes cantarla?

Argentina

Que los cumplas feliz,
que los cumplas feliz,
que los cumplas, Roberto,
que los cumplas feliz.

España

Cumpleaños feliz,
cumpleaños feliz,
te deseamos todos
cumpleaños feliz.

México

Feliz cumpleaños a ti,
feliz cumpleaños a ti,
feliz cumpleaños,
querida Rosita,
feliz cumpleaños a ti.

2 ¿Sabes que el día que una persona cumple los años…

… en México la despiertan con la canción popular **Las mañanitas** y, en la fiesta, nunca falta la piñata?

… en España y Argentina le **tiran de las orejas** tantas veces como años cumple?

… en Puerto Rico, en cambio, **le tocan el brazo** el mismo número de veces?

… en Chile **la mantean**, es decir, la cogen de brazos y piernas y la levantan tantas veces como años cumple?

… en República Dominicana **le echan agua** encima para felicitarla?

… en Paraguay le llenan la cabeza de **harina y huevo** y le dan palmadas en la espalda?

2.1 **Todo el grupo** ¿Hay alguna tradición especial en tu país con relación a la fiesta de cumpleaños?

Los quince

3 Lee este artículo sobre una fiesta especial típica de los países hispanoamericanos.

En todos los países de Hispanoamérica, con excepción de Chile, se celebra la fiesta de los quince años, también llamada de los quince o de las quinceañeras.

Esta fiesta tiene lugar cuando una muchacha cumple quince años y es presentada en sociedad ya como una joven mujer. Se celebra, en definitiva, el paso de la infancia a la juventud de las chicas.

Es una fiesta a la que normalmente asisten decenas de invitados. Comienza cuando la quinceañera llega e inaugura el baile con un vals de la mano de su padre. Tras el baile, tiene lugar la cena y, a continuación, otro gran baile, que termina con la entrega de regalos.

Hay pequeñas variantes de un país a otro, pero en todos juegan un papel importante el baile, con música elegida por la festejada, y el llamativo vestido de princesa que viste la quinceañera.

En Bolivia el vestido suele ser blanco y en Ecuador, rosa, mientras que en México y en el Caribe son de diferentes colores, pero predominan los tonos pastel.

Últimamente se está poniendo de moda celebrar una fiesta de los quince también para los chicos. Vestidos de gala, bailan al son de su música favorita, reciben regalos y se organiza una gran fiesta.

3.1 **Todo el grupo** ¿Conoces alguna otra fiesta donde se celebre el paso de la infancia a la juventud? ¿De dónde es? ¿En qué consiste?

3.2 **Todo el grupo** Busca en internet información acerca del origen de la fiesta de los quince y compártela con tus compañeros.

Vídeo

HOSTAL Babel

Lo importante es la tarta

Antes del vídeo

1 **En parejas** Fíjate en la imagen. Los inquilinos del hostal Babel están organizando una fiesta sorpresa. ¿Para quién crees que será? ¿Por qué crees que celebran la fiesta? Justifica tu respuesta.

1.1 **En parejas** ¿Cuáles de estas cosas crees que necesitarán para la fiesta?

- ☐ guirnaldas
- ☐ globos
- ☐ tarta
- ☐ ajo
- ☐ infusión
- ☐ sándwiches
- ☐ cebolla
- ☐ platos desechables
- ☐ zanahoria
- ☐ refrescos

Durante el vídeo

2 Visiona el fragmento 00:33 ▶ 00:56 para comprobar la respuesta de la actividad 1.

3 Visiona el fragmento 00:55 ▶ 01:44 y contesta a estas preguntas.

1. ¿Cuántos años cumple Bea? ....
2. ¿Qué le dice de broma Leo a Hugo? ....
3. ¿Y a Tere? ....
4. ¿En tu país es de mala educación preguntarle la edad a una persona mayor? ....

4 **En parejas** Cada personaje se va a encargar de comprar algo distinto para la fiesta. ¿Qué crees que comprará cada uno? Relaciona a cada personaje con lo que crees que va a comprar.

5 Visiona ahora el fragmento 00:57 ▶ final y comprueba si has acertado.

Después del vídeo

6 ¿Alguna vez te han hecho una fiesta sorpresa o has participado en una? ¿Cómo fue? Cuéntaselo a tus compañeros.

Evaluación

1 Relaciona el nombre de cada utensilio con su significado.

1. plato
2. tenedor
3. cuchillo
4. vaso
5. servilleta

a. Es donde servimos las bebidas como el agua.
b. Puede ser de tela o de papel y la usamos para limpiarnos cuando comemos.
c. Normalmente es redondo y lo usamos para servir los alimentos.
d. Instrumento que utilizamos para comer alimentos sólidos sin tocarlos con las manos.
e. Objeto que empleamos para cortar alimentos como la carne o la fruta.

2 ¿Qué solemos decir en español cuando queremos expresar un buen deseo en estas situaciones? Escríbelo en tu cuaderno.

1. A alguien que está comiendo.
2. A alguien que se casa.
3. A alguien que se va de viaje.
4. A alguien que va a hacer un examer.

3 Escucha los diálogos y completa con ejemplos.

[38]

Formas usadas para...	Ejemplos
expresar la opinión	
hacer propuestas y sugerir planes	
expresar acuerdo y desacuerdo	
contrargumentar o puntualizar	

4 Haz comparaciones usando *ser* o *estar* con los adjetivos propuestos. Fíjate en el ejemplo.

Ejemplo: *rubio/a* › *La niña es* ***más*** *rubia* ***que*** *el niño.*

1 

joven ⊖ ....

2 

enfermo/a ⊜ ....

3 

grande ⊕ ....

4 

moderno/a ⊖ ....

5 

enfadado/a ⊕ ....

6 

sucio/a ⊖ ....

7 

bueno/a ⊕ ....

8 

abierto/a ⊖ ....

Unidad

11 Viajes con encanto

Piensa en tu último viaje...

¿Adónde fuiste?

¿Qué tipo de viaje fue?

En esta unidad vas a...

- Narrar acciones terminadas sin relación con el momento presente
- Describir la preparación y las acciones realizadas durante un viaje
- Aprender léxico relacionado con los viajes
- Conocer la historia de los moáis

¿Qué sabes?

1 **En parejas** ¿Sabes cómo se llaman estos objetos en español? Escribe su nombre y cuéntale a tu compañero/a cuáles están relacionados con tu último viaje.

....

....

....

....

....

....

....

....

2 **En parejas** Estos son algunos marcadores temporales que sirven para situar las acciones temporalmente. Ordénalos en una línea de tiempo.

hoy | ayer | mañana | el mes pasado | anoche | el año pasado | anteayer | la próxima semana

hoy

PASADO | **PRESENTE** | **FUTURO**

> RAE
>
> **LÉXICO**
>
> Español de América › antier:
>
> *Salí de Londres hace tres semanas.* ***Antier*** *tocamos La Habana y hoy llegamos por fin al puerto de Campeche, lugar tan remoto y exótico para mí.*

2.1 **Todo el grupo** ¿Conoces otros marcadores temporales de pasado? Añádelos a la línea de tiempo anterior.

3 **En grupos pequeños** Lee estas frases. ¿Cuáles te recuerdan a tus últimos viajes? ¿Qué hiciste? ¿Cuándo?

- Viajé a una gran ciudad.
- Viajé en coche.
- Visité un museo.
- Hablé otro idioma.
- Fui a esquiar.
- Paseé por el campo.
- Tomé el sol en la playa.
- Fui a un concierto.
- Probé la comida típica.
- Hice escalada/montañismo.

Palabras

1 **En parejas** Relaciona las siguientes palabras con su imagen correspondiente. ¿Con qué parte de un viaje las relacionas?

hotel | albergue | guía de viaje
billete de avión | seguro de viaje | equipaje

1 ....

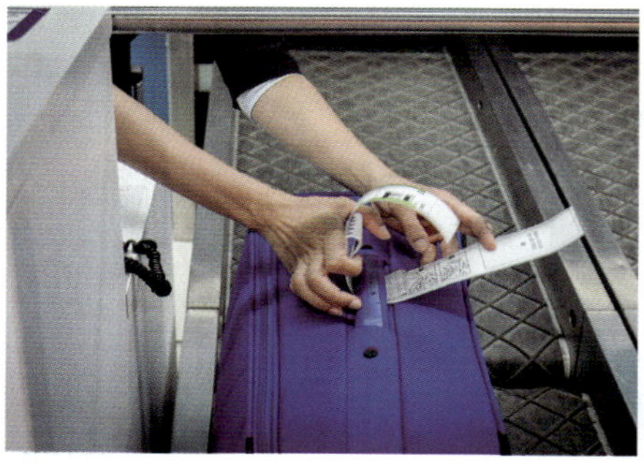

2 ....

3 ....

4 ....

5 ....

6 ....

RAE

LÉXICO

Español de España › reservar:
Han reservado habitación en el hotel Duchessa Isabella.
Español de América › (hacer una) reservación:
Ella se va a encargar de las reservaciones en los hoteles, del contrato de alquiler, del seguro, todo a nombre tuyo y de Bini.

1.1 **En parejas** Relaciona las dos columnas.

1. Reservar
2. Sacar
3. Consultar
4. Buscar
5. Contratar
6. Facturar

a. información.
b. el seguro de viaje.
c. el billete de avión.
d. el equipaje.
e. hotel/albergue.
f. la guía de viaje.

1.2 [39] A continuación tres personas van a hablar de la preparación de su último viaje. Escucha con atención y marca la opción correcta.

	1	2	3
a. Hotel con pensión completa	☐	☐	☐
b. Hotel con media pensión	☐	☐	☐
c. Albergue	☐	☐	☐
d. Reserva con antelación	☐	☐	☐
e. Seguro de viaje	☐	☐	☐
f. Equipaje de mano	☐	☐	☐

- **Pensión completa (PC)** › Alojamiento con el desayuno y las dos comidas principales incluidas (comida y cena).
- **Media pensión (MP)** › Alojamiento que incluye el desayuno y una de las comidas principales (comida o cena).
- **Todo incluido (TI)** › Alojamiento y comida y bebida sin límite.

11

2 **En grupos pequeños** Varios amigos están pensando en irse de viaje y han formado un grupo de WhatsApp para organizarse. Lee la conversación y escribe debajo, junto a cada verbo, las palabras o expresiones que lo acompañan.

Marta: ¡Chic@s! ¿Por qué no nos vamos en junio a los Pirineos? ¡Tengo tantas ganas de hacer excursiones por la montaña!...

Pablo: La última vez ya estuvimos en la sierra. ¿Y si pasamos una semana en la playa? Allí podemos tomar el sol, bañarnos y alquilar una tabla de surf... ¡Vamos!

Ana: ¡Siempre lo mismo! Para vosotros solo existe campo o playa. Yo pensé en ir a alguna ciudad de Europa, como París o Ámsterdam, recorrer la ciudad a pie y visitar museos y exposiciones. ¿Qué os parece?

Rafa: Ana, la ciudad la recorremos en autobús. Ya sabes que yo me canso enseguida.

Pablo: Vale, Ana. ¡Tú ganas! ¿Reservamos el billete de avión? Vamos en avión, ¿verdad?

Marta: De acuerdo, Ana. Yo prefiero ir a París, no la conozco. ¿Vamos en tren mejor? ¡Venga, chic@s! Así podemos contemplar el paisaje.

Rafa: ¡Marta y la naturaleza! Vale, vale... ¡Vamos a París! ¿Cuántos días nos quedamos? ¿Cinco? ¡Más días no, por favor!

Ana: ¡Nos vamos a París! ¡Qué alegría! Busco hotel por internet y hago la reserva, ¿o preferís alojaros en un albergue?

- Pasar: ....
- Visitar: ....
- Reservar: ....
- Ir(se): ....
- Contemplar: ....
- Alquilar: ....
- Recorrer: ....
- Buscar: ....
- Alojarse: ....
- Hacer: ....

2.1 **En grupos pequeños** Piensa en otras palabras o expresiones relacionadas con los viajes que puedan ir acompañadas de los verbos anteriores y añádelas a la lista.

Ejemplo: *Reservar: mesa en un restaurante/*
Alojarse: en un hotel...

2.2 **Todo el grupo** ¿Qué tipo de viaje realiza el grupo de amigos de la actividad 2? ¿Qué imagen de las siguientes lo representa mejor? ¿Qué otro tipo de viajes se pueden hacer?

Gramática

> Fíjate:
> Las terminaciones del pretérito indefinido para los verbos en *-er* y en *-ir* son iguales.

1 Pretérito indefinido regular

- El **pretérito indefinido** es un tiempo verbal de **pasado**. Las formas regulares tienen las siguientes terminaciones:

	Viajar	Comer	Vivir
yo	viajé	comí	viví
tú	viajaste	comiste	viviste
él, ella, usted	viajó	comió	vivió
nosotros/as	viajamos	comimos	vivimos
vosotros/as	viajasteis	comisteis	vivisteis
ellos, ellas, ustedes	viajaron	comieron	vivieron

- La persona ***nosotros/as*** en los verbos en *-ar* e *-ir* coincide con el presente de indicativo:

  *Siempre **viajamos** en avión, pero el año pasado **viajamos** en tren a Barcelona.*

  *De pequeños **vivimos** en Sevilla durante unos años, pero ahora **vivimos** en Madrid.*

> Fíjate:
> Muchas veces, la tilde es la única marca que permite diferenciar formas verbales:
> *vi**a**jo* (presente de indicativo, *yo*)
> *viaj**ó*** (pretérito indefinido, *él, ella, usted*)

1.1 Escribe el pretérito indefinido de estas formas de presente.

1. llamo ....
2. abres ....
3. baila ....
4. invitamos ....
5. viven ....
6. rompes ....
7. estudiáis ....
8. escribes ....
9. saludáis ....
10. bebemos ....
11. canto ....
12. salimos ....

2 Pretérito indefinido irregular

- Algunos de los verbos más comunes son irregulares en pretérito indefinido:

	Ser/Ir	Tener	Hacer	Estar	Dar
yo	**fui**	**tuve**	**hice**	**estuve**	**di**
tú	**fuiste**	**tuviste**	**hiciste**	**estuviste**	**diste**
él, ella, usted	**fue**	**tuvo**	**hizo**	**estuvo**	**dio**
nosotros/as	**fuimos**	**tuvimos**	**hicimos**	**estuvimos**	**dimos**
vosotros/as	**fuisteis**	**tuvisteis**	**hicisteis**	**estuvisteis**	**disteis**
ellos, ellas, ustedes	**fueron**	**tuvieron**	**hicieron**	**estuvieron**	**dieron**

- Los verbos *ser* e *ir* comparten la misma forma en el pretérito indefinido:

  *Mi abuelo **fue** un médico muy conocido./Ana se **fue** a las cinco.*

> Fíjate:
> - *Ir* es 'moverse de un lugar a otro, desplazarse a un lugar':
>   *Voy **a** casa en coche.*
>   ***Fui a** Argentina el año pasado.*
> - *Irse* es 'abandonar un lugar':
>   ***Me fui de** la fiesta a las once.*

2.1 **En parejas** Observa las fotografías y escribe frases usando las formas irregulares de los verbos anteriores.

1 
El niño ....

2 
Miguel ....

3 
Ana y yo ....

4 
Mis amigos ....

3 Uso del pretérito indefinido

- El pretérito indefinido expresa **acciones terminadas** que se desarrollan en un **tiempo pasado** que no tiene relación con el presente:

  *Mis padres **se conocieron** en Argentina en 1970.*

  *El año pasado **viajé** por toda Europa durante dos meses.*

- Algunos **marcadores temporales** frecuentes que se usan con el pretérito indefinido son *anoche, ayer, anteayer, el otro día, la semana pasada, el mes/año pasado...*:

  ***Ayer** cené en un restaurante japonés.*

  ***El otro día** estuve con Ana en una fiesta.*

> *El otro día* se refiere a un momento indeterminado del pasado cercano o reciente. Se usa cuando no es importante situar de manera exacta en el tiempo una acción pasada.

3.1 [40] La semana pasada fue muy intensa para Luis. Observa las fotos, utiliza tu imaginación y escribe qué hizo cada día. Luego escucha el audio, comprueba tus respuestas y corrígelas en caso necesario.

1. El lunes pasado ....
2. El martes ....
3. El miércoles ....
4. El jueves ....
5. El viernes ....
6. El sábado ....
7. El domingo ....

3.2 **En parejas** ¿Qué hizo tu compañero/a la semana pasada? Pregúntale y toma notas.

Ejemplo: ► *¿Qué hiciste el lunes?*
▷ *El lunes por la mañana me levanté temprano y fui a clase...*

Practica en contexto

1 **En parejas** ¿Qué tipo de turismo prefieres? ¿De naturaleza, urbano, cultural...? Lee este blog de viajes. Después elige un lugar y explica a tus compañeros por qué lo has elegido.

Fíjate:
En las referencias temporales usamos la palabra ***hace*** cuando la acción sucedió dos o más días, semanas, meses o años atrás:
*La semana pasada fui a Londres./**Hace** dos semanas fui a Londres.*

Noruega. Auroras boreales

Hace un año realicé un viaje a Noruega. Por primera vez visité el círculo polar ártico. Harstad, un pequeño pueblo pesquero situado 250 kilómetros al norte del círculo polar, se convirtió en el escenario de mi primer encuentro con las auroras boreales. Cenando, casi sin darme cuenta, el cielo empezó a teñirse de verde e incontables auroras, una tras otra, empezaron a bailar sobre mi cabeza.

España, mi país

El año pasado decidí descubrir mi propio país, España. Viajé por ciudades de gran importancia turística como Toledo, Córdoba o Barcelona. Paseé por rincones de capitales de provincia menos conocidas, pero que resultaron ser muy bellas: Zaragoza, Zamora, Valladolid, Cuenca... Además, tuve la oportunidad de conocer algunas joyas monumentales y culturales: la basílica de Covadonga o el Monasterio de Piedra.

Jordania. Una maravilla del mundo

El año pasado para nosotros fue un año difícil de olvidar. El lugar más increíble que visitamos fue Jordania. Primero estuvimos en Jerash, la Roma de Jordania, una ciudad llena de historia. Después fuimos a Wadi Rum, el desierto rojo, ¡fue una aventura inolvidable! También visitamos Amán, la capital, y Petra, una de las siete maravillas del mundo, un lugar que nos emocionó.

Señalar el comienzo y el final de una acción

- Para señalar el comienzo o inicio de una acción se utiliza ***empezar*** + ***a*** + infinitivo:
  ***Empecé a** trabajar en 2015.*
- Para indicar el principio de un recorrido o el momento en el que comienza algo, se utiliza ***desde***, y para expresar el final ***hasta***:
  *Estoy aquí **desde** enero **hasta** abril.*
  ***Desde** casa **hasta** el trabajo tardo una hora.*

2 [41] Javier y Marta hablan de su mejor viaje. Escucha cómo lo explican y completa la ficha según la información.

	Javier	Marta
1. Destino		
2. Duración		
3. Lugares visitados		
4. Características de los lugares		
5. Características de los habitantes y costumbres		
6. Las mejores impresiones o recuerdos		

3 **En parejas** Ahora explica a tu compañero/a cuál fue tu mejor viaje.

Ejemplo: *Mi mejor viaje fue a Chile. Empecé a prepararlo seis meses antes y estuve allí dos meses, desde junio hasta agosto...*

Puedes ayudar a tu compañero/a haciéndole preguntas:
¿Cómo organizaste el viaje?
¿Dónde buscaste información?
¿Cuándo empezaste a prepararlo?
¿Por qué elegiste ese destino?
¿Cuánto tiempo estuviste de viaje?
¿Qué medios de transporte utilizaste?
¿Qué ciudades o lugares visitaste?
¿Cuál es el mejor recuerdo?

3.1 Ahora escribe en tu cuaderno una entrada de blog explicando tu viaje.

4 Lee la anécdota que cuenta Rosa de su viaje a Guanajuato. Ordena los párrafos y compara los resultados con tu compañero/a.

- [ ] Pues bien, desde nuestro viaje a Guanajuato no se han vuelto a quejar y es porque en ese viaje alquilamos un coche para poder visitar la ciudad, ya que nuestro hotel estaba lejos del centro.
- [ ] Después de visitar la ciudad, muy cansados, regresamos a buscar el coche para volver al hotel. No fue fácil...
- [ ] En un momento de desesperación, me senté en una acera y me puse a repasar las fotografías que hice ese día. Se me ocurrió ir hacia atrás para así recorrer fotográficamente el camino que hicimos y por fin encontré una foto con el nombre de la calle.
- [ ] Evidentemente mi familia no se volvió a quejar de mi afición por la fotografía y ahora estoy obligada a hacer una foto siempre que aparcamos.
- [ ] Estuvimos más de una hora dando vueltas para encontrarlo, ya que todas las calles nos parecían iguales. ¿Y cómo lo encontramos?
- [ ] Cuando llegamos, mi padre buscó aparcamiento y al final, después de media hora, dejamos el coche en un callejón muy cerca del teatro Juárez y todos salimos del coche.
- [ ] Jamás olvidaré mi viaje de hace seis años a Guanajuato, México. Nadie de mi familia quería ir de viaje conmigo porque me gusta hacer muchas fotos y les hago parar cada cinco minutos.

4.1 [42] Escucha y comprueba tu respuesta anterior.

4.2 **En parejas** Lee la anécdota de Rosa. Tu compañero/a debe reaccionar adecuadamente.

4.3 **En parejas** Explícale una anécdota a tu compañero/a y reacciona a la suya con gestos y palabras.

Reaccionar en una conversación

Para mantener una conversación es importante reaccionar ante lo que los otros nos dicen y mostrar empatía. Estas son algunas de las frases más comunes:

- Mostrar **alegría**:
  - **¡Qué bien/suerte/buena noticia!**
- Mostrar **fastidio o pena**:
  - **¡Qué pena/horror/lástima!**
  - **¡Vaya, hombre!**
- Mostrar **alivio**:
  - **¡Menos mal!**
  - **¡Qué alivio/descanso!**
- Mostrar **sorpresa**:
  - **¡No me digas!**
  - **¿De verdad?**
  - **¿En serio?**

Cuenta la leyenda...

1 **En grupos pequeños** ¿Sabes cómo se llaman y dónde se encuentran estas gigantescas estatuas?

1.1 **En parejas** Lee su historia, comprueba tus respuestas anteriores y completa la ficha. Luego compara la información con tu compañero/a.

Los moáis, las gigantescas estatuas de la isla de Pascua, isla de Chile situada en el triángulo de la Polinesia, son la expresión más importante del arte escultórico de la etnia rapanuí.

El nombre completo de sus estatuas en su idioma local es *moai aringa ora*, que significa 'rostro vivo de los ancestros'. Los rapanuís construyeron estos gigantes de piedra para representar a sus antepasados importantes con el fin de que, después de muertos, extendieran su *mana* o poder espiritual sobre la tribu para protegerla.

La altura media de los moáis es de unos 4.5 metros, la mayoría pesa aproximadamente 5 toneladas y hay de 30 a 40 estatuas que pesan más de 10. Varios estudios han contabilizado 58 moáis con un extraño sombrero de color rojo sobre la cabeza. Esos sombreros reciben el nombre de *pukao*, tienen forma cilíndrica y están hechos de escoria roja (material de origen volcánico) procedente de la cantera del volcán Puna Pau. Se cree que representan el pelo recogido en un moño y teñido de ocre, tal como era la costumbre polinésica y que aún puede observarse.

Se han registrado unos 900 moáis en la isla de Pascua. De estos, unos 400 se encuentran en la cantera del volcán Rano Raraku, 288 asociados a los *ahu* (plataforma ceremonial) y el resto dispersos en distintos puntos de la isla.

Adaptado de https://imaginaisladepascua.com/la-isla-de-pascua/cultura-rapa-nui/moais/

1. Nombre de la etnia que construyó los moáis.
   ....
2. Nombre completo de las estatuas en su idioma local y su significado.
   ....
3. ¿Qué es el *mana*?
   ....
4. Peso y altura media de un moái.
   ....
5. ¿Cuántos moáis hay en la isla de Pascua?
   ....
6. ¿Qué es un *pukao*?
   ....
7. ¿Qué se cree que representa el *pukao*?
   ....
8. ¿En qué zona de la isla de Pascua están situados la mayor parte de los moáis?
   ....

También debes visitar...

- El jardín botánico Tau Kiani, con más de 1200 variedades de plantas, construido en madera y roca volcánica. Tiene 5000 m^2 de extensión.
- Pu o Hiro, al norte de la isla, instrumento musical tallado en una enorme piedra; una especie de trompeta que era usada en ceremonias rituales.
- El moái Ahu Huri a Urenga, situado en el interior de la isla, y que es el único que tiene dos pares de manos.
- La cima del volcán Poike. Puedes subir a pie y ver una enorme cabeza de piedra llamada Vai a Heva, que se cree fue utilizada para recoger agua de lluvia.

Vídeo

HOSTAL Babel

Fotos y más fotos

Antes del vídeo

1 **Todo el grupo** Hugo y Tere pasaron sus vacaciones en diferentes lugares de España. ¿Quién crees que estuvo en el norte y quién en el sur teniendo en cuenta sus personalidades? Justifica tu respuesta.

2 **En parejas** Lee las siguientes palabras e identifícalas con uno de estos viajes.

1. Viaje al norte de España.
2. Viaje al sur de España.
3. Ambos.

☐ País Vasco | ☐ Cádiz | ☐ montaña | ☐ concierto | ☐ agua fría | ☐ nieve | ☐ Sevilla | ☐ tienda de campaña | ☐ rocas | ☐ mar | ☐ playa | ☐ fiesta

3 Con la información anterior, imagina y describe brevemente los viajes de Hugo y Tere. ¿Adónde fueron primero? ¿Qué hicieron? ¿Les gustó el viaje?

Durante el vídeo

4 Visiona el fragmento 00:30 ▶ 03:45, comprueba si tus respuestas anteriores son correctas y corrígelas en caso necesario.

5 Visiona todo el episodio y responde a las siguientes preguntas.

1. ¿Cuál fue el mayor problema que tuvo Hugo en el norte de España? Explícalo brevemente. ....
2. ¿Dónde durmió la mayoría de las noches Tere durante su viaje? ....
3. ¿Tuvieron alguna vivencia similar Hugo y Tere durante sus viajes? ¿Cuál? ....
4. ¿Dónde pasó sus vacaciones Leo? ....

Después del vídeo

6 Después de escuchar a Hugo y a Tere, ¿cómo crees que es el norte de España? ¿Y el sur? Escribe tres características de cada lugar.

Norte	Sur
1.	1. ....
2.	2. ....
3.	3. ....

7 **En parejas** ¿Cuál de los dos viajes te gustaría hacer? ¿Por qué?

8 **Todo el grupo** ¿Cómo son el norte y el sur de tu país? ¿Son muy diferentes? ¿A cuál de los dos lugares te gusta viajar más? ¿Por qué?

Evaluación

1 Relaciona las dos columnas.

1. Facturar el equipaje.
2. Hotel con pensión completa.
3. Hotel con media pensión.
4. Equipaje de mano.
5. Guía de viaje.
6. Albergue.

a. Alojamiento.
b. Además del alojamiento y el desayuno, incluye una comida más: la comida del mediodía o la cena.
c. Registrar las maletas para trasladarlas en el avión.
d. Libro informativo sobre un país o ciudad.
e. Además del alojamiento, incluye todas las comidas.
f. Maleta o bolso que se puede llevar en el avión.

2 Completa la tabla con la forma adecuada del verbo en pretérito indefinido.

	Cantar	Beber	Escribir	Ser/Ir	Dar	Tener
yo						
tú						
él, ella, usted						
nosotros/as						
vosotros/as						
ellos, ellas, ustedes						

3 ¿Para qué se utiliza el pretérito indefinido? Explícalo con tus palabras y pon un ejemplo.

....

Ejemplo: ....

4 Escucha con atención y señala qué hizo Estela ayer.

[43]

1 ☐

2 ☐

3 ☐

4 ☐

5 ☐

6 ☐

7 ☐

8 ☐

5 ¿Y tú?, ¿qué hiciste ayer? Escríbelo brevemente en tu cuaderno.

Unidad

12 Hemos conectado

¿Qué te sugieren el título de la unidad y la imagen?

¿Conoces todos los iconos? ¿Cuáles has usado alguna vez?

En esta unidad vas a. . .

- Hablar de experiencias personales
- Narrar acciones terminadas en un tiempo relacionado con el presente
- Expresar la negación de diferentes formas
- Conocer el voluntariado digital

¿Qué sabes?

1 **En parejas** Relaciona las palabras con las imágenes.

usuario | pantalla | buscador | móvil | impresora | contraseña

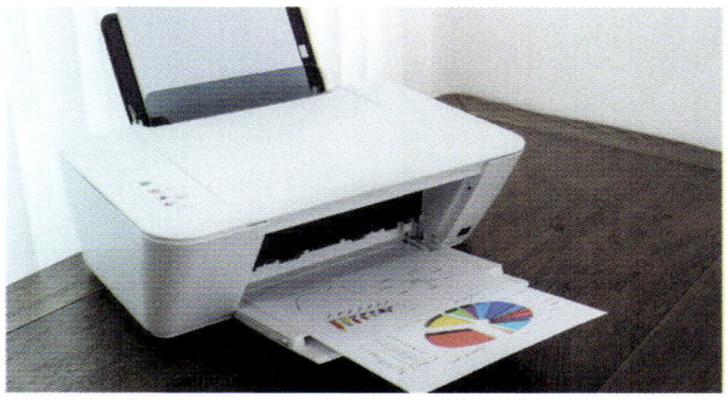

1 ....

2 ....

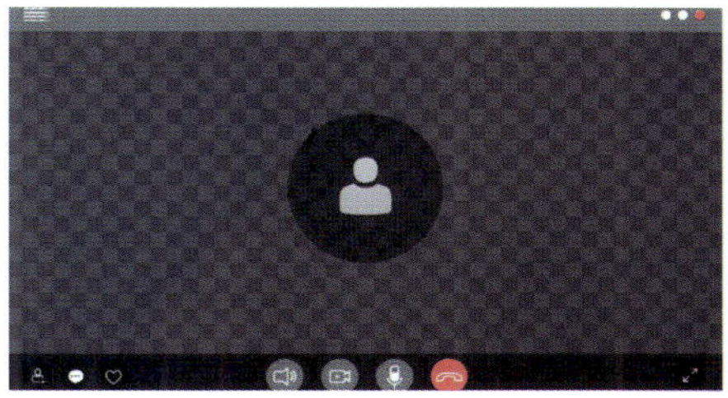

3 ....

4 ....

5 ....

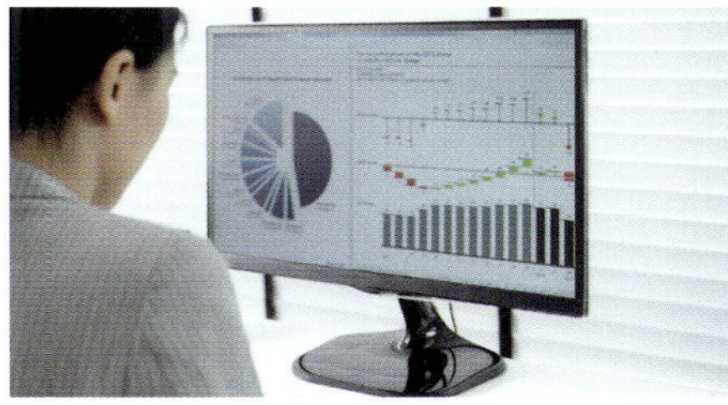

6 ....

1.1 **En pequeños grupos** ¿Conoces otras palabras relacionadas con la informática? Haz una lista junto a tus compañeros.

2 **En parejas** Carlos y Elena discuten sobre quién depende más de la tecnología. Lee la conversación y busca el verbo correspondiente a cada definición. ¿Cómo se dicen en tu lengua?

▶ Vale, Elena, no usas tanto el portátil como yo, es verdad, pero piensa...: ¿cuántas veces te has conectado a internet esta semana?

▷ No sé, no muchas... Ya te he dicho que yo no uso el ordenador ni el móvil tanto como tú.

▶ ¿Estás segura? Yo te he visto conectada muchas veces últimamente. Has descargado y guardado las fotos del cumple de Carlos, has imprimido un billete de tren, has chateado con tu prima de Buenos Aires, hemos navegado por internet durante horas para hacer el trabajo de Historia...

▷ Sí, y he colgado en Instagram una foto de la excursión a Bilbao. Mira...

1. Poner un documento en un lugar seguro del ordenador. ....
2. Llevar un archivo de internet al ordenador. ....
3. Llevar un archivo del ordenador a internet. ....
4. Ir de una página a otra de internet. ....
5. Hablar con alguien a través de un chat. ....
6. Sacar un documento del ordenador en papel. ....

2.1 **En parejas** Y tú, ¿dependes mucho de la tecnología? ¿Cuáles de las acciones que comentan Carlos y Elena realizas más? Cuéntaselo a tu compañero/a.

Palabras

1 **En parejas** Relaciona cada verbo con un icono. ¿Dónde los sueles encontrar?

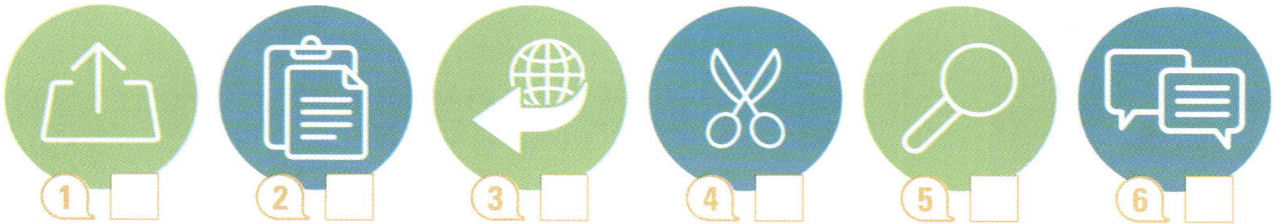

a. navegar
b. pegar
c. subir
d. chatear
e. descargar, bajar
f. compartir
g. copiar
h. guardar
i. cortar
j. buscar
k. imprimir
l. borrar

1.1 **En parejas** Forma frases con un elemento de cada columna.

1. Rubén chatea cada día...
2. Para pegar el documento...
3. Si quieres la foto en papel,...
4. Conviene darle a guardar...
5. Busca en el navegador,...
6. Me paso las horas navegando...
7. Luego subimos los vídeos...
8. Si pagas, puedes descargar...

a. ¿por qué no la imprimes?
b. a menudo para no tener problemas.
c. de una página web a otra.
d. con sus amigos de Uruguay.
e. y así los puedes ver.
f. antes debes copiarlo o cortarlo.
g. dos películas a la semana.
h. seguro que encuentras algo.

2 [44] Escucha a esta profesora de Informática y señala, entre las palabras que tienes debajo, las seis que menciona.

contraseña | celular | usuario | teclado | enlace
programa | ratón | dispositivo | pantalla | aplicación

2.1 [44] Vuelve a escuchar y escribe con tus palabras la definición de cada una.

1. ....
2. ....
3. ....
4. ....
5. ....
6. ....

2.2 **En parejas** ¿Sabes qué significan las otras cuatro palabras? Busca en internet imágenes que las representen y muéstraselas al resto de la clase.

RAE

LÉXICO

Español de España

- móvil : *No había **móviles** ni teníamos tarjetas de crédito.*
- ordenador : *Me instalé ante el **ordenador** y le di la orden de bajar el correo.*
- ratón : *[...] internet que permite pasar de una página a otra haciendo clic con el puntero del **ratón** sobre una serie de iconos.*

Español de América

- celular : *Los llamaré por el **celular** mañana y hablaré con Ovidio.*
- computadora : *Flammarie se sentó frente a la **computadora**, comenzó su relato.*
- *mouse* : *Para colorear las palabritas primero se pinta con el* **mouse** *el texto elegido y luego se va a la función "Resaltar".*

3 **En parejas** Relaciona estos iconos con las fotografías. Escribe la palabra que representa cada imagen y reflexiona: ¿por qué crees que se ha usado esa palabra en el campo de la tecnología? ¿Coincides con la opinión de tu compañero/a?

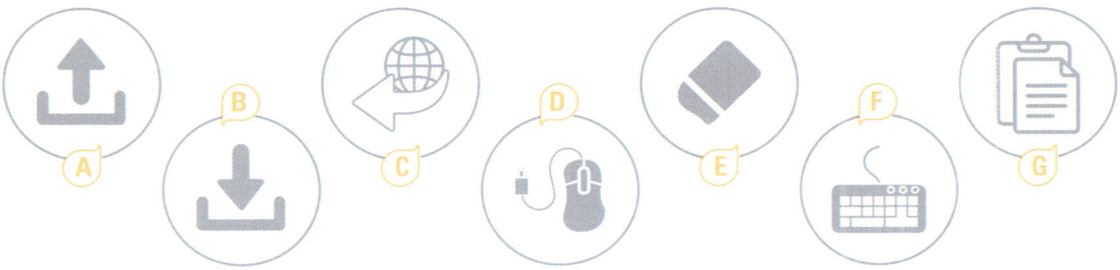

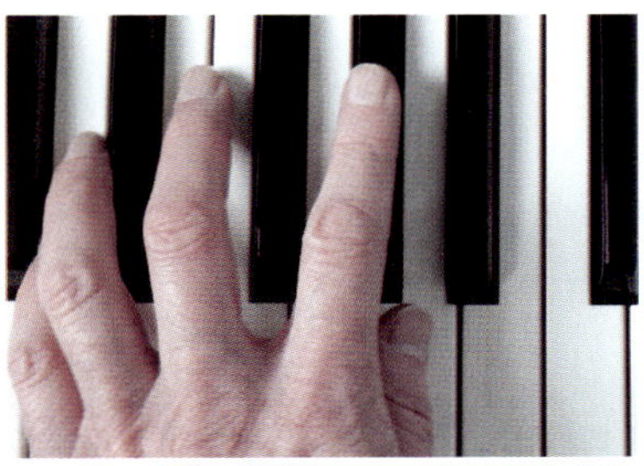

1

2

3

4

5

6

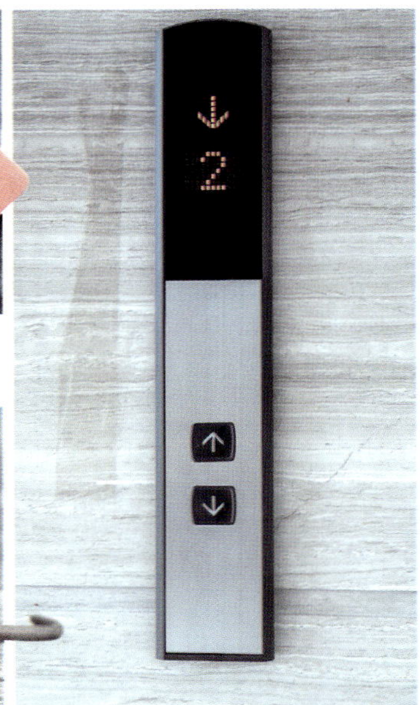

7

3.1 **Todo el grupo** ¿En tu idioma sucede lo mismo con estas palabras?

3.2 **Todo el grupo** Las palabras anteriores son polisémicas. ¿Conoces en español otras palabras con más de un significado y la misma forma? Si no conoces ninguna, busca dos en internet y lleva a clase imágenes que representen los dos significados de cada término. Por último, con las palabras de todos, haced un cartel para colgar en la clase.

Gramática

1 Pretérito perfecto: hablar de experiencias

- Recuerda que el pretérito perfecto se forma con el verbo auxiliar ***haber*** y el **participio** del verbo principal:

  *Esta mañana **he ido** a trabajar y después **he comido** con unos amigos.*
  *Hoy **hemos quedado** para ir a la sierra.*

  – El participio no cambia de género ni de número:
  *He **leído** un libro muy interesante. / Hemos **leído** un libro muy interesante.*

Recuerda:
En los verbos reflexivos el pronombre se coloca delante del verbo:
*Hoy **me** he duchado por la mañana.*

Recuerda:
Algunos participios **irregulares** son:

abrir ›	**abierto**	hacer ›	**hecho**	romper ›	**roto**
decir ›	**dicho**	morir ›	**muerto**	ver ›	**visto**
escribir ›	**escrito**	poner ›	**puesto**	volver ›	**vuelto**
cubrir ›	**cubierto**	resolver ›	**resuelto**	descubrir ›	**descubierto**

*¿Dónde **habéis puesto** el portátil?* *Marisa **ha vuelto** hace poco.*

- Como ya sabes, el pretérito perfecto se usa para hablar de **acciones terminadas** en un **tiempo** aún **no terminado** o que percibimos como presente. En este caso es frecuente encontrar el pretérito perfecto acompañado de expresiones temporales que están relacionadas con el presente:

  ***Esta semana/Este mes/Este año** no he viajado.*
  ***Hoy** hemos visto a Esteban.*

- Además, el pretérito perfecto se utiliza para hablar de **experiencias vividas o no** de una manera general, sin una idea de tiempo.

  He leído el último libro de Muñoz Molina y me ha encantado.

  – En este caso, o bien no hay marcadores temporales, como en el ejemplo anterior, o se usan marcadores que tienen un carácter general que abarca el presente:
  ***Nunca** he estado en Berlín.* ***Hasta ahora** hemos visitado veinte países.*
  *¿Has viajado **alguna vez** en avión?* *He venido **muchas veces** a esta playa.*

1.1 **En parejas** Fíjate en las imágenes. ¿Has hecho alguna de estas cosas esta semana? ¿Cuáles?

1.2 [45] A Miguel le han hecho una encuesta sobre el uso de las redes sociales. Escucha y completa la tabla.

	Nunca	Alguna vez	Muchas veces
Comentar en un blog.	☐	☐	☐
Compartir fotos.	☐	☐	☐
Subir vídeos personales.	☐	☐	☐
Chatear con desconocidos.	☐	☐	☐
Quedar con un amigo virtual.	☐	☐	☐

1.3 **En parejas** Y tú, ¿cómo responderías a esta encuesta? Comparte los resultados con tu compañero/a.

2 Contraste *ya/todavía no, aún no*

Cuando hablamos de planes realizados o no, usamos ***ya*** para preguntar o confirmar su realización y ***todavía no***, ***aún no*** para preguntar o indicar su no realización hasta el momento:

▶ *¿Has terminado **ya** el ejercicio?*
▷ *Sí, **ya** lo he terminado hace rato.*

▶ *¿**Todavía no** has visto el concurso de Tele 5?*
▷ *No, **aún no** lo he visto.*

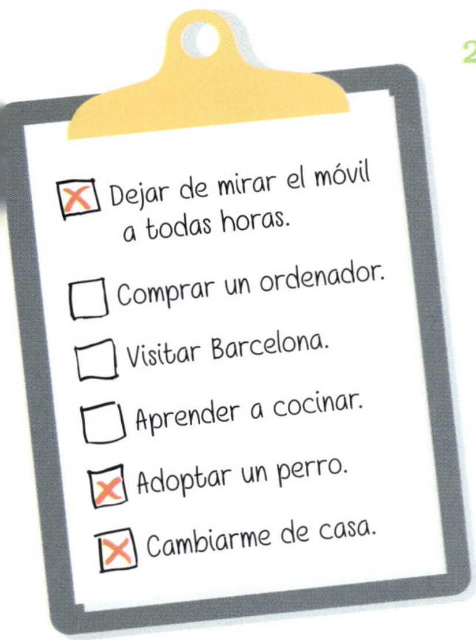

2.1 **En parejas** Juan tiene una lista de buenas intenciones y planes para este año y ha marcado con una X todo lo que ha cumplido hasta ahora. Responde a las preguntas.

1. ¿Ha dejado ya de mirar el móvil a todas horas?
   ....
2. ¿Ha aprendido ya a cocinar?
   ....
3. ¿Se ha comprado ya un ordenador?
   ....
4. ¿Ha adoptado ya un perro?
   ....
5. ¿Se ha cambiado ya de casa?
   ....
6. ¿Ha visitado ya Barcelona?
   ....

2.2 **Todo el grupo** Y tú, ¿has cumplido alguno de tus planes para este año? ¿Cuáles tienes aún pendientes? Cuéntaselo a tus compañeros.

3 Contraste *conocer/saber*

Usamos el verbo ***conocer*** para referirnos a **experiencias**: lugares donde hemos estado, personas que hemos encontrado, cosas que hemos experimentado antes. El verbo ***saber*** sirve, en cambio, para hablar de **conocimientos** y **habilidades**:

*No **conozco** a Juan.*
*¿**Conoces** mi país?*

*¿**Sabes** hablar francés?*
*No **sé** dónde está Ana.*

3.1 Completa la frase con el verbo *saber* o *conocer* y pregunta a tu compañero/a.

1. ¿.............................. Salamanca?
2. ¿.............................. de dónde es Almodóvar?
3. ¿.............................. a alguien de Perú?
4. ¿...................... cómo se apellida el profesor?
5. ¿Qué países ....?
6. ¿.............................. tocar algún instrumento?

Practica en contexto

La negación

- Para negar en español, además del adverbio ***no***, podemos usar otros elementos, como ***nunca***, ***jamás***, ***tampoco***, ***nadie***...:
  Nunca hemos viajado en barco.
- Cuando estas expresiones negativas van después del verbo, se construyen con el adverbio ***no***. Es la doble negación:
  No hemos viajado nunca en barco.
- La conjunción ***ni*** equivale a ***y no***:
  No lo he hecho ni lo voy a hacer.
- También es posible usar ***ni... ni***, que hace la negación más enfática:
  No han venido ni Marta ni Luisa.

1 **Todo el grupo** ¿Sabes qué es una *experiencia vital*? ¿Cuál de estas tres definiciones crees que es la correcta? Coméntalo con tus compañeros.

1. ☐ Cualquier experiencia vivida que tiene un significado especial.
2. ☐ Cualquier experiencia que cambia la vida positivamente.
3. ☐ Cualquier experiencia que cambia la vida negativamente.

1.1 **En parejas** Lee lo que dicen estas personas acerca de sus experiencias vitales y, con tu compañero/a, completa la tabla.

Nadia

La experiencia que más ha cambiado mi vida ha sido salir de mi país y pasar un tiempo fuera. Ya he sido madre y he trabajado en cosas muy diferentes, pero nada me ha cambiado tanto como vivir en otro país porque he aprendido otra lengua, he conocido otras costumbres y he hecho muchos nuevos amigos. Todavía no he vuelto a mi país y no sé si lo voy a hacer algún día.

Mirian

Ya he vivido sola, pero la experiencia más interesante para mí ha sido estudiar en la universidad. ¡He aprendido tanto y he hecho tantos amigos...! Todavía no he terminado mis estudios, pero sé que estos años nunca los voy a olvidar porque, en ellos, he tomado algunas de las decisiones más importantes de mi vida.

Julia

Para mí la experiencia más importante que he vivido hasta ahora ha sido empezar a trabajar. Es verdad que soy muy joven y que todavía no me he ido a vivir sola ni tampoco he formado una familia, pero empezar a trabajar ha significado dar el primer paso de una nueva vida.

Iván

Yo no he encontrado todavía el amor ni el trabajo de mi vida, pero sí he hecho el viaje de mi vida y puedo decir que me ha cambiado completamente. Este verano he viajado a la India y siento que ahora soy otra persona, que mi forma de ver el mundo y a las demás personas ha cambiado.

David

Soy joven y hay muchas cosas que todavía no he vivido, como casarme o ser padre, pero creo que la experiencia más importante hasta ahora ha sido irme a vivir solo, salir de casa de mis padres y vivir por mis propios medios. Ha sido difícil, pero también he aprendido muchas cosas y me he convertido en una persona más responsable.

	Experiencia vital	Ya...	Todavía no...
Nadia			
Míriam			
Julia			
Iván			
David			

1.2 **Todo el grupo** ¿Qué otras experiencias vitales añadirías a las de la actividad anterior? Coméntalo con tus compañeros.

1. Tener hijos.
2. Vivir en otro país.
3. El primer trabajo.
4. Un viaje especial.
5. Irse a vivir solo.
6. Estudiar en la universidad.
7. ....
8. ....
9. ....
10. ....

1.3 **En parejas** Pregunta a tu compañero/a qué experiencias vitales de la lista anterior ha vivido ya, cuáles todavía no y cuál ha sido la más importante para él/ella. Luego compártelo con el resto de la clase.

2 [46] Escucha lo que dicen en este programa sobre el uso que hacen de internet los adolescentes y completa el gráfico con los datos que faltan.

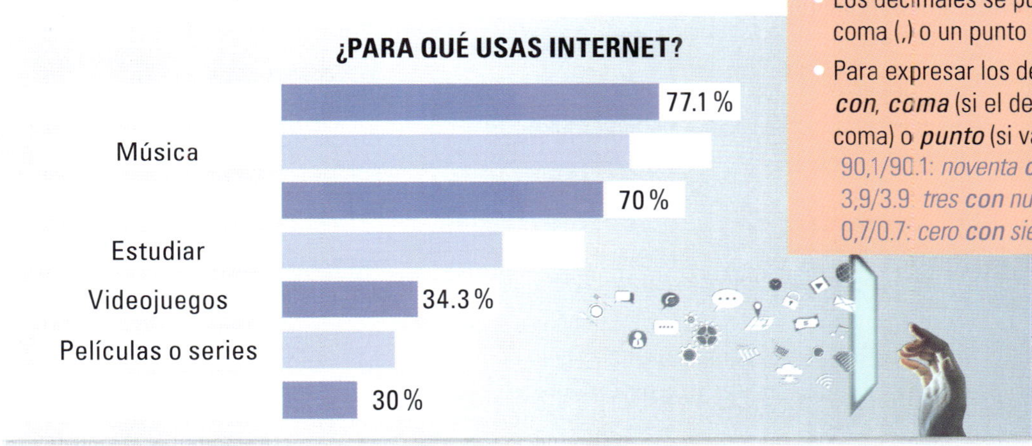

Decimales

- Los decimales se pueden separar con una coma (,) o un punto (.).
- Para expresar los decimales puedes usar *con*, *coma* (si el decimal va separado por coma) o *punto* (si va separado por punto):
  90,1/90.1: *noventa **con** uno* o ***coma/punto** uno*
  3,9/3.9: *tres **con** nueve* o ***coma/punto** nueve*
  0,7/0.7: *cero **con** siete* o ***coma/punto** siete*

2.1 **En parejas** Pregunta a tu compañero/a si durante esta semana ha usado internet para las actividades anteriores y ordénalas según el tiempo empleado en cada una.

Actividades	Tiempo empleado

2.2 **Todo el grupo** Con los datos de todos elaborad el gráfico de la clase sobre el uso de internet.

2.3 **Todo el grupo** ¿En qué coincide la clase con el estudio? ¿Crees que las personas de otras edades usan internet de la misma forma que los adolescentes?

Hemos CONECTADO

1 Lee y completa el texto con las palabras que tienes a la derecha. Luego compara con tu compañero/a.

Cada vez son más las [1] .... que dan la posibilidad de colaborar con ellas de manera [2] ...., desde una [3] .... digital, sin necesidad de movernos de casa.

Los [4] .... pueden realizar desde su ordenador muchas tareas importantes de [5] .... y apoyo y, también, participar en proyectos fundamentales para el desarrollo de las regiones más necesitadas.

Plataforma: Entorno informático.

ONG: Siglas de *organización no gubernamental*, como Unicef, Cruz Roja, Greenpeace, etc.

Voluntario: Persona que colabora con una ONG u otras organizaciones sin recibir dinero por su trabajo.

Virtual: Sin presencia física.

Difusión: Acción de dar a conocer una información entre la gente.

2 **Todo el grupo** ¿Cuál de estas tres organizaciones te parece más interesante? Razona tu respuesta.

http://campusolidario.unir.net/

unir[1] campus solidario

"El que enseña aprende dos veces".

Si eres bueno en contabilidad, puedes enseñar a un grupo de mujeres en Perú a gestionar sus microcréditos.

Si sabes de educación, puedes mejorar la docencia de un grupo de profesores en Guatemala.

Si lo tuyo es la comunicación, puedes enseñar habilidades sociales a jóvenes inmigrantes en España.

Con tan solo dos o tres horas al mes puedes mejorar la vida de otras personas. Además, no lo haces solo: trabajas en equipo, dentro de un grupo en el que os ayudáis unos a otros.

[1]UNIR son las siglas de la Universidad Internacional de La Rioja (España).

http://www.cruzroja.es/

Conéctate al Voluntariado Digital

¿No puedes hacer voluntariado presencial? Cruz Roja abre nuevas posibilidades a través del voluntariado digital o voluntariado *online*. Te ponemos algunos ejemplos de cómo ofrecer solidaridad en nuevos espacios y tiempos. Tú también puedes hacerlo.

Rubén tuvo un accidente de tráfico y reside en un centro de recuperación de personas con discapacidad, donde estudia informática. Desde allí se conecta para contar historias con moraleja a los niños y a las niñas del Centro Infantil de Cruz Roja.

Aurélien ayuda con la informática a personas mayores de cualquier lugar de España desde su casa en París. Estudia Traducción e Interpretación y también pertenece al Equipo de Traductores y Traductoras de Cruz Roja.

Anabel mantiene el Facebook del proyecto VIH-Sida de Cruz Roja. Semanalmente le dedica dos horas desde Ceuta, donde reside actualmente. "Soy gestora de redes sociales y sigo enganchada a Cruz Roja".

Adaptado de http://www.cruzroja.es/principal/web/voluntariado/voluntariado-digital

https://tec.mx/

Tecnológico de Monterrey[2]

¿Quién puede ser voluntario?

Cualquier persona que tenga principios solidarios, una formación básica y una buena dosis de voluntad.

Voluntario es toda persona que, de una manera reflexiva, solidaria, desinteresada y no remunerada, desarrolla una actividad en beneficio de la comunidad dentro de una organización.

El Tecnológico de Monterrey, Campus Hidalgo, te invita a participar como voluntario…

Asesorando a microempresas en:

- Estrategia de ventas
- Contabilidad
- Páginas web
- Planes de negocios

O impartiendo talleres de:

- Servicio a clientes
- Control de calidad
- Comercio en línea
- Derecho laboral
- Finanzas

[2]El Tecnológico de Monterrey es un instituto tecnológico de estudios superiores ubicado en Monterrey (México).

3 **Todo el grupo** ¿Qué otras cosas crees que pueden hacerse desde un ordenador para ayudar a otras personas?

4 **Todo el grupo** ¿Has colaborado alguna vez con una ONG o conoces a alguien que lo hace? Cuéntaselo a tus compañeros.

HOSTAL Babel

Un mensaje que dice: "Error"

Antes del vídeo

1 **En parejas** ¿Qué crees que está haciendo Bea con el ordenador?

1. Chatear con amigos.
2. Poner un anuncio del hostal en internet.
3. Comprar algo *online*.

2 Bea tiene un problema con el ordenador y necesita ayuda. ¿Crees que Tere lo puede solucionar o que van a pedir ayuda?

Durante el vídeo

3 **En parejas** Visiona el fragmento 00:30 ▶ 03:00 y comprueba las respuestas de las actividades 1 y 2.

4 Visiona el fragmento 01:25 ▶ 02:10 y marca las cosas que ha hecho Bea.

1. ☐ Ha intentado subir el anuncio.
2. ☐ Ha seguido todas las instrucciones.
3. ☐ Se ha registrado correctamente.
4. ☐ Ha pagado por el anuncio.
5. ☐ Ha puesto su correo electrónico.
6. ☐ Ha escrito todos los datos que le han pedido.
7. ☐ Ha pedido ayuda al soporte técnico.
8. ☐ Ha subido las fotos del hostal.
9. ☐ Ha puesto la contraseña.
10. ☐ Ha puesto una foto suya.

5 Visiona el fragmento 04:06 ▶ final y marca la opción correcta.

1. Bea ha subido los archivos con las fotos.
   a. Está segura.
   b. Eso cree.
   c. No se acuerda.
2. En un primer momento, Leo cree que...
   a. el enlace de subida no funciona.
   b. los archivos pesan demasiado.
   c. algún dato es incorrecto.
3. El problema es el navegador porque...
   a. no reconoce los archivos.
   b. los enlaces están rotos.
   c. la versión es vieja y no está actualizada.
4. Leo propone...
   a. hacerlo en su ordenador.
   b. cambiar de navegador.
   c. hacerlo más tarde.

Después del vídeo

6 **En parejas** Marca las palabras que han usado los personajes. Puedes volver a ver el vídeo completo si es necesario.

☐ enlace	☐ navegador	☐ bajar	☐ subir	☐ impresora
☐ ordenador	☐ ratón	☐ archivo	☐ mensaje	☐ contraseña
☐ página	☐ registro	☐ teclado	☐ informática	☐ navegar

7 **Todo el grupo** ¿Alguna vez has tenido un problema al navegar por internet? ¿Cuál? ¿Cómo lo solucionaste?

Evaluación

1 **Completa el texto con las palabras del recuadro.**

aplicación | contraseña | imprimir | bajar | chatear | usuario | ordenador | guardar

Para descargar de internet esa [1] ...., tienes que registrarte primero en la página web. Es muy simple: creas un [2] .... y una [3] .... y ya tienes un perfil para entrar siempre. Es un sitio fantástico, es posible [4] .... todo tipo de programas y también tutoriales que puedes [5] .... en el [6] .... o [7] .... si los quieres en papel. También hay un foro de usuarios y puedes [8] .... con ellos cada vez que tienes un problema.

2 **Mira las notas que Pedro ha escrito en su agenda para esta semana. Fíjate en las casillas marcadas y escribe lo que ya ha hecho y lo que no ha hecho aún.**

- [x] Ir al dentista.
- [ ] Ver a Pepa.
- [ ] Escribir a Ana.
- [x] Hacer la compra.
- [x] Llamar a Luis.
- [x] Ir a la biblioteca.
- [x] Comer con papá.
- [ ] Comprar una bici.
- [ ] Terminar el libro.
- [ ] Quedar con Dani.
- [ ] Empezar a estudiar.
- [x] Ir a nadar.

....

....

....

....

....

....

....

3 **Escribe las preguntas a estas respuestas.**

1. ¿..? Sí, he estado en Buenos Aires un par de veces.
2. ¿..? No, no la he visto todavía; dicen que está muy bien.
3. ¿..? Sí, ya lo hemos hecho.
4. ¿..? No, no ha estado nunca aquí.
5. ¿..? Sí, dos o tres veces.
6. ¿..? No, aún no lo he encontrado.
7. ¿..? Sí, ya lo sé, me he enterado esta mañana.
8. ¿..? No, no hay nada.

4 **Responde negativamente a estas preguntas.**

1. ¿Has estado alguna vez en Montevideo? ....
2. ¿Ha llegado ya Luis? ¿Y Marta? ....
3. ¿Has hecho la compra y preparado la cena? ....
4. ¿Ha preguntado alguien por mí? ....
5. ¿Necesitáis algo? ....
6. ¿Se lo has contado a Elvira? ¿Y a Raúl? ....
7. ¿Has tenido algún problema? ....
8. ¿Han terminado ya? ....
9. ¿Has encontrado algún libro interesante? ....

Unidad

13 Vivencias

¿Cuál es en tu opinión el mejor invento de la historia?

¿Qué importancia tiene en la actualidad?

¿Quién lo inventó?

En esta unidad vas a. . .

- Hablar de sucesos, hechos y acciones del pasado
- Elaborar una biografía
- Hablar de malentendidos culturales
- Conocer la vida de Salvador Dalí, Chavela Vargas y Celia Cruz
- Conocer La Habana (Cuba)

¿Qué sabes?

1 **En parejas** ¿Sabes qué es una *biografía*? ¿Qué tiempo verbal se utiliza cuando se redacta una?

1.1 **En parejas** ¿Conoces a estos dos personajes? ¿A qué se dedicaron? ¿Sabes a cuál de los dos se refieren las imágenes? Justifica tu respuesta.

A Chavela Vargas

B Salvador Dalí

1 ☐

2 ☐

3 ☐

4 ☐

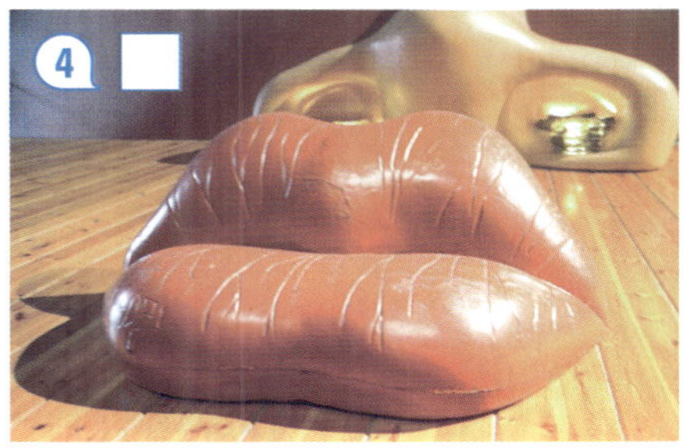

1.2 **Todo el grupo** Tu profesor/a va a dividir la clase en dos grupos (A y B). El grupo A va a elaborar una lista con las cosas que sabe de Chavela Vargas y el grupo B, de Salvador Dalí. Luego intercambiad la información.

Chavela Vargas — grupo A

....

....

....

....

Salvador Dalí — grupo B

....

....

....

....

2 **En parejas** Pregúntale a tu compañero/a qué ha hecho o hizo y completa la tabla.

Hoy	Esta semana	Hace diez minutos	Ayer	El año pasado	Hace tres meses

Palabras

1 **En parejas** Lee las siguientes palabras y relaciónalas con su significado.

1. personaje
2. protagonista
3. fecha
4. siglo
5. documento
6. acontecimiento
7. humanidad
8. invento

a. Persona, animal o cosa que interpreta el papel principal en una historia.
b. Tiempo en que se hace o sucede algo.
c. Ser real o imaginario.
d. Escrito que contiene datos de un determinado hecho histórico.
e. Conjunto de todas las personas.
f. Periodo de 100 años.
g. Cosa que se crea, se diseña, se idea o se produce por primera vez.
h. Hecho o suceso.

1.1 **En parejas** Completa las frases con las palabras anteriores.

1. Para mí, el .... más importante del siglo XIX fue el teléfono. Nos permite hablar con las personas a miles de kilómetros de distancia.
2. La historia de la .... está llena de descubrimientos.
3. Diego Rivera fue un reconocido muralista mexicano del .... XX.
4. Gracias a la gran cantidad de .... históricos que hay de esa época, se ha podido conocer la historia del país con gran exactitud.
5. No sé la .... en la que nació el pintor Salvador Dalí.
6. Yo creo que Pitágoras es el .... más importante de la historia de las matemáticas.
7. La llegada del hombre a la Luna fue un .... histórico.
8. El .... de esta historia es Johannes Gutenberg, el inventor de la imprenta.

2 **En parejas** Fíjate en los siguientes objetos; ¿cómo se llaman y para qué sirven? ¿Qué crees que han aportado estos inventos a la vida de las personas?

1
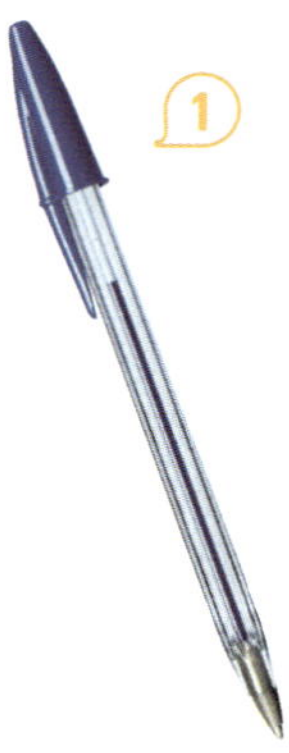
2

3

4

RAE

LÉXICO

Español de España › fregona : *En la habitación de Guillermo, Elena pasa la* ***fregona****, guarda los libros, retira las sábanas, suspira.*
Español de Argentina › escurridor : *Rosa entra con un balde y un* ***escurridor****.*
Español de México › trapeador :
No se preocupe por la gotera en el baño, aquí el agua se seca rápido –Rosa mueve el ***trapeador*** *con el pie.*
Español de Venezuela › coleto : *Estaba limpiando, y al sacar la silla para pasar el* ***coleto*** *por debajo de la mesa cayó la bolsa.*

En el español de Costa Rica, Ecuador, Guatemala, Honduras, México y Nicaragua, fregar significa 'molestar, enfadar, fastidiar': *CHICO: Eh, no me* ***fregués****. Y yo me fui.*

Español de España › grapadora : *García: Dame eso* (García le coge la **grapadora** de las manos).
Español de Argentina › abrochadora : *¿Vos tenés una* ***abrochadora****? Tengo que coser este pliego.*
Español de Colombia › cosedora : *La* ***cosedora*** *y la recogedora de pliegos tienen un precio muy alto.*
Español de México › engrapadora :
Te organizas para tener el material necesario y procuras no pedir cosas como lápices, papel, ***engrapadora****, etcétera.*

2.1 [47] Escucha con atención el audio y completa la ficha sobre los inventos anteriores.

1
Invento: ....
....
Inventor: ....
....
Nacionalidad: ....
Fecha: ....

2
Invento: ....
....
Inventor: ....
....
Nacionalidad: ....
Fecha: ....

3
Invento: ....
....
Inventor: ....
....
Nacionalidad: ....
Fecha: ....

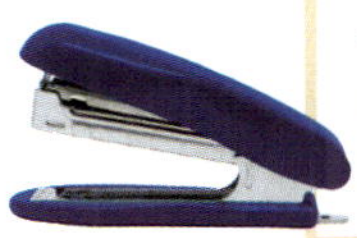

4
Invento: ....
....
Inventores: ....
....
Nacionalidad: *españoles*
Fecha: ....

Para resolver con éxito una actividad de este tipo, es muy importante que leas con atención las instrucciones y que entiendas qué información se pide. Haz una escucha selectiva del audio centrándote en las palabras y en la información necesarias para completar la tarea.

3 **En grupos pequeños** Piensa en un invento importante para la historia de la humanidad según tu opinión y completa la ficha.

Nombre del invento y breve descripción: ....
....
Nombre del inventor y fecha del invento: ....
Profesión del inventor: ....
Otros datos de interés: ....

3.1 **Todo el grupo** Ahora, compartid con el resto de la clase la información del invento pero sin decir el nombre. Vuestros compañeros tienen que adivinar de qué se trata. ¿Cuál es el invento que te parece imprescindible hoy en día? ¿Por qué?

Ejemplo: ▶ *Se inventó en 1879. Estuvo encendida durante 48 horas seguidas.*
▷ *¡La bombilla!*

Gramática

1 Pretérito indefinido irregular: verbos con irregularidad en la tercera persona

Hay un grupo numeroso de verbos que tienen una **irregularidad vocálica** en la raíz o en la terminación de la **tercera persona** singular y plural del pretérito indefinido:

	En la raíz		En la terminación	
	e › i	o › u	i › y	
	Pedir	Dormir	Oír	Creer
yo	pedí	dormí	oí	creí
tú	pediste	dormiste	oíste	creíste
él, ella, usted	p**i**dió	d**u**rmió	o**y**ó	cre**y**ó
nosotros/as	pedimos	dormimos	oímos	creímos
vosotros/as	pedisteis	dormisteis	oísteis	creísteis
ellos, ellas, ustedes	p**i**dieron	d**u**rmieron	o**y**eron	cre**y**eron

- Otros verbos con irregularidad **e › i**: pref**e**rir, el**e**gir, m**e**dir, m**e**ntir, corr**e**gir...
- Otro verbo con irregularidad **o › u**: m**o**rir.
- Otros verbos con la terminación irregular: constr**ui**r, destr**ui**r, incl**ui**r, distrib**ui**r, ca**e**r, l**e**er...

Fíjate:
Los cambios en la terminación se producen en los verbos que tienen la raíz terminada en vocal:
*l**e-e**r › ~~leió~~ › le**y**ó;*
*constr**u-i**r › ~~construió~~ › constru**y**ó;*
*c**a-e**r › ~~caió~~ › ca**y**ó...*

1.1 **En parejas** Escribe la tercera persona del singular y del plural del pretérito indefinido de los siguientes verbos según su irregularidad.

1. morir: .... , ...
2. reír: .... , ...
3. incluir: .... , ...
4. preferir: .... , ...
5. destruir: .... , ...
6. mentir: .... , ...

2 Marcadores temporales de pretérito indefinido

En una biografía se encuentran **indicaciones temporales** (fechas, periodos, edades) y expresiones para relacionar unos hechos con otros.

- Para hablar de una **fecha**:
  - en...
  - el 17 de abril de 1919
  - *a los/con* + edad

  En 2011 lanzó un álbum con poemas de su amigo Federico García Lorca.
  Nació el 17 de abril de 1919.
  A los 42 años publicó su primer álbum, Noche bohemia.
- Para hablar de la **duración** de una acción:
  - desde... hasta...
  - de... a...

  *Chavela Vargas vivió en Costa Rica **desde/de** 1919 **hasta/a** 1935.*
- Para **relacionar** dos momentos del pasado:
  - al cabo de...
  - después de...
  - a los dos días/tres meses
  - a las cinco semanas
  - a la mañana/al día siguiente
  - poco (tiempo)/dos días/un mes/un año **más tarde/después (de)**

  *Diez años **después de** su llegada a México se hizo famosa.*
  ***Al cabo de** 10 años apareció en la película* Frida *interpretando "La llorona".*

2.1 **Completa la biografía de la cantante Chavela Vargas con la forma adecuada del pretérito indefinido de los siguientes verbos.**

estar (2) | vestirse | hacer | nacer | irse | ponerse | lanzar | morir | construir | hacerse | ir

Chavela Vargas [1] .... en San Joaquín de Flores, Costa Rica, el 17 de abril de 1919. [2] .... a vivir a México en su adolescencia para buscar mejores oportunidades musicales. Durante sus primeros años [3] .... cantando por las calles y [4] .... su imagen: [5] .... de hombre y [6] .... un poncho rojo. Diez años después de su llegada a México [7] .... famosa y con 42 años [8] .... su primer álbum, *Noche bohemia*. [9] .... muchos años sin actuar, pero en la década de los 90 [10] .... a España y reapareció en algunas películas de Pedro Almodóvar. Al cabo de 10 años [11] .... una intervención en la película *Frida* interpretando la canción *La llorona* y en 2011 publicó un álbum con poemas de Federico García Lorca. [12] .... el 5 de agosto de 2012 en Cuernavaca, México.

2.2 [48] **Alberto nos cuenta datos de su vida. Escucha y completa la información.**

1. Alberto nació ....
2. .... se fue con su familia a Madrid.
3. Vivió en Madrid ....
4. .... se fue a Estados Unidos.
5. .... regresó con su familia a Madrid.
6. .... su regreso a Madrid, murió su padre.

3 Contraste pretérito perfecto/pretérito indefinido

- Se utiliza el **pretérito perfecto** para hablar de **acciones terminadas** en un **tiempo no terminado** o de **experiencias vividas** sin importar el momento concreto en el que sucedió la acción:

  Esta tarde *he estado en casa de mis padres.*

  Nunca *he estudiado japonés.* (No he tenido la experiencia hasta ahora).

- El **pretérito indefinido** es un tiempo del pasado que expresa **acciones terminadas** en un **tiempo terminado**; por eso se usa para dar información sobre la vida de alguien, hablar de hechos históricos y acontecimientos del pasado o informar del tiempo que separa dos acciones:

  Nació ***en el año 2002.***

  Ocho años después *regresó a su país.*

  La guerra civil española comenzó ***en el año 1936*** *y terminó* ***en 1939.***

3.1 **En parejas** **¿Qué has hecho hoy? ¿Qué hiciste ayer? Elabora una frase con cada marcador utilizando el tiempo verbal adecuado. ¿En qué coincides con tu compañero/a y en qué no?**

hoy	el otro día
ayer	esta semana
el año pasado	hace tres meses
nunca	hace diez minutos

RAE

GRAMÁTICA

Como ya sabes, en los países de Hispanoamérica y en algunas zonas de España como Galicia, Asturias, parte de León y Canarias, se usa el pretérito indefinido en lugar del pretérito perfecto para hablar de acciones terminadas en un tiempo no terminado: *Estoy muy cansado porque* ***esta mañana salí*** *de casa muy temprano y* ***no llegué*** *hasta las nueve de la noche.* ***Fue*** *un día muy largo.*

En español de España se diría: *Estoy muy cansado porque* ***esta mañana he salido*** *de casa muy temprano y* ***no he llegado*** *hasta las nueve de la noche.* ***Ha sido*** *un día muy largo.*

Practica en contexto

La **biografía** es un texto **narrativo** donde se cuentan los hechos más importantes de la vida de una persona desde su nacimiento hasta el momento actual.

Recuerda:
Para elaborar una biografía necesitas usar los conectores temporales que sirven para expresar fechas, relacionar dos momentos del pasado e indicar la duración de una acción.

Retrato de Salvador Dalí hecho por García Lorca

Dalí en la década de 1960

1 **En parejas** A continuación te damos algunos datos importantes de la vida del pintor español Salvador Dalí. Léelos con atención y elabora su biografía.

- **1904** Nace el 11 de mayo en Figueras, Gerona.
- **1910** Se matricula en el Colegio Hispano-Francés de la Inmaculada Concepción de Figueras. Aprende francés.
- **1922** Va a Madrid para estudiar en la Escuela de Bellas Artes. Se aloja en la Residencia de Estudiantes y allí conoce a Lorca y a Buñuel. Se hacen grandes amigos.
- **1926** Participa en varias exposiciones en Madrid y Barcelona. Realiza su primer viaje a París y conoce a Pablo Picasso.
- **1929** Entra en contacto con el grupo de artistas surrealistas. Conoce a su futura mujer, Gala.
- **1934** Contrae matrimonio civil con Gala.
- **1935** Regresan a Figueras.
- **1936** Participa en una exposición del MOMA en Nueva York.
- **1940** El matrimonio se traslada a vivir a EE. UU.
- **1948** Regresan a España.
- **1958** Se casan por la Iglesia.
- **1974** Se inaugura el Teatro-Museo Dalí de Figueras.
- **1982** Muere Gala, su esposa.
- **1989** Muere el 23 de enero.

1.1 **En grupos pequeños** Elige con tus compañeros a un personaje famoso: pintor/a, cantante, escritor/a, actor/actriz... Busca sus datos más interesantes y elabora una lista con fechas como la de la actividad 1.

1.2 **Todo el grupo** Ahora contadle al resto de la clase la vida de vuestro personaje, utilizando los marcadores temporales adecuados y sin decir su nombre. Vuestros compañeros deben adivinar de quién se trata.

2 Ahora vas a escribir tu propia biografía. Debes incluir la siguiente información y tres datos falsos.

- Fecha y lugar de nacimiento.
- Estudios realizados.
- Etapas más importantes de tu vida.
- Hechos positivos y negativos.

2.1 **Todo el grupo** Lee tu biografía a tus compañeros. Ellos deben hacerte preguntas para adivinar los datos falsos. ¿Quién ha tenido hasta ahora la vida más interesante? ¿Por qué?

3 **En parejas** Lee las anécdotas que han vivido estas personas en distintos países y comenta con tu compañero/a qué crees que sucedió.

1 **Ana**

¿A que no sabes qué me pasó el año pasado cuando estuve en Japón visitando a unos amigos? Pues resulta que un día fuimos a comer a casa de otros amigos y contaron un chiste. Me hizo tanta gracia que me reí abiertamente, a carcajadas. Noté que me miraron extrañados y no sé el motivo.

2 **Víctor**

Te voy a contar una cosa que me ocurrió cuando estuve en Tailandia viajando por todo el país. Resulta que un día, en el tren, vi a un niño muy simpático. Le hablé y le hice un gesto cariñoso tocándole la cabeza. Enseguida me di cuenta de que su padre me miró con desconfianza y me puso muy mala cara.

3 **Ayaka y Nori**

Pues resulta que mi mujer y yo vivimos diez años en Argentina. Recién llegados al país, unos conocidos aparecieron en nuestra casa por sorpresa: "Hemos venido a visitaros porque seguro que estáis solos y no conocéis a nadie". Nos pareció tan extraño…

4 **Sara y sus amigos**

Verás lo que me pasó en mi viaje a la India y Pakistán. El primer día entramos en un restaurante y, como soy zurda, comí con la mano izquierda. Noté que el camarero me miró de una manera extraña.

Contar una anécdota

- Una **anécdota** es un **relato breve** sobre algún acontecimiento **curioso** o **divertido**.
- En la conversación es frecuente introducir la anécdota con expresiones como:
  - **¿Sabes lo que me pasó** ayer/el lunes/el otro día/cuando llegué a…?
  - **Te voy a contar una cosa** que me pasó ayer/el lunes/el otro día/cuando llegué a…
  - **Pues resulta que** ayer/el lunes/el otro día/cuando llegué a…
- El interlocutor contesta con:
  - **¿Qué te pasó?**
  - **Cuenta, cuenta…**
- Y reacciona a lo largo del relato con expresiones como:
  - **¡No me digas!**
  - **¡Qué bien/mal/(buena) suerte/mala suerte…!**
  - **¡Es increíble!**

Recuerda:
En español es necesario ir reaccionando ante lo que narra el interlocutor. El silencio absoluto se interpreta como falta de interés.

3.1 [49] Ahora escucha las explicaciones que dan estos mediadores culturales y comprueba tus respuestas anteriores.

3.2 **Todo el grupo** ¿Te ha sucedido alguna vez algo similar? Cuéntaselo a tus compañeros. ¿Sabes a qué se debió el malentendido?

4 [50] Lucía es una joven andaluza que vive en Madrid desde hace dos meses. Escucha los mensajes de voz que les manda a dos amigos y luego escribe en tu cuaderno.

Tres cosas que ya ha hecho Lucía hoy y tres cosas que todavía no ha hecho	Seis cosas que hizo Lucía el fin de semana pasado

5 **Todo el grupo** Piensa en cuatro experiencias que has vivido relacionadas con tu aprendizaje del español y descríbelas brevemente por escrito. Da información de la fecha, el lugar de la experiencia y explica cómo te sentiste. Luego compártelas con tus compañeros.

Ejemplo: *He vivido varias veces en países de habla hispana. La primera vez fue en Argentina, en…*

¡AZÚCAR!

1 **En grupos pequeños** Observa las siguientes fotografías de La Habana. ¿Cómo crees que es? Con tus suposiciones, elige la opción correcta.

1. La Habana es una ciudad **alegre/seria**.
2. Es una ciudad **antigua/moderna**.
3. Sus habitantes son **muy abiertos/reservados**.
4. Es famosa **por su música/por su comida**.
5. Añade otros datos que sabes sobre La Habana.

....

....

....

....

1.1 **En parejas** Eva es una chica española que el año pasado visitó La Habana. Mira las fotos que ha colgado y lo que ha escrito en Instagram.

Eva_instagram

Eva_instagram La Habana es una ciudad maravillosa, uno de esos lugares donde puedes sentir la vida en la calle: las voces de la gente, las bicicletas, las motos, los originales cocotaxis, las *guaguas* (como se les llama acá a los buses)... Es una ciudad multicultural en la que conviven diferentes razas, además del turismo procedente de todo el mundo: estadounidenses, franceses, alemanes, italianos, españoles...

Ayer estuvimos en La Habana Vieja, el casco antiguo de la ciudad, que se caracteriza por sus calles rectas, los bonitos edificios de la época colonial, sus casas de diferentes colores y los automóviles americanos de los años 40 y 50.

Esta mañana hemos paseado por el Malecón, el paseo marítimo de la ciudad, y ahora vamos a cenar en un *paladar*, una casa particular donde se sirven comidas. La ciudad tiene una vida nocturna muy intensa: cines, teatros, salas de baile, clubs de *jazz*... Lo tiene todo, pero lo que más me gusta es lo simpática y cercana que es su gente, siempre tan alegre, tocando música por las calles y siempre sonriendo.

1.2 **En parejas** ¿Sabes por qué este apartado se llama *Azúcar*? Elige una de estas tres explicaciones.

- ☐ Porque La Habana es famosa por su café con azúcar.
- ☐ Porque Cuba es el primer productor mundial de azúcar.
- ☐ Porque una cantante de salsa introducía en sus canciones el grito de "¡azúcar!".

1.3 [51] Ahora escucha y comprueba tus respuestas anteriores.

1.4 **Todo el grupo** Revisa tus respuestas de la actividad 1. ¿Qué información nueva tienes sobre La Habana? ¿Te gustaría visitar Cuba? ¿Por qué? Justifica tu respuesta.

HOSTAL Babel

Hostal Mabel

Antes del vídeo

1 Observa la imagen y di qué están haciendo Tere y Bea.

2 En este momento, alrededor de las sábanas, Bea cuenta la historia del hostal Babel a Tere. Relaciona las columnas según tu opinión. Compara con tu compañero/a.

1. ¿De quién era el hostal Babel?
2. ¿Cuándo se abrió por primera vez este negocio?
3. ¿Cómo se llamaba el hostal?
4. ¿Cuándo cerró?
5. ¿Cuándo se volvió a abrir?
6. ¿Quién es la dueña del hostal ahora?

a. Bea.
b. 2011.
c. 15 de mayo de 2016.
d. Mabel.
e. 1967.
f. Los abuelos de Bea.

Durante el vídeo

3 **En parejas** Ordena la historia del hostal Babel con la ayuda de tu compañero/a. Luego visiona el fragmento 02:04 ▶ final y comprueba si el orden es correcto. ¿Has relacionado bien la información de la actividad anterior?

- [ ] En el 2011 cerró sus puertas y estuvo vacío durante cinco años, hasta 2016.
- [ ] Al principio no les fue bien el negocio y estuvieron a punto de cerrarlo.
- [ ] Sus abuelos heredaron el edificio de un tío de su abuela.
- [ ] Bea volvió del extranjero y decidió encargarse del negocio con la ayuda de su abuela.
- [ ] Cuando el abuelo murió, Mabel se hizo cargo del negocio ella sola hasta que se jubiló.
- [ ] En los años 70 en España hubo un *boom* turístico y el hostal empezó a llenarse de huéspedes.
- [1] El hostal abrió sus puertas en 1967 con el nombre de *Hostal Mabel*, porque su abuela se llamaba María Isabel.
- [ ] Decidieron reformar el edificio para convertirlo en un hostal.
- [ ] Gracias al negocio los abuelos pudieron mantener a sus seis hijos.
- [ ] Ninguno de sus hijos quiso seguir con el negocio.
- [ ] Bea invirtió mucho dinero en reformar el local y convertirlo en un hostal para estudiantes.
- [12] Le cambió el nombre y la primera invitada de honor fue su abuela Mabel.

4 Tere reacciona utilizando algunas expresiones cuando Bea cuenta la historia. Visiona de nuevo el fragmento y anota en tu cuaderno al menos tres de las que dice. ¿Por qué crees que lo hace?

1. .... 2. .... 3. ....

Después del vídeo

5 **Todo el grupo** ¿Tu familia ha heredado algún objeto o propiedad? Cuenta la historia a tus compañeros.

Evaluación

1 Piensa en tres palabras que has aprendido en esta unidad relacionadas con la historia y elabora una frase con cada una de ellas.

1. ....
2. ....
3. ....

2 Escribe tres datos biográficos de Chavela Vargas y de Salvador Dalí.

Chavela Vargas

1. ....
2. ....
3. ....

Salvador Dalí

1. ....
2. ....
3. ....

3 Escribe la tercera persona del singular y del plural del pretérito indefinido de los siguientes verbos.

Elegir	Morir	Caer	Oír
....	....	....	....
....	....	....	....

4 Elige la opción correcta.

1. ¿Has visto mi abrigo?
   a. La semana pasada.
   b. Hoy.
2. Bailaron muchísimo.
   a. En la fiesta de esta noche.
   b. En la fiesta del fin de semana pasado.
3. He conocido a Alberto.
   a. Esta semana.
   b. El mes pasado.
4. Ana no dijo nada.
   a. Esta mañana.
   b. Ayer.
5. Han comprado toda la comida.
   a. Para la cena de esta noche.
   b. Para la cena de ayer.
6. Viajó a Tailandia.
   a. El verano pasado.
   b. Este mes.

5 [52] Escucha la biografía de Celia Cruz y completa con la información correcta.

1. .... a estudiar Magisterio, pero no se ....
2. Los primeros años .... en algunas orquestas y .... en espectáculos de teatro.
3. Desde 1960 .... en Estados Unidos, donde .... en julio de 2003.
4. Siempre .... y .... sus conciertos gritando: "¡azúcar!".
5. Los 5 premios Grammy .... los premios más importantes que ....

Unidad

14 ¿Cómo era antes?

Fíjate en la imagen. ¿Qué objeto es?
¿Como se llama y para que sirve?

¿Qué está haciendo la persona con el bolígrafo?

En esta unidad vas a...

- Hacer descripciones en pasado
- Narrar sucesos e historias en pasado
- Hablar del tiempo atmosférico
- Conocer el mapa político de España y sus lenguas

¿Qué sabes?

1 **En parejas** Lee los diálogos y subraya los verbos conjugados.

1.1 **En parejas** Clasifica cada verbo de los diálogos anteriores en su lugar correspondiente de la tabla. Trabaja con tu compañero/a.

Presente	Pretérito perfecto	Pretérito indefinido	Otros tiempos

1.2 **En parejas** ¿Sabes qué tiempos son los verbos que aparecen en la última casilla de la tabla? ¿Crees que expresan acciones en presente, pasado o futuro?

1.3 **En parejas** Di tres cosas que han cambiado en el mundo desde que eras pequeño/a.

1.4 **En parejas** Escribe a continuación todas las palabras y expresiones, de los diálogos anteriores, que hacen referencia al clima. Si conoces otras, anótalas también.

....

....

Palabras

1 **En parejas** ¿Sabes cómo se llama en español lo que lee el hombre de la foto? ¿Conoces el nombre de alguna de sus secciones?

1.1 **En parejas** Pon el nombre de cada sección del periódico debajo de la imagen correspondiente y escribe una frase indicando qué contenidos trata. Compara con tus compañeros.

El tiempo | Política | Economía | Deportes | Sociedad | Cultura y espectáculos | Ciencia y salud | Anuncios por palabras | Opinión

1 ______________________

2 ______________________

3 ______________________

4 ______________________

5 ______________________

6 ______________________

7 ______________________

8 ______________________

9 ______________________

1.2 **Todo el grupo** ¿Cuál es tu periódico preferido? ¿Con qué frecuencia lo lees? ¿Lo lees en papel o en formato digital? ¿Por qué? ¿Cuál es tu sección favorita? ¿Y la que menos te interesa? Argumenta tus respuestas.

2 **En parejas** En la sección del tiempo de cualquier periódico puedes encontrar símbolos como estos. Relaciona cada símbolo con su nombre correspondiente.

sur | sol | calor | nublado | nieve | norte | tormenta | este | sol y nubes | frío | oeste | lluvia

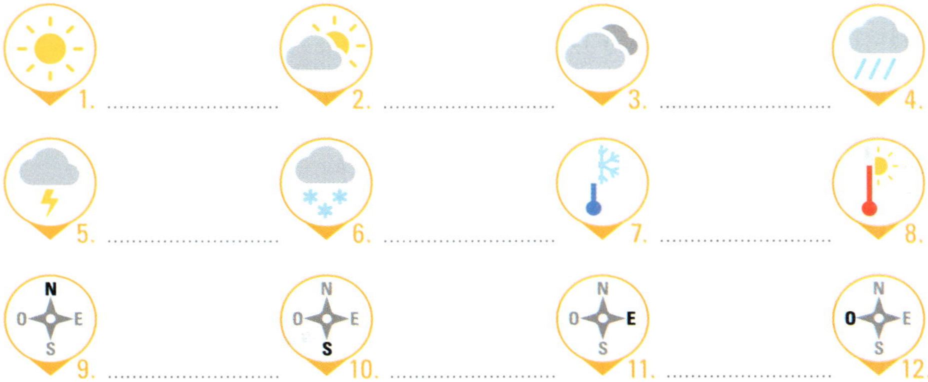

1. ....
2. ....
3. ....
4. ....
5. ....
6. ....
7. ....
8. ....
9. ....
10. ....
11. ....
12. ....

2.1 [53] **Escucha y dibuja cada símbolo donde corresponda. Fíjate bien en los nombres que hay en el mapa.**

Fíjate:

- Los verbos que usamos para hablar del tiempo, como ***llover, nevar, hacer frío/calor/sol...***, solo se usan en la tercera persona del singular:
  *Antes **llovía** más que ahora.* *Ayer **nevó** un poco.* ***Hace** mucho sol hoy.*
- Los nombres de las estaciones son ***primavera, verano, otoño*** e ***invierno***.
- Se puede hablar del tiempo de manera general con las expresiones ***hace buen tiempo*** (si hace sol o calor) y ***hace mal tiempo*** (si llueve o hace frío).
- Para hablar de las características del **clima** o el **tiempo** de un lugar, una estación o un mes del año, puedes usar estos adjetivos:
  - Relacionados con el **tipo de clima**: mediterráneo/oceánico/continental...
  - Relacionados con la **temperatura**: frío(a)/templado(a)/cálido(a)/suave/duro(a)/extremo(a)...
  - Relacionados con la **lluvia**: húmedo(a)/seco(a).

  *La primavera en Madrid es muy **húmeda**.* *Agosto en Sevilla es muy **cálido**.*
  *En Valencia hay clima **mediterráneo**.* *La temperatura en septiembre es **templada**.*

2.2 **Todo el grupo** ¿Cómo es el clima de tu país? ¿Cuál es tu estación favorita? ¿Por qué?

Gramática

El pretérito imperfecto solo tiene **tres verbos irregulares**:

Ser	Ir	Ver
era	**iba**	**veía**
eras	**ibas**	**veías**
era	**iba**	**veía**
éramos	**íbamos**	**veíamos**
erais	**ibais**	**veíais**
eran	**iban**	**veían**

Fíjate:
El imperfecto se usa también para pedir algo con **cortesía**. En este caso, el imperfecto equivale al presente:

▶ ***Quería** pedirte un favor...*
▷ *Dime. Si puedo ayudarte, lo haré.*

1 Pretérito imperfecto de indicativo

- El **pretérito imperfecto** tiene dos terminaciones distintas, una para los verbos que terminan en *-ar* y otra para los que terminan en *-er* e *-ir*:

	Hablar	Leer	Escribir
yo	hablaba	leía	escribía
tú	hablabas	leías	escribías
él, ella, usted	hablaba	leía	escribía
nosotros/as	hablábamos	leíamos	escribíamos
vosotros/as	hablabais	leíais	escribíais
ellos, ellas, ustedes	hablaban	leían	escribían

- El **pretérito imperfecto** es un tiempo del pasado que se usa para:
  - **Describir** en pasado:
    *La clase **era** grande. La profesora **se llamaba** Inés y **era** chilena.*
  - Hablar de **acciones habituales** en el pasado:
    ***Me levantaba** a las ocho, **salía** a las nueve y **cogía** el autobús.*
  - Hablar de una **acción** en pasado **interrumpida** por otra acción en pasado:
    ***Veía** una película cuando me llamaste.* (La acción de *ver* es interrumpida por la acción de *llamar*).

1.1 **Todo el grupo** Fíjate en las imágenes y describe la diferencia entre antes y ahora.

1.2 **En grupos pequeños** ¿Cómo eras hace cinco años? Piensa en cinco cosas que ahora son diferentes y cuéntaselas a tus compañeros.

1.3 Completa la explicación con los nombres de los tiempos correspondientes. Luego escribe el imperfecto de los verbos del ejemplo.

El pretérito .... presenta la acción en un tiempo pasado, pero sin especificar el comienzo o el final. Por esta razón, es el tiempo que usamos para la descripción, para hablar de las circunstancias que rodean a los hechos o acciones. La narración la forman los acontecimientos que se expresan en pretérito .... (acciones terminadas en relación con el presente) o en .... (terminadas en relación con el pasado):

.... (Llover) mucho. La calle .... (estar) desierta. De repente, un coche se detuvo, la ventanilla del conductor se abrió y vi que .... (ser) Luisa, una compañera de la universidad. Desde aquella noche no nos hemos separado.

2 Pretérito pluscuamperfecto

- El **pretérito pluscuamperfecto** es un tiempo compuesto del pasado que se forma con el pretérito imperfecto de *haber* y el participio del verbo principal. Esta es su conjugación regular:

Estudiar	Entender	Repetir
había estudiado	**había** entendido	**había** repetido
habías estudiado	**habías** entendido	**habías** repetido
había estudiado	**había** entendido	**había** repetido
habíamos estudiado	**habíamos** entendido	**habíamos** repetido
habíais estudiado	**habíais** entendido	**habíais** repetido
habían estudiado	**habían** entendido	**habían** repetido

- El pretérito pluscuamperfecto se usa, para expresar una acción anterior a otra acción también pasada. Es un **antepasado**:

  *Cuando llegué a casa, mis padres ya **habían cenado**.*
  (La acción de cenar es anterior a la acción de llegar, que también es pasada).

Recuerda:
Hay participios que son irregulares: *visto*, *escrito*, *vuelto*, etc.

2.1 Completa las frases con la forma adecuada del pretérito pluscuamperfecto.

1. Cuando llegamos a Huesca, el albergue ya .... (cerrar).
2. Al entrar en la habitación, nos dimos cuenta de que no la .... (limpiar).
3. ¡Me encantó Sevilla! Nunca .... (estar).
4. No escuché el mensaje porque ya .... (dormirse).
5. Suspendiste el examen porque no .... (estudiar) mucho.
6. Mi madre reservó ese hotel porque ya lo .... (ver).
7. Fue un viaje muy especial porque nunca antes .... (hacer, nosotros) un crucero.

3 Marcadores temporales

Los marcadores temporales *antes*, *después*, *mientras*, *siempre* y *cuando* son un recurso fundamental de la narración porque relacionan dos acciones y permiten saber en qué momento ocurre cada una de ellas:

- ***Antes*** se usa para indicar una acción que precede a otra u otras:

  *Juan ha llegado **antes**, luego he venido yo.*
- ***Después*** sirve para expresar posterioridad; equivale a *más tarde*, *luego*:

  *Ayer comí y **después** me fui a clase.*
- ***Mientras*** se utiliza para hablar de acciones simultáneas:

  ***Mientras** cenábamos, vimos las noticias.*
- ***Siempre***, que significa 'en todo o cualquier tiempo', se usa para hablar de hábitos:

  ***Siempre** se duchaba antes de acostarse.*
- ***Cuando*** sirve para indicar el tiempo en el que ocurre algo:

  ***Cuando** nací, mi madre tenía 27 años.*

3.1 Completa las frases con el marcador temporal correcto.

1. .... he llegado a clase, la profesora no estaba.
2. Estuvimos en el cine y .... volvimos a casa porque era muy tarde.
3. .... tú pasabas la aspiradora, yo planché la ropa.
4. Cuando era pequeño, los domingos .... comía en casa de mis abuelos.
5. Habíamos comido algo ...., por eso no teníamos hambre.

Practica en contexto

1 Aquí tienes un artículo sobre el mundo antes de internet. Antes de leer, marca las afirmaciones que te parecen ciertas. Luego lee el texto y comprueba las respuestas.

1. ☐ Antes la gente hablaba mucho menos por teléfono.
2. ☐ Las únicas redes sociales eran los bares, el trabajo, la clase y las calles.
3. ☐ Había que sacar las fotos en papel para verlas.
4. ☐ En el cine y en la televisión había más *spoilers*.
5. ☐ Existían tiendas de discos donde se compraba la música.
6. ☐ Los estudiantes iban a bibliotecas y librerías cuando necesitaban información para sus trabajos.

Así era la vida antes de internet

¿Cómo era el mundo en 1991, antes de la aparición de internet? Porque sí, hubo un tiempo en que vivíamos sin internet, sin wifi, sin teléfonos inteligentes..., porque aún no los habían inventado. Un tiempo en que teníamos que describir con nuestras palabras lo que ocurría a nuestro alrededor porque no existían enlaces que compartir en ningún lado. Los bares, el trabajo, la clase y las calles eran las únicas redes sociales. Muchas acciones habituales eran diferentes: no nos mandábamos correos ni wasaps, hablábamos mucho por teléfono y nos escribíamos cartas; no existía la Wikipedia, por eso íbamos a bibliotecas y librerías cuando necesitábamos información para los trabajos de clase; tomábamos las fotos con películas que debíamos llevar a las tiendas de fotografía, donde las revelaban y nos las daban en papel; la música se compraba en tiendas en las que los discos estaban ordenados por géneros y en orden alfabético; veíamos caricaturas o telenovelas en la tele y nadie hacía *spoilers* de las series porque todos las veíamos al mismo tiempo. ¿Vivíamos desconectados? No, antes de 1991 compartíamos todo de otra manera: en persona y con nuestra voz. No, la vida no era mejor. Nomás era distinta.

Adaptado de Javier Martínez Staines http://www.univision.com/estilo-de-vida/trending/asi-era-la-vida-antes-de-internet

RAE

LÉXICO

La RAE define la palabra caricatura como 'un dibujo satírico en que se deforman las facciones y el aspecto de alguien': *Tenía enmarcada una **caricatura** que le había hecho un compañero de facultad y que no tenía demasiado parecido con el modelo.*

Sin embargo, en el español de El Salvador y México la palabra caricaturas equivale en español de España a dibujos animados, cómics o tebeos: *Ahí los encontraba correteando con otros niños, o leyendo cuentos de **caricaturas** que alquilaban por unos centavos en el quiosco de revistas.*

Español de España › solamente: *En el vestuario del gimnasio hay **solamente** un banco largo y estrecho.*

Español de América › nomás: *Como estaban también muy cerca de esa estación, a unas cuadras **nomás**, después de una ducha y de haberse cambiado de ropas, Marisa propuso ir caminando.*

2 **En grupos pequeños** Antes de la llegada de internet y de los móviles, muchas otras cosas también eran diferentes. ¿Cómo imaginas que se hacía lo que tienes a continuación?

1. Viajar sin la ayuda de mapas digitales ni GPS.
2. Hablar por teléfono cuando estabas fuera de casa.
3. Guardar los números de teléfono y datos de contacto de amigos y conocidos.
4. Organizar los viajes y las vacaciones: reservar vuelos, hoteles, etc.
5. Comprar ropa y otras cosas donde había pocas tiendas o ninguna.
6. Consultar tus cuentas bancarias, hacer transferencias, etc.
7. Conocer a gente de otros lugares.
8. Ver películas que no ponían ni en los cines ni en la televisión.

2.1 [54] **En grupos pequeños** Arancha le explica a su hijo cómo se hacían esas cosas en aquel tiempo. Escuchad y tomad notas. ¿Habéis acertado en vuestras suposiciones anteriores?

Recursos para introducir una anécdota
- ¿Sabes qué me pasó/ha pasado...?
- ¿A que no sabes qué me pasó/ha pasado?

Mostrar interés
- ¿Y qué pasó/ha pasado después?
- Sigue, sigue.../Cuenta, cuenta...

Expresar sorpresa o incredulidad
- ¿Ah, sí?
- ¡No me lo puedo creer!
- ¡Qué me dices!
- ¿De verdad?

3

Todo el grupo Cuenta a tus compañeros aquella vez que...

- Estabas muy nervioso/a.
- Te enfadaste mucho.
- Estabas muy preocupado/a.
- Te divertiste mucho.
- Tenías ganas de llorar.
- Te sentías feliz.
- No podías parar de reír.
- Estabas muy cansado/a.

4

En parejas Lee la siguiente noticia y completa la tabla.

El pasado mes de julio, un grupo de niños de la localidad de Exeter, en Inglaterra, protestó contra el estricto código de vestuario de su escuela llevando faldas, la dirección les había prohibido usar pantalones cortos a pesar de las elevadas temperaturas veraniegas. Un día antes, un niño había sido expulsado de la escuela por llevar pantalones cortos.

Al parecer, la directora del centro escolar había hecho el comentario sarcástico de que podían usar falda si tenían tanto calor, pero no esperaba que los estudiantes le tomaran la palabra.

La televisión local pudo grabar la escena cuando el jueves por la mañana las niñas les entregaban faldas a sus compañeros de clase. Uno de ellos declaró que usar falda escocesa era "bastante refrescante".

Los británicos no están acostumbrados a unas temperaturas tan altas, pero sí a ver hombres con falda. Esta prenda forma parte del traje nacional escocés y no es raro ver a escoceses usarla por las calles de Gran Bretaña.

Adaptado de http://www.telemundo.com/noticias/2017/06/23/ninos-protestan-con-faldas-prohibicion-de-usar-shorts-pese-al-calor

¿Qué pasó?	¿Quiénes?	¿Dónde?	¿Cuándo?	¿Por qué?

4.1 **En grupos pequeños** Los titulares que aparecen a continuación son reales. Elige uno y escribe la noticia como la imaginas y usando los nuevos tiempos que has aprendido. Trabaja con tus compañeros de grupo.

Unos ladrones robaron un coche con un niño dentro y lo llevaron a la escuela.

Un pingüino recorre 8000 km cada año para ver al hombre que le salvó la vida.

Un hombre estuvo durante dos años metiendo sus cartas en un contenedor de basura convencido de que era un buzón.

Una anciana aprendió a leer y escribir hace dos años y ya ha publicado 35 cuentos.

Un joven australiano despertó del coma hablando chino.

Una mujer de 91 años ha conseguido lo que muchos desean: trabajar en Silicon Valley.

4.2 **Todo el grupo** Comparte la noticia con tus compañeros. Después comparad vuestra noticia con la real que os va a dar vuestro profesor/a. ¿Se parecen?

Un país, MUCHAS CULTURAS

¿Sabías que...?

España está formada por **17 comunidades autónomas.**

Dos ciudades del **norte de África** forman parte de España.

Además del español, se hablan otras **tres lenguas** que tienen carácter oficial.

1 [55] **En parejas** Escucha y relaciona las comunidades autónomas que faltan en el mapa con su nombre correspondiente.

- [ ] Aragón
- [ ] Asturias
- [ ] Cantabria
- [ ] Castilla-La Mancha
- [ ] Castilla y León
- [ ] Ceuta
- [ ] Islas Baleares
- [ ] Islas Canarias
- [ ] La Rioja
- [ ] Melilla
- [ ] Navarra
- [ ] Región de Murcia

RAE **CULTURA**

En Argentina a los españoles nos llaman gallegos debido a que la mayoría de los españoles que emigraron a ese país provenían de Galicia (España): *¡Viaje a Mar del Plata sin valijas, en la tienda de los **gallegos** tiene de todo!*

2 **Todo el grupo** Busca en internet en qué comunidad autónoma se encuentran estos lugares y alguna información sobre ellos. Compártela con tus compañeros.

2.1 **Todo el grupo** ¿Conocías alguno de estos lugares? ¿Cuál te llama más la atención y te gustaría visitar? ¿Por qué?

2.2 **Todo el grupo** ¿Cuántas regiones o estados tiene tu país? ¿Cuántas lenguas se hablan en él?

Vídeo

HOSTAL Babel

Tarde de lluvia

Antes del vídeo

1 **En parejas** Visiona sin sonido el fragmento 00:30 ▶ 01:03 y escribe con tu compañero/a un diálogo fijándote en los gestos y en las intervenciones de los personajes.

Durante el vídeo

2 Visiona de nuevo ese fragmento, ahora con sonido. ¿Se parece en algo el diálogo que mantienen con el que habéis inventado vosotros?

3 Visiona el fragmento 01:27 ▶ 02:00 y relaciona cada intervención con un personaje: Bea (B) o Tere (T). Luego ordena el diálogo.

- ☐ a. ¿Has vivido en Galicia? .... B T
- ☐ b. Sí, recuerdo que cuando era niña llovía más. .... B T
- ☐ c. Pues imagínate yo, que pasé parte de mi infancia en Galicia. .... B T
- ☐ d. Durante cuatro años de mi vida, viví allí con mi familia. .... B T
- ☐ e. La verdad es que antes llovía más que ahora. .... B T
- ☐ f. Y entonces llovía más aún. Muchas veces hasta nevaba. .... B T
- ☐ g. A mí no me gusta nada la nieve. .... B T
- ☐ h. Y allí llueve mucho, ¿verdad? .... B T

4 Visiona el fragmento 02:00 ▶ 03:07 e indica si estas afirmaciones son verdaderas (V) o falsas (F).

1. Tere es del sur y por eso casi nunca ha visto la nieve. .... V F
2. Bea le propone hacer una excursión para esquiar. .... V F
3. Bea explica a Carla que estaban de compras cerca de la cafetería. .... V F
4. Tere añade que, como ha empezado a nevar, han pasado a verla. .... V F
5. Bea quiere tomar un café con leche. .... V F
6. Tere quiere merendar chocolate caliente. .... V F

5 Visiona el fragmento 03:16 ▶ 03:57 y completa las frases.

1. El padre de Bea era médico y ....
2. Así que toda la familia ....
3. Bea todavía recuerda ....
4. Bea dice que siempre llovía ....
5. Tere dice que le encantan ....

6 **En parejas** Ahora observa la secuencia final 03:58 ▶ final y luego nárrala con tus propias palabras.

Después del vídeo

7 **Todo el grupo** ¿Te gustan los días de lluvia? ¿Por qué? ¿Qué te gusta hacer cuando llueve?

Evaluación

1 Sustituye los símbolos por palabras.

De: Inés Para: Carol Asunto: Tiempo

¡Hola! ¿Qué tal por allí?

He visto en el periódico que [1] ...., ¡qué suerte! Aquí [2] .... y hoy no hemos podido ir a la playa. Ayer [3] ...., pero se estaba muy bien y nos bañamos varias veces. Por la tarde, tuvimos que volver al hotel porque [4] .... Este sitio tiene un tiempo muy inestable, por el día [5] .... y por la noche [6] ...., pero bueno, estamos descansando... ¡Nos vemos muy pronto!

Un abrazo, Inés

2 Completa con el marcador adecuado.

antes | mientras | siempre | cuando | después

[1] .... salíamos de casa juntos. Raúl llegaba a la oficina a las 9, yo entraba en el hospital [2] ...., a las 8:30. [3] ...., a mediodía, quedábamos en algún restaurante del centro para almorzar. [4] .... comíamos, hablábamos de nuestras cosas. [5] .... terminábamos de comer, él volvía a la oficina y yo me iba de nuevo al hospital.

3 Conjuga los verbos entre paréntesis de esta noticia en el tiempo adecuado.

Carmelo Flores, el hombre más viejo del mundo, cumplió 123 años

Carmelo Flores [1] .... (cumplir) 123 años el pasado 16 de julio. Es indio aimara y siempre [2] .... (vivir) en un pequeño pueblo de los Andes bolivianos, a 4000 metros sobre el nivel del mar. Toda su vida [3] .... (comer) alimentos naturales que él mismo [4] .... (cultivar) porque, como nos [5] .... (contar), antes no [6] .... (haber) tiendas ni supermercados. Carmelo recuerda que una vez, cuando [7] .... (ser) joven, [8] .... (ir) al médico, aunque no recuerda por qué.
Según el *Libro Guinness de los récords*, la persona más longeva de la historia [9] .... (ser) la francesa Jeanne Calment, que [10] .... (morir) en 1997: [11] .... (tener) 122 años. Antes de ella, no [12] .... (registrase) a nadie con esa edad. El *Libro Guinness* todavía no [13] .... (incluir) a Carmelo Flores como el hombre más longevo del mundo.

Adaptado de http://www.eldia.com.ar/edis/20130815/El-hombre-mas-viejo-mundo-tiene-anos-vive-Bolivia-mts-altura-informaciongeneral6.htm

4 Completa las frases libremente.

1. Ayer, cuando salía de clase, ...
2. Luis es vegetariano, pero antes ....
3. Anoche había salido cuando ....
4. Cuando hemos salido esta mañana ....
5. Siempre que nos veíamos ....

Unidad

15 Dentro de 50 años

Fíjate en la fotografía; ¿a qué hace referencia?

¿Crees que podemos hacer algo por cambiar el futuro del planeta?

En esta unidad vas a...

- Hacer predicciones de futuro
- Hacer planes
- Hablar del futuro con condiciones
- Aprender léxico relacionado con la ecología, el medioambiente, el reciclaje y la economía circular
- Conocer el Festival Internacional de Cine de San Sebastián

¿Qué sabes?

1 **En parejas** Escribe en la tabla dos términos relacionados con cada una de estas palabras que tengan que ver con el tema del medioambiente.

Naturaleza	Reciclaje	Océanos	Clima

1.1 **Todo el grupo** Di las palabras de tu lista y completa con las palabras de tus compañeros. ¿Conoces todas? ¿Sabes qué significan?

2 Fíjate en la imagen de la derecha. ¿Sabes a qué concepto relacionado con el medioambiente se refiere? Una pista: tiene que ver con una tendencia ecológica que va más allá del reciclaje.

3 [56] Estas personas hablan sobre sus planes en relación con el medioambiente. ¿Qué van a hacer? Escucha y completa los bocadillos.

1 Voy a ....

2 Pienso ....

3 Vamos a ....

4 Quiero ....

3.1 [56] Vuelve a escuchar y completa estas frases.

1. Voy a ir a clase en bici; así .... deporte todos los días.
2. Voy a limpiar la playa y, de esta manera, ... a mejorar la calidad del agua.
3. Vamos a ahorrar en calefacción, no contaminaremos y el aire .... más limpio.
4. En mi tienda .... de todo: muebles, ropa, objetos de papelería…, todo hecho a partir de productos reciclados.

3.2 **En parejas** Analiza las formas que has anotado. ¿A qué tiempo se refieren las acciones? ¿Conocías este tiempo verbal?

> Recuerda:
> Para hablar del futuro puedes usar las estructuras: *ir a*, *querer* o *pensar* + infinitivo.

Palabras

1 **En parejas** ¿En qué contenedor reciclas esta basura? Relaciona y compara con tu compañero/a.

1. desechos en general
2. basura orgánica
3. vidrio
4. plástico y latas
5. papel
6. residuos peligrosos

a. contenedor azul
b. contenedor gris
c. contenedor marrón
d. contenedor rojo
e. contenedor verde
f. contenedor amarillo

1.1 [57] Vanessa está muy concienciada con el medioambiente y les explicó a sus hijos con un juego cómo reciclar los residuos. Escucha sus explicaciones y comprueba tu respuesta anterior.

1.2 **En parejas** Clasifica los siguientes desechos en su contenedor correspondiente. Puedes volver a escuchar el audio si lo necesitas.

brik de leche | botella de vidrio de zumo de naranja | ordenador roto | tapón de corcho | bayeta | papel de cocina usado | bolsa de plástico | lata de refresco | caja de cartón | jeringuilla usada | bolsa de patatas fritas | periódico | restos de plantas y hojas | trozo de carne | libro viejo | pañal

Fíjate:
En España, los residuos que no se pueden reciclar en ninguno de estos contenedores se llevan al "punto limpio". En este lugar se someten a un proceso de reciclaje específico o se eliminan de forma segura.

1.3 **Todo el grupo** ¿Cómo se recicla en tu país? ¿Se utilizan los mismos colores para reciclar los residuos anteriores? Coméntalo con tus compañeros.

1.4 **Todo el grupo** ¿Reciclas habitualmente? ¿Por qué?

2 **En grupos pequeños** ¿Conoces las 5 erres de la ecología? Relaciónalas con estas acciones.

1. Regalar un jersey que te queda pequeño.
2. Llevar una bolsa de tela al mercado.
3. Arreglar una lavadora que se ha estropeado.
4. Tirar la lata de refresco al contenedor amarillo.
5. Utilizar una botella de vidrio para confeccionar una lámpara.

2.1 **En parejas** Ahora lee estos textos y escribe cuál de las 5 erres describe cada uno.

1 ____________

Casi todo se puede arreglar: ropa, productos electrónicos, mobiliario, calzado, móviles... pueden repararse y alargar así su vida útil.

2 ____________

Menos consumo en todos los sentidos: menos desperdicio, menos peso y distancia para el transporte, menos energía, menos productos no degradables o no reciclables...

3 ____________

De algunos objetos de desecho se pueden rescatar algunos de sus componentes para ser utilizados nuevamente; un buen ejemplo son los metales, que pueden ser separados de los distintos objetos que desechamos y ser utilizados de nuevo.

4 ____________

Crear un artículo nuevo usando materiales reciclados o reciclables siempre que sea posible. El papel, por ejemplo, es una de las industrias que más utiliza este principio.

5 ____________

Hay ropa, calzado, libros y objetos de papelería, envases, componentes electrónicos que pueden ser donados... Todo puede tener una segunda vida antes de terminar en la basura.

Gramática

1 Futuro simple

- El **futuro simple** se forma con el infinitivo y las siguientes terminaciones:

	Estudiar	**Beber**	**Vivir**
yo	estudiar**é**	beber**é**	vivir**é**
tú	estudiar**ás**	beber**ás**	vivir**ás**
él, ella, usted	estudiar**á**	beber**á**	vivir**á**
nosotros/as	estudiar**emos**	beber**emos**	vivir**emos**
vosotros/as	estudiar**éis**	beber**éis**	vivir**éis**
ellos, ellas, ustedes	estudiar**án**	beber**án**	vivir**án**

- En este tiempo verbal solo hay doce verbos irregulares:

caber › **cabré**	saber › **sabré**	valer › **valdré**
haber › **habré**	poner › **pondré**	venir › **vendré**
poder › **podré**	salir › **saldré**	decir › **diré**
querer › **querré**	tener › **tendré**	hacer › **haré**

- Utilizamos el **futuro simple** para hablar de **acciones** y **planes** que se van a realizar en el **futuro**:

  *La próxima semana **iré** a Santiago de Chile.*

- También sirve para hacer **predicciones** y para hacer **promesas** con ***te prometo/juro* + *que***:

  *El próximo verano **será** muy caluroso.*

  ***Te prometo que** te **llamaré** lo antes posible.*

> Fíjate:
> Las terminaciones son las mismas para las tres conjugaciones, incluidos los verbos irregulares.

> Fíjate:
> Este tiempo se usa también para hacer **suposiciones** o **hipótesis** referidas al presente:
> ▶ *¿Por qué no ha venido Pedro?*
> ▷ *Es que está enfermo.* (Lo sé).
> ▷ *No sé; **estará** enfermo.* (Lo supongo).
> En este caso, el futuro equivale al presente.

1.1 **En parejas** Encuentra en esta sopa de letras tres formas regulares y tres formas irregulares de futuro simple y completa las frases con ellas.

1. Yo creo que .... estudiando todo el fin de semana. El lunes tengo un examen.
2. La próxima semana Raúl .... mucho tiempo libre. Solo trabaja por las mañanas.
3. Si vas por el norte de España, ... muy bien. ¡Está todo riquísimo!
4. Hoy me quedo en casa. Ordenaré y .... todos los libros en la estantería.
5. Tranquilo, pronto .... la verdad.
6. .... un correo a Julita para contarle lo que ha pasado.

T	O	C	É	G	T	V	N	L	R	D	Q
F	E	S	T	A	R	É	E	N	S	N	U
U	S	Á	R	P	E	T	L	L	Á	O	E
S	U	E	E	S	I	P	O	N	D	R	É
H	A	V	S	U	M	P	A	H	A	Z	R
Í	D	B	C	B	P	A	T	E	C	D	U
T	O	C	R	É	U	S	E	S	O	T	R
E	S	I	I	E	S	E	Y	A	M	P	I
N	Ó	T	B	S	M	R	A	N	E	D	O
D	D	É	I	Ó	R	O	E	T	R	É	S
R	E	P	R	E	O	D	S	N	Á	C	H
Á	S	O	É	N	M	A	O	I	S	P	Ó

1.2 **En parejas** Decide si el verbo se refiere al futuro o a una hipótesis en presente.

1. ¿Vendréis a visitarme a Irlanda?
2. No es buena idea ir ahora a la biblioteca, estará llena de gente.
3. Esta tarde llegarán los nuevos diccionarios.
4. Imagino que el director estará reunido, no contesta el teléfono.

2 Marcadores temporales de futuro

Estos son algunos de los marcadores temporales de futuro más comunes:

- **esta** tarde/noche/semana
- la semana **próxima**
- **dentro de**...
- **este** mes/año
- el mes/año **próximo**
- **desde/a partir de**...
- **en**...
- la semana/el mes/el año **que viene**

*El año **que viene/próximo** será un gran año.*
***Esta tarde** iré al cine.*
***Este año** compraremos un coche nuevo.*
***A partir de mañana** estará de vacaciones.*
***Dentro de dos años** viajaremos a África.*
***En agosto** nos cambiaremos de piso.*

Fíjate:
Con el demostrativo *(esta tarde, este mes)* podemos referirnos al pasado o al futuro:
*Esta tarde **iré** al cine.*
*Esta tarde **he ido** al cine.*

2.1 [58] ¿Qué planes tiene Sara? Fíjate en las imágenes; ¿qué crees que va a hacer en cada caso? Anótalo. Luego escucha, comprueba si has acertado y escribe cuándo realizará esos planes.

1 ....
2 ....
3 ....

4 ....
5 ....

2.2 **En grupos pequeños** ¿Y tú? Comenta con tus compañeros cuáles son tus planes para esta noche, esta semana, este año, el año que viene, dentro de tres años y dentro de quince años.

Recuerda:
Para hablar del futuro también puedes usar:

- Presente de indicativo: *Mañana **ceno** con mis amigas.*
- *Ir a* + infinitivo: *El mes que viene **voy a viajar** a Madrid.*
- *Pensar/Querer* + infinitivo:
  *A partir de mañana **pienso/quiero cambiar** mis hábitos de consumo.*

RAE GRAMÁTICA
En el español de América se suele utilizar más la forma *ir a* + infinitivo para hablar del futuro:
*Oficialmente, la semana que viene **van a empezar** a implementar los cambios que a usted se le ocurrieron...*

Practica en contexto

1 **En parejas** Lee este artículo sobre economía circular, puedes usar el diccionario. Luego resume cada párrafo en dos frases.

Está claro que el modelo económico actual –extraer, producir, consumir y tirar– no será posible en el futuro. La ONU calcula que para mediados de siglo la población mundial será de unos 9100 millones de personas: "Con estas cifras, se necesitarán casi tres planetas Tierra para conseguir los recursos naturales necesarios para mantener el modo de vida actual". Según el profesor Antonio Valero, "el ser humano tendrá que vivir de sus residuos, como hace la naturaleza".

1. ....
....

En el mundo natural no hay residuos: los residuos de una especie se convierten en alimento para otra. La energía proviene del sol, los seres vivos nacen y mueren, y el suelo recupera siempre los nutrientes de forma segura. Pero los seres humanos hemos adoptado siempre un enfoque lineal en la manera de producir: primero descubrimos algo, luego lo producimos, lo usamos y finalmente lo tiramos. Por ejemplo, nuestra lavadora se estropea y compramos otra… Cada vez que hacemos esto generamos residuos tóxicos que no se recuperan y contaminan el planeta.

2. ....
....

Pero, si adoptamos el modelo que nos ofrece la naturaleza para producir las cosas, lograremos pasar de la economía lineal a la economía circular; es decir, podremos convertir nuestros residuos en nuevos materiales en lugar de tener que desecharlos. Si volvemos a diseñar los productos, sus componentes y sus envases, crearemos materiales seguros que contribuirán a generar otros productos, o serán biodegradables y no dañarán ni contaminarán la Tierra. Aun así, tenemos que pensar qué hacer con los residuos no biodegradables.

3. ....
....

Adaptado de https://gestoresderesiduos.org/noticias/espana-ya-tiene-listo-el-borrador-de-su-primer-plan-de-economia-circular y de www.ellenmacarthurfoundation.org

RAE

LÉXICO

Español de España › nevera, frigorífico: *En la **nevera** hay de todo. Anda, haz algo, pon música.*
*¿Sabes deshelar el **frigorífico**?*
Español de América › refrigerador, heladera: *No tenemos **refrigerador** ni despensa, pero puedo ofrecerles un taco de frijoles.*
*Abrí la **heladera** y metí las dos botellas.*

Español de España › congelador: *Era media tarde y Mariana no había vuelto del trabajo. Extrajo del **congelador** los dos filetes de cazón que habían comprado para la semana.*
Español de América › *freezer*: *Ya hice las tartas. Las dejé en el* **freezer**.

Español de España › lavadora: *Carmen saca ropa mojada del tambor de la **lavadora** y la mete en la centrifugadora.*
Español de América › lavarropas: *Mi suéter favorito estaba totalmente arruinado. Ella lo había metido en el **lavarropas** con las toallas sin darse cuenta.*

1.1 **En grupos pequeños** Comparad vuestros resúmenes con los de otra pareja. ¿Se parecen?

Primera condicional
Para hablar de acciones futuras que dependen de una **condición** se usa la estructura *si* + presente de indicativo + futuro simple:
Si tengo tiempo, te llamaré.

2 **En grupos pequeños** En el último párrafo del artículo se plantea una cuestión: ¿qué podemos hacer con los materiales que no son biodegradables? Fíjate en la estructura de la siguiente frase y, siguiendo el modelo, plantea soluciones al problema.

Si volvemos a diseñar los productos, sus componentes y sus envases, crearemos materiales seguros y biodegradables que contribuirán a generar otros productos o a cultivar la tierra.

2.1 **Todo el grupo** Comparte las ideas de tu grupo con la clase.

2.2 [59] Estas personas han contestado también a la pregunta. Escucha y completa sus respuestas.

1. Si .... una licencia de uso de los dispositivos electrónicos, la empresa .... los componentes al finalizar su uso.

2. Si la empresa nos .... los nuevos componentes de los dispositivos por una pequeña cantidad a cambio de los antiguos, ... la vida útil de los aparatos.

3. Si se .... energías renovables en los transportes, el problema de la contaminación .... menor.

4. Si .... productos de cercanía, ... el transporte aéreo, que es el que más contamina.

2.3 **Todo el grupo** Compara las ideas de estas personas con las vuestras. ¿Coinciden? ¿Cuáles piensas que son fáciles de aplicar y cuáles no? ¿Por qué? ¿Crees que educar y concienciar sirven para cambiar los comportamientos actuales?

3 **En parejas** ¿Cómo crees que serán dentro de 50 años la salud, los robots, los coches, la energía o los viajes espaciales? Tienes que justificar tu respuesta. Fíjate en el ejemplo.

Ejemplo: *Probablemente en 20 o 30 años la temperatura del planeta aumentará en 2 o 3 grados y por eso desaparecerán algunas especies y nacerán otras nuevas.*

Hacer predicciones

- Seguramente
- Probablemente
- Posiblemente
- Creo que
- Me imagino que
- Seguro que
- Supongo que

+ futuro simple

__Seguro que__ en 50 años __habrá__ menos enfermedades.

3.1 **Todo el grupo** Esto es lo que se prevé con respecto a los temas anteriores. ¿Coincides con los expertos?

José Luis Cordeiro, profesor de California, afirma: "Los avances científicos nos darán la posibilidad de curar el envejecimiento. Ya se está haciendo a nivel celular y de tejidos, pero podremos hacerlo en todo el organismo".

De aquí a 50 años probablemente llegaremos a Marte. Los viajes espaciales responderán a la necesidad de supervivencia de nuestra especie por el impacto negativo que estamos provocando en el planeta.

En cuanto al transporte terrestre, los coches serán autónomos y no necesitarán conductores.

Los expertos imaginan un futuro en el que el aumento de la esperanza de vida y la soledad se convertirán en un problema y la robótica jugará un importante papel para su solución.

Si alguien piensa que dentro de 50 años las energías limpias y renovables moverán el mundo, se equivoca. Eso opina el geólogo Pedro Alfaro. "Estamos viendo que el cambio a renovables va muy lento y el petróleo en 50 años no se acabará, así que es posible que sigamos igual".

Adaptado de http://www.laopiniondemalaga.es/sociedad/2017/03/12/futuro-espera-50-anos/936860.html

EL FESTIVAL DE CINE D

1 **Todo el grupo** ¿Qué festivales de cine conoces? ¿Te gusta seguirlos?

2 Lee el texto y contesta a las preguntas.

1. Nombra algún acontecimiento importante ocurrido en el Festival de San Sebastián.
2. ¿Qué categoría tiene el festival en el panorama mundial?
3. ¿Qué personajes famosos de los que se mencionan en el texto conocías?
4. ¿Qué utilidad tienen los festivales de cine?

El **Festival Internacional de Cine de San Sebastián** es un certamen cinematográfico de la máxima categoría (A) acreditada por la Federación Internacional de Asociaciones de Productores Cinematográficos (FIAPF), que lleva celebrándose desde 1953. Cada año, a finales de septiembre, un número importante de personalidades del mundo del cine acude a la ciudad vasca de San Sebastián (al norte de España) para participar en este festival de cine.

A lo largo de su historia, ha sido escenario de acontecimientos muy importantes, como el estreno internacional de dos películas de Alfred Hitchcock *(Vértigo* y *Con la muerte en los talones)* o el estreno europeo de la saga de *Star Wars*.

En su más de medio siglo de existencia, el festival ha descubierto nuevos talentos del mundo del cine impulsando las carreras de directores como Francis Ford Coppola o Pedro Almodóvar. Asimismo, todos los años acuden al festival figuras consagradas como Robert De Niro, Brad Pitt, Javier Cámara, Julia Roberts, Penélope Cruz, Javier Bardem o Ricardo Darín, entre otros muchos.

Adaptado de https://es.wikipedia.org/wiki/Festival_Internacional_de_Cine_de_San_Sebastian

Concha de Plata a la mejor directora en la 65.ª edición del festival por su película *Alanis*. Foto: Jorge Fuembuena

SAN SEBASTIÁN

Los premiados en la 65.ª edición del Festival de San Sebastián. Foto: Montse Castillo

Penélope Cruz y Javier Bardem, protagonistas de la película *Loving Pablo*, en la 65.ª edición del Festival de San Sebastián. Foto: Pablo Gómez

DONOSTIA ZINEMALDIA
FESTIVAL DE SAN SEBASTIÁN
INTERNATIONAL FILM FESTIVAL

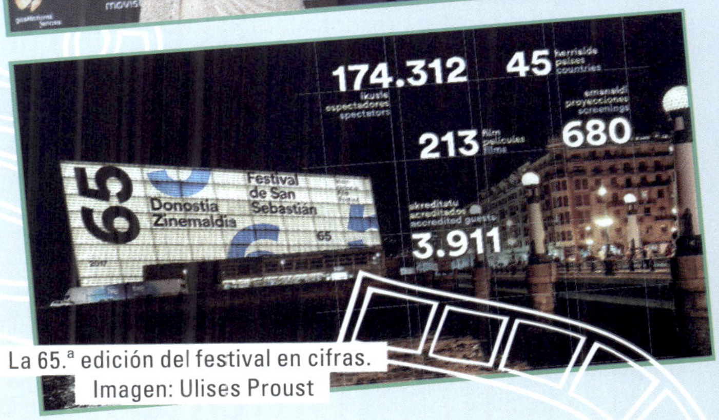

La 65.ª edición del festival en cifras. Imagen: Ulises Proust

En la actualidad, el festival se ha renovado y concede especial importancia al cine independiente de calidad internacional y muy especialmente al cine latinoamericano y español, capaz de atraer a aficionados y críticos, con una mayor presencia de actores y directores conocidos por el público.

Se entregan varios premios a lo largo del certamen, pero los más importantes son:

- Concha de Oro a la mejor película (para el productor).
- Concha de Plata al mejor director.
- Concha de Plata a la mejor interpretación protagonista.
- Premio del Jurado a la mejor fotografía.
- Premio del Jurado al mejor guion.

3 **Todo el grupo** ¿Sueles ver las películas que ganan los premios más importantes de cine en los diferentes festivales? ¿Por qué?

Vídeo

HOSTAL Babel

Dentro de mil años

Antes del vídeo

1 Carla, Leo y Tere preparan una cena especial. Estas son algunas de las frases que aparecen en el diálogo. Complétalas con la palabra adecuada del recuadro.

residuos | bandejas | bolsas | desechables | degradarse | de vidrio | contaminantes | tetrabrik | plástico

1. Pero... ¿qué compraron? ¡Verduras en envases de [1] ....! ¡Eso no se debe comprar nunca!
2. No es por la verdura, es por esos horribles envases. Son muy contaminantes... ¿Sabes cuántos [2] .... producirá esta cena?
3. ¡Esas [3] .... tardarán más de treinta años en degradarse! ¡Son muy [4] ....!
4. Y todas esas [5] .... de plástico están hechas de un material que se llama "polietileno".
5. ¿Jugo en [6] ....? ¿Pero tú sabes cuánto tiempo necesitará eso para [7] ....?
6. ¡Ay! No me digan que también compraron vasos [8] ....
7. ¿Para qué usamos vasos desechables si aquí en la cocina tenemos vasos [9] ....?

Durante el vídeo

2 Visiona el fragmento 01:53 ▶ 04:01 para comprobar tus respuestas anteriores.

Los gestos son un importante elemento de comunicación no verbal que te ayuda a interpretar correctamente la opinión que tiene cada persona sobre el tema del que se habla.

3 Vuelve a visionar el mismo fragmento y fíjate en algunos gestos y expresiones que utilizan los personajes para transmitir información o emociones. Anota un gesto, así como la expresión que lo acompaña de cada uno de los personajes que aparecen.

Hugo	
Tere	
Carla	
Leo	Se identifica levantando la mano con el dedo índice extendido: *Yo mismo.*

Después del vídeo

4 Haz en tu cuaderno un resumen del episodio en cinco líneas.

5 **En parejas** ¿Recuerdas qué significa la palabra *heladera*? ¿En qué variante del español se usa? ¿Sabes qué otras palabras sinónimas hay y en qué variante se usan?

6 ¿Estás de acuerdo con Hugo? ¿Crees que su postura es muy exagerada, o bien realista? ¿Cómo crees que será nuestro futuro en 150 años si seguimos utilizando bolsas de plástico, tetrabriks, etc.?

Evaluación

1 Escribe debajo de cada imagen qué tipo de residuo es.

vidrio | otros residuos | peligroso | plástico y metal | cartón y papel | orgánico

1. 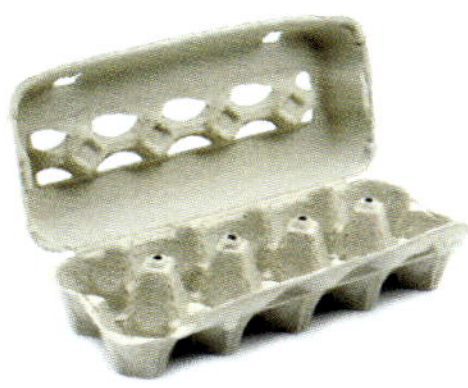
   ....
2. 
   ....
3. 
   ....
4. 
   ....
5. 
   ....
6. 
   ....

2 Completa las frases con el futuro simple del verbo correspondiente.

acostarse | llegar | aprobar | hablar | llamar

1. No me gusta trabajar tantas horas. Mañana .... con mi jefe.
2. Si termino pronto, ... a mis amigos para salir un rato.
3. Esta noche .... temprano. Estoy cansadísimo.
4. Si estudias, ... el examen.
5. Lo siento, me he dormido y .... tarde.

3 Escribe frases explicando tus planes para...

esta noche: ....

mañana: ....

el año que viene: ....

dentro de 10 años: ....

4 Lee la siguiente afirmación y continúa las frases con condiciones que, si se cumplen, mejorarán la salud del planeta.

"Cada uno de nosotros, con nuestra forma de vida, puede ayudar a mejorar el estado de salud del planeta en el que vivimos"

– Si ....

– Si ....

– Si ....

Unidad

16 En línea

¿Qué te sugiere el título de la unidad?

¿Qué crees que están haciendo las personas de la fotografía?

¿Sabes cómo se llaman las personas que crean publicidad?

En esta unidad vas a. . .

- Conocer la publicidad en línea
- Dar órdenes, instrucciones, recomendaciones y permiso
- Expresar obligación
- Saber cómo era la publicidad de los años 80 en España

¿Qué sabes?

1 **En parejas** Fíjate en las siguientes fotografías. ¿Conoces palabras relacionadas con la publicidad? ¿Cuáles? Haz una lista. Luego compártela con tu compañero/a para llegar a una lista común.

1.1 **En parejas** Lee el siguiente texto y explica de qué modo hace Miguel sus compras. Señala las palabras que te han ayudado a deducir la respuesta.

> Yo siempre hago las compras así porque es más barato, más cómodo y puedes leer información y opiniones de otros usuarios.
> Compro siempre con tarjeta de crédito porque muchas compañías protegen a los clientes que utilizan este tipo de tarjetas. También leo atentamente la información sobre privacidad de datos. ¡Hazlo siempre!

2 [60] Escucha los siguientes diálogos y completa las frases con la forma verbal que utilizan. ¿Recuerdas cómo se llama este modo verbal?

1. [1] .... el metro hasta plaza Universidad y después [2] .... andando 5 minutos hasta las Ramblas.
2. ¡[3] .... a Asturias! Es una región preciosa, con bosque y mar, y no hace mucho calor. ¡Te encantará!
3. Sí, claro. [4] .... la nevera y [5] ....
4. ¿Qué haces? ¡[6] .... aquí ahora mismo y [7] .... los deberes!

2.1 [60] Vuelve a escuchar y relaciona cada diálogo con su uso.

Diálogo 1	a. Dar permiso.
Diálogo 2	b. Dar órdenes.
Diálogo 3	c. Recomendar y aconsejar.
Diálogo 4	d. Dar instrucciones.

Palabras

1 **En parejas** Estas palabras están relacionadas con internet y el mundo de la publicidad. ¿Sabes qué significan? Coméntalo con tu compañero/a.

1.1 **En parejas** Relaciona las definiciones con las palabras anteriores para comprobar tu respuesta.

1. ______ Número de veces que se publica un anuncio en un sitio web.
2. ______ Palabra o serie de palabras precedida por el símbolo de almohadilla (#).
3. ______ Página web en la que los internautas intercambian información creando una comunidad virtual.
4. ______ Acceso de una persona a un sitio web.
5. ______ Formato publicitario en internet con imágenes. A veces es interactivo y animado.
6. ______ Una publicación periódica enviada por correo electrónico a los usuarios de una web.
7. ______ Sistema informático para encontrar información almacenada en servidores web.
8. ______ Mensaje que se envía a través de la red social Twitter.

RAE

LÉXICO

Español de España

› banderola o *banner*: *Algunas organizaciones han colocado en sus páginas* ***banderolas*** *publicitarias que cualquiera puede copiar y colocar en su web.*

› etiqueta: *Navegando a través de la* ***etiqueta*** *se puede llegar a decenas de artículos sobre el mismo tema.*

› tuit: *Se pueden ver vídeos de lo que ocurre tras la cámara y una guía para seguir los* ***tuits*** *de los personajes de la serie.*

Español de América

› *banner*: *La versión gratis se financia mostrando un* ***banner*** *con publicidad en su interfaz.*

› *hashtag*: *El* ***hashtag*** *se incluye dentro del mensaje anteponiendo el símbolo # ante la palabra.*

› *tweet*: *Si se toma la decisión de usar la información de un* ***tweet***, *debe referirse el nombre del usuario y textualmente lo que publicó.*

1.2 **En parejas** Lee las frases y sustituye las palabras destacadas por las correctas. Fíjate en el contexto.

1. Me encanta lo que dicen **los buscadores** del Instagram de Ana. ¡Son tan divertidas!
2. Ayer me llegó al correo electrónico el último **tuit** de tu web.
3. Lo que menos me gusta de internet son **las redes sociales**. Me pongo muy nervioso cuando aparece uno de ellos porque no me deja leer la noticia.
4. Raúl no puede vivir sin **las etiquetas**. Dice que es la mejor forma para comunicarse con amigos, conocer gente, hacer publicidad...
5. Sara ha sido muy desagradable en su último **boletín**. Ha revolucionado Twitter.
6. Para saber si una web es de calidad, debemos medir **la frecuencia**.
7. **La visita** de un anuncio en un sitio web es un factor importante para su éxito.
8. Mi vida profesional es más fácil con **los *banners***. Si tengo alguna duda o quiero buscar algo, los consulto.

2 **En grupos pequeños** Ana hace muchas compras en línea. Reescribe las frases utilizando las expresiones del recuadro.

- garantía por defecto
- tarjeta de crédito
- reputación
- gastos de envío
- política de devolución y reembolso del dinero

1. Me gusta saber la opinión de otros consumidores, comprobar si están satisfechos o no.
   › Me gusta investigar sobre la .... de la empresa.
2. Quiero saber qué pasa si un producto está estropeado.
   › Quiero saber si existe ....
3. Me informo sobre qué sucede si un producto no me gusta y quiero devolverlo. ¿Me ingresan el dinero en mi cuenta?
   › Me informo sobre la ....
4. Quiero saber si tengo que pagar por el envío de la compra.
   › Quiero saber si existen ....
5. No me gusta que retiren el dinero inmediatamente de mi cuenta bancaria.
   › Utilizo una ....

2.1 [61] Ahora escucha a Ana, comprueba si las respuestas anteriores son correctas y corrígelas en caso necesario.

2.2 [61] Escucha de nuevo y relaciona la información.

1. Ana busca siempre la identidad de las empresas...
2. En la página web se debe informar de si existe política de devolución...
3. Muchas compañías no informan de los gastos de envío...
4. Las tarjetas de crédito...
5. Ana quiere saber si hay una garantía en la compra del producto...

a. y luego los cobran.
b. son más seguras que las tarjetas de débito.
c. porque algunas no son conocidas.
d. porque a veces se compran cosas y al poco tiempo no funcionan.
e. y de cómo hacen el reembolso.

3 **Todo el grupo** ¿Y tú? ¿Eres de los que compran por internet como Ana? Comenta con tus compañeros lo que haces tú normalmente y por qué.

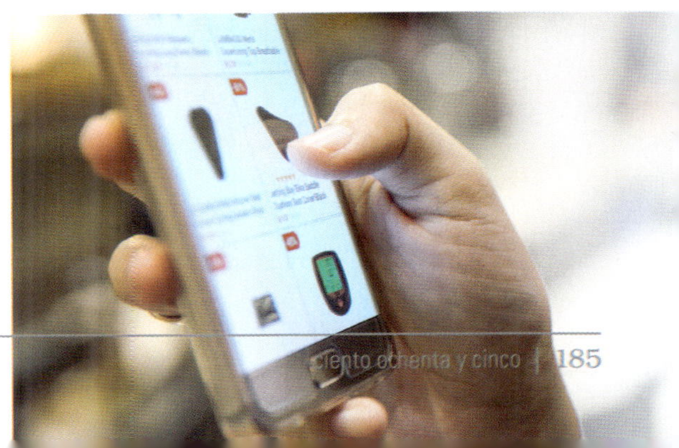

Gramática

1 Imperativo afirmativo y negativo

Recuerda:

- En imperativo afirmativo, la persona *vosotros/as* es siempre regular.
- Hay verbos con cambios ortográficos: *no apa**gu**es, practi**qu**e, no co**j**as, reali**c**e...*

En el imperativo negativo:

- Los verbos en *e > ie, o > ue* son regulares en *vosotros/as*: *no empecéis, no volváis...*
- *Dormir* y *morir* tienen la irregularidad *o > u* en *vosotros/as.*
- Los verbos en *e > ie* terminados en *-ir (divertirse, sentir...)* cambian *e > i* en *vosotros/as.*

- **Imperativo afirmativo regular**:

	Hablar	Beber	Vivir
tú	habla	bebe	vive
usted	hable	beba	viva
vosotros/as	hablad	bebed	vivid
ustedes	hablen	beban	vivan

- El **imperativo afirmativo irregular** mantiene las irregularidades vocálicas del presente de indicativo:
  - e > ie: p**ie**nsa, p**ie**nse, pensad, p**ie**nsen
  - o > ue: c**ue**lga, c**ue**lgue, colgad, c**ue**lguen
  - u > ue: j**ue**ga, j**ue**gue, jugad, j**ue**guen
  - e > i: p**i**de, p**i**da, pedid, p**i**dan
  - i > y: hu**y**e, hu**y**a, huid, hu**y**an
- Otros irregulares:
  - **sé**, **sea**, sed, **sean**
  - **ten**, **tenga**, tened, **tengan**
  - **haz**, **haga**, haced, **hagan**
  - **pon**, **ponga**, poned, **pongan**
  - **sal**, **salga**, salid, **salgan**
  - **ven**, **venga**, venid, **vengan**
  - **ve**, **vaya**, id, **vayan**
  - **di**, **diga**, decid, **digan**
  - **oye**, **oiga**, oíd, **oigan**
- El **imperativo negativo** se forma a partir de la forma *usted* del afirmativo añadiendo *-s* para *tú* e *-is* para *vosotros/as*:

	Hablar	Beber	Vivir
tú	no hables	no bebas	no vivas
usted	no hable	no beba	no viva
vosotros/as	no habléis	no bebáis	no viváis
ustedes	no hablen	no beban	no vivan

- El **imperativo negativo irregular** tiene, por regla general, las mismas irregularidades que la forma *usted* del imperativo afirmativo:

Empezar	Dormir	Pedir	Sentir	Tener	Salir	Decir
no emp**ie**ces	no d**ue**rmas	no p**i**das	no s**ie**ntas	no **tengas**	no **salgas**	no **digas**
no emp**ie**ce	no d**ue**rma	no p**i**da	no s**ie**nta	no **tenga**	no **salga**	no **diga**
no empecéis	no d**u**rmáis	no p**i**dáis	no s**i**ntáis	no **tengáis**	no **salgáis**	no **digáis**
no emp**ie**cen	no d**ue**rman	no p**i**dan	no s**ie**ntan	no **tengan**	no **salgan**	no **digan**

RAE GRAMÁTICA

- En el español de América, tú y vos alternan en el imperativo negativo según las zonas geográficas: *(tú) no cantes/(vos) no cantés, (tú) no comas/(vos) no comás, (tú) no partas/(vos) no partás...*
- La forma voseante del imperativo negativo, tanto regular como irregular, se forma a partir de la persona *vosotros/as* del imperativo negativo que acabas de estudiar, suprimiendo la ***i*** de la terminación: *no cantéis > no cantés; no seáis > no seás; no tengáis > no tengás; no durmáis > no durmás...*

*No **empecés** vos ahora con tu melancolía, que bastante bien te va yendo en la vida.*

1.1 Transforma los imperativos afirmativos en negativos.

1. Compra ese ordenador. ....
2. Deja encendida la pantalla. ....
3. Deme sus datos bancarios. ....
4. Volved mañana. ....
5. Responded en español. ....
6. Escribe en el libro. ....
7. Mirad las soluciones. ....
8. Haz una lista. ....

1.2 **En este diálogo ficticio, un gato, Fredy, habla con su dueño, Carlos. Reconstruye el diálogo escribiendo los verbos en imperativo afirmativo o negativo, según corresponda.**

Carlos: Fredy, ¿dónde estás?
Fredy: Aquí estoy, solo. Dentro de la maleta.
Carlos: Pues [1] .... (abrir) la maleta y [2] .... (salir).
Fredy: ¡Voy!
Carlos: ¡No, no [3] .... (salir) todavía!
Fredy: ¿Qué pasa?
Carlos: Nada, el perro del vecino. Ya se ha ido. [4] .... (Salir) ahora y [5] .... (venir) conmigo.
Fredy: Vale.
Carlos: Mira, [6] .... (subir) a lo alto de este árbol. ¿Ves ese parque que hay a lo lejos?
Fredy: Sí.
Carlos: Pues [7] .... (ir) hasta allí. Hay muchos otros gatos. ¡Cuidado! No [8] .... (pasar) por esa calle, hay mucho tráfico.
Fredy: ¡Ah! ¡Qué miedo! [9] .... (Acompañarme, tú).
Carlos: No [10] .... (ponerme) excusas. [11] .... (Ir) allí y [12] .... (relacionarse); no es bueno estar solo.

2 Imperativo y pronombres

- En el imperativo **afirmativo** los pronombres van después del verbo y forman una sola palabra con él *(ábre**la**, levánte**se**)*.
  - Cuando hay dos pronombres, uno de objeto directo y otro de objeto indirecto, el orden es: imperativo + pronombre de OI + pronombre de OD: *dímelo*.
  - Como ocurre con otras formas verbales, si el objeto indirecto es de 3.ª persona ***(le, les)*** y coincide con un objeto directo ***(lo, la, los, las), le, les*** se sustituyen por ***se***: *díselo*.
  - Con el pronombre ***os***, la ***-d*** del imperativo afirmativo de 2.ª persona del plural desaparece: *Lava~~d~~os las manos.* › *Lavaos las manos.*
- En el imperativo **negativo** los pronombres se colocan delante del verbo, igual que ocurre con otros tiempos verbales:
  *No **lo** comas.* *No **os** acostéis tan tarde.* *No **se lo** deis.*

2.1 **En parejas** **Nicole publica un artículo en su Facebook con instrucciones de cómo hacer una compra en línea de forma segura. Ayúdala a sustituir las palabras resaltadas por un pronombre.**

Para hacer una **buena compra por internet**, debes tener en cuenta muchos factores:

- Es importante asegurarse de que la empresa existe. Busca la empresa por internet. Mira si tiene página web y visita la página web.
- Un buen antivirus te va a ayudar a hacer la compra de manera segura. Utiliza el antivirus.
- ¿Conoces el producto que vas a comprar? Lee con mucha atención la descripción del producto y no compres el producto sin leer antes la letra pequeña.
- Tu ordenador es el mejor lugar para hacer la compra en línea. No realices compras en línea desde un ordenador ajeno o desde una red wifi abierta.
- Introduce el número de tu tarjeta de crédito o débito. Si hay gente a tu alrededor, no muestres tu número a la gente.

¡Disfruta de comprar por internet!

Practica en contexto

Expresar obligación

- ***Deber*** + infinitivo
  *El título de un anuncio **debe** ser breve y conciso.*
- ***Tener que*** + infinitivo
  *Los anuncios **tienen que** tener un diseño llamativo y un* banner *muy visual.*

Expresar posibilidad o capacidad

- ***Poder*** + infinitivo
  *Con internet **podemos** llegar a un mayor número de personas por poco dinero.*

Dar consejos, instrucciones y órdenes

- Para dar **consejos** e **instrucciones** es muy frecuente el uso del imperativo:
  ***Leed** bien los enunciados del examen antes de contestar. Así evitaréis errores.*
  ***Disfrutad**. ¡Estáis de vacaciones!*
  ***Sigue** recto y **coge** el metro en plaza de España.*
- Para dar **órdenes** se usa el imperativo en situaciones familiares o donde hay confianza. También se puede usar en otros contextos, pero acompañado de palabras como ***por favor, si no te importa, si no es molestia***, etc., para no ser descorteses:
  ***No entres** en la cocina. El suelo está mojado.*
  *Mario, **por favor, si no te importa, tráeme** el informe del Sr. Ávalos.*
- En las órdenes generales y letreros dirigidos a un interlocutor desconocido, también puede usarse el imperativo:
  ***Conduzca** con precaución.*
  ***Tengan** cuidado con el escalón.*

1 **En grupos pequeños** ¿Cómo crees que debe ser una buena publicidad y qué medio te parece más efectivo para dar a conocer un producto? Discútelo con tus compañeros.

Ejemplo:

▶ *Yo creo que una buena publicidad en televisión o radio puede ser muy efectiva.*
▷ *Sí, pero cada vez menos. Hoy en día debes anunciar tu producto en internet porque si no...*
▶ *Tienes razón.*

2 **En grupos pequeños** Tu mejor amigo quiere hacer publicidad de su nuevo negocio en internet y está un poco perdido. Combina los verbos y las expresiones para darle consejos e instrucciones utilizando el imperativo. Puede haber varias opciones.

elegir	publicar	diseñar
incluir	buscar	poner en marcha
utilizar, usar	incentivar	

Publica vídeos sobre el funcionamiento de tus productos: cómo se preparan, cuáles son sus ventajas...

dominio	banderola o *banner*	imagen de marca
etiqueta o *hashtag*	foto impactante	concurso
red social	vídeo	contenido
anuncio publicitario	usuario	palabra clave
tuit		

2.1 **Todo el grupo** ¿Alguna vez has hecho tú o alguien de tu entorno publicidad en internet? ¿De qué? ¿Cómo lo habéis hecho? ¿Habéis obtenido buenos resultados?

3 **Todo el grupo** ¿Conoces estas empresas? ¿Sabes a qué se dedican? Describe su actividad. Puedes buscar información en internet.

zalando

3.1 **En parejas** ¿Qué otras tiendas en línea conoces? ¿Cuáles usas más? ¿Por qué?

3.2 [62] Tres personas hablan de sus experiencias comprando por internet. Escúchalas con atención, lee las afirmaciones y señala a quién corresponde cada una.

	Alba	Martín	Juanjo
1. Cree que debemos desconfiar cuando un producto es demasiado barato.	☐	☐	☐
2. Lo más seguro es comprar en foros donde la comunidad es más o menos conocida.	☐	☐	☐
3. Compró un producto de segunda mano y poco después de comprarlo ya no funcionaba.	☐	☐	☐
4. Ha comprado y también ha vendido muchas cosas por internet y nunca ha tenido problemas.	☐	☐	☐
5. No ha tenido ningún problema con la compra de ropa por internet.	☐	☐	☐

3.3 ¿Has tenido tú o alguien de tu entorno alguna experiencia similar? ¿Con cuál te sientes más identificado/a? Escribe en tu cuaderno un texto donde expliques tu propia experiencia y da tus propios consejos para comprar por la red de manera segura. Toma como muestra el audio de la actividad anterior.

3.4 **Todo el grupo** Comparte con tus compañeros tu experiencia y tus consejos. ¿Cuál de ellos creéis que es el más importante?

4 **En parejas** Mira las fotos y, según la situación, pide permiso o formula peticiones a tu compañero/a o bien concédele permiso o responde afirmativamente.

Ejemplo: ▶ *¿Puedo coger tu paraguas?/Déjame tu paraguas, por favor; es que está lloviendo y tengo que salir un momento.*
▷ *Por supuesto, cógelo.*

Pedir permiso y formular peticiones

Para **pedir permiso** y **formular peticiones**, puedes usar:
- ¿*Poder* + infinitivo?
  *¿**Puedo** pasar?*
  *¿**Podemos** salir antes del trabajo?*
- Imperativo
  ***Ayúdame** a terminar este trabajo, por favor.*
  ***Comprad** el pan antes de volver a casa.*

Conceder permiso

Para **conceder permiso** y **responder afirmativamente** a una petición, puedes usar:
- ***Sí, sí,/Claro que sí,/Desde luego,/Por supuesto,*** + imperativo
  ▶ *¿Puedo entrar?*
  ▷ *Por supuesto, **pasa**.*
- Imperativo **repetido**
  *Sí, **pasa, pasa**.*

La publicidad de los años 80

1 **En parejas** Lee el texto y ordena los párrafos correctamente. Después compáralo con tu compañero/a.

☐ Prueba de ello fue Naranjito, la mascota de la Copa Mundial de Fútbol organizada por España en el año 1982. El personaje representaba una naranja, fruto típico de la zona de Valencia y Murcia.

☐ La publicidad siempre ha sido reflejo de las sociedades en las que nace y esos años fueron una época de apertura social y vanguardismo en España. Se vivía una buena situación económica y los anunciantes aumentaron su inversión publicitaria.

☐ Durante los años 80, España se convirtió en la tercera potencia mundial en materia creativa y publicitaria. Los resultados obtenidos por las agencias y marcas durante esta época han servido para inspirar a toda una generación de creativos.

☐ La salud empezaba a ser uno de los grandes argumentos de los productos de alimentación, con muchas marcas que concienciaban a los consumidores sobre la importancia de mantener una dieta sana y equilibrada.

2 Observa estos productos de los 80 junto a su eslogan y relaciónalos con su significado.

Un eslogan es bueno cuando sobrevive a la marca, es decir, cuando todo el mundo lo recuerda aunque hayan pasado años y generaciones. Eso es lo que ocurre con algunos de los mejores eslóganes de la historia de la publicidad, que se convierten en inmortales.

1. ☐ Mensaje sencillo, contundente y tremendamente efectivo para vender un detergente para lavar la ropa.
2. ☐ Presenta dos modelos: uno transparente para una escritura de grosor normal y otro de color naranja para una escritura más fina.
3. ☐ El origen de este eslogan, que se utiliza habitualmente para resaltar las bondades del paso del tiempo en los rostros, no tiene nada que ver con la piel humana, sino con un tejido, el lino.
4. ☐ Este eslogan se utilizó por primera vez en las campañas que una marca de bebida gaseosa emitió por televisión y que tuvo muy buena acogida por parte del público.
5. ☐ Crema de cacao para untar que se promocionó con una canción que citaba sus ingredientes básicos, partiendo de los más a los menos nutritivos.
6. ☐ Publicidad que tenía el objetivo de ensalzar la familia, la amistad, el hogar y los momentos especiales que compartimos con las personas que queremos.

3 **Todo el grupo** Visiona en internet los anuncios de los productos anteriores. ¿Se parecen a los que se emiten en la actualidad?

HOSTAL Babel

Lámparas *online*

Antes del vídeo

1 **Todo el grupo** Bea, Tere y Carla mantienen una conversación en la cocina del hostal sobre las redes sociales. Conociendo a los personajes, responde a estas preguntas.

1. ¿Quién cree que Instagram es la red social que está más de moda?
2. ¿Quién prefiere usar Facebook?
3. ¿Y a quién le gusta Twitter?
4. ¿Hay algún personaje en contra de las redes sociales?
5. ¿Qué consejo les puede dar Bea a Carla y a Tere sobre las redes sociales?

Durante el vídeo

2 **En parejas** Visiona el fragmento 00:30 ▶ 03:15, toma notas y comprueba tus respuestas anteriores.

3 Visiona el fragmento 03:15 ▶ 04:15 y relaciona la información con Bea (B), Tere (T) o Carla (C).

1. ☐ No le gustan mucho las compras en línea.
2. ☐ Dice que se deben ignorar los *banners* de publicidad.
3. ☐ Es la primera vez que compra por internet y desconfía.

4 Visiona el fragmento 04:15 ▶ 05:41 y completa el diálogo con las expresiones que faltan.

Carla: ¿Ya encontraste [1] .... que estabas buscando?
Bea: Creo que sí. Pero mira, me sale esto que no sé qué es…
Tere: Eso es [2] .... Ignóralo.
Bea: ¿Ignorarlo? ¿Cómo?
Carla: [3] .... para cerrar.
Bea: Vale, ya. Cerrado.
Tere: Ahí tienes la lámpara. Es esa, ¿verdad? Pues [4] .... ahí para seleccionarla.
Bea: Sí, pero mira, me sale otro *banner* de esos.
Tere: [5] ...., solo es publicidad de otra lámpara. [6] .... Tú pulsa directamente en [7] .... "comprar".
Bea: Espera, en este *banner* me sale esta otra lámpara: "Flexo de lectura". [8] ...., eso parece interesante… Creo que voy a comprar este flexo para el salón.
Tere: Oye, pero eso no es lo que necesitabas, ¿no?
Bea: No, pero ya te he dicho que este catálogo *online* es muy interesante.
Carla: Pero, querida, [9] .... de lo que realmente querés comprar.
Bea: Sí, es cierto… Vamos a comprar la… ¡[10] ....! Esta otra lámpara blanca es perfecta para la cocina. ¡Es estupenda! ¡Quiero comprarla también!
Carla: ¡Pero, Bea!
Bea: [11] .... ¡Oferta de dos lámparas al precio de una! Voy a comprar las dos.
Tere: ¡Bea!
Bea: ¡Y, si compras tres, no te cobran [12] ....! ¡Qué bueno! Voy a comprar esta también.

Después del vídeo

5 En el episodio, Bea está haciendo una compra por internet. ¿Cuál era su intención antes de entrar en la página web? ¿Y después? ¿Crees que la publicidad en internet influye para que compremos más?

Evaluación

1 Escribe cuatro palabras relacionadas con los siguientes ámbitos.

Publicidad en internet

1. ....
2. ....
3. ....
4. ....

Compras en línea

1. ....
2. ....
3. ....
4. ....

2 Elige cuatro de las palabras anteriores y escribe dos frase con sentido incluyendo dos de esas palabras en cada una.

1. ....
2. ....

3 ¿Cuál es la función del imperativo en las siguientes frases?

1. Al llegar al hotel, gira a la derecha.
2. Lee el informe con calma. Es muy complicado.
3. ¡No me hables!
4. ▶ ¿Puedo ir a la fiesta, por favor?
   ▷ De acuerdo, ve, pero vuelve pronto, ¿eh?

4 Dale a tu compañero/a seis instrucciones para hacer una compra en línea segura. Pueden ser afirmativas o negativas.

1. ....
2. ....
3. ....
4. ....
5. ....
6. ....

5 Reescribe las frases sustituyendo las partes en negrita por pronombres.

1. Busca **la empresa** por internet. ....
2. No compres **los libros a tus hijos** por internet. ....
3. Paga **la compra** ahora. ....
4. No realices **pagos en línea** desde una red pública. ....
5. No muestres **tu número a la gente**. ....

6 Lee las frases y escribe el consejo que le/s puedes dar.

1. Tu padre come demasiado y últimamente ha engordado mucho.
   ....
2. Lucía y Nico están gritando y molestan a sus compañeros.
   ....
3. No hace frío y los niños van muy abrigados.
   ....
4. Tu amigo duerme muchas horas y luego está cansado.
   ....
5. La conferencia va a comenzar y ellos no han entrado aún.
   ....

Unidad

17 Compartir espacios

¿Qué está haciendo esta familia? ¿Sabes el nombre de alguna de estas tareas?

¿Hay alguna tarea del hogar que te gusta hacer?

En esta unidad vas a...

- Expresar deseos
- Dar consejos
- Expresar permiso y prohibición
- Conocer algunos ritmos latinos y a sus principales representantes

¿Qué sabes?

1 **En grupos pequeños** Observa la imagen de la casa y completa los nombres de las estancias y objetos señalados.

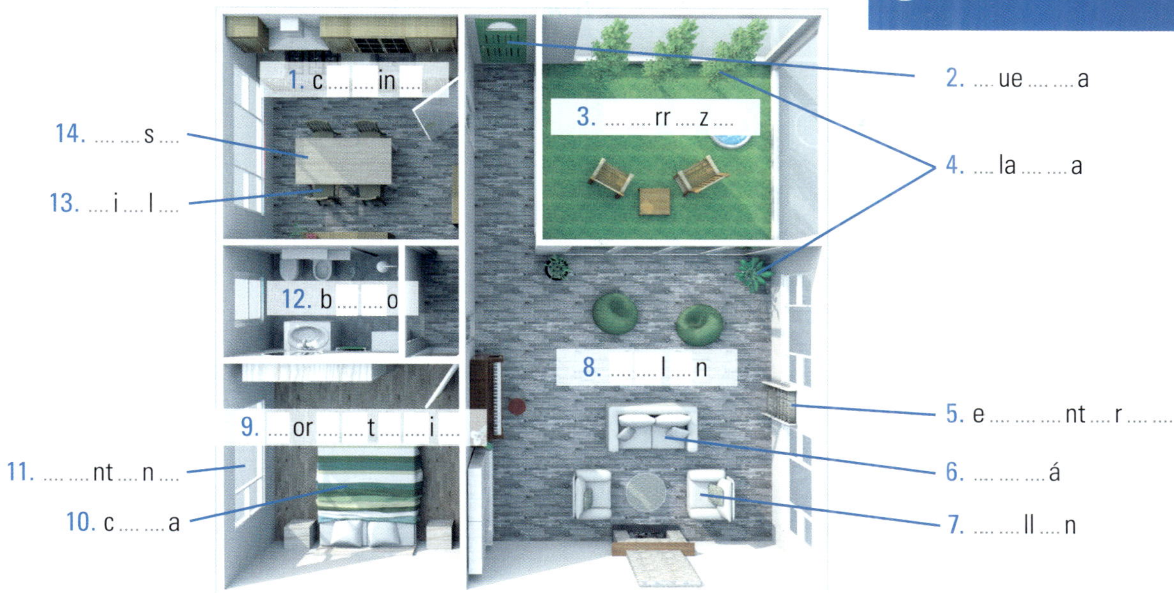

1.1 **En grupos pequeños** ¿Conoces el nombre de algún otro mueble, objeto doméstico o parte de la casa que aparece en la imagen? ¿Y de los que no están? Haz una lista e indica cuál es su sitio habitual en la casa.

Ejemplo: *El televisor lo podemos poner en el salón, pero también en el dormitorio o en la cocina porque es grande.*

2 **En parejas** Vas a ayudar a un/a amigo/a con la decoración de su salón. Dile dónde puede poner cada cosa.

Para **dar consejos** puedes usar estas expresiones:

- Te aconsejo
- Te recomiendo
- Puedes

+ infinitivo

- Imperativo

Puedes poner el sofá a la derecha, debajo de la ventana.
Coloca la mesa en el centro de la habitación.

RAE

LÉXICO

Español de España › salón : *Nos instalamos en el salón de la casa.*

Español de América › sala : *Cruza la sala, desde su habitación hasta una puerta que debe de conducir al baño.*

Español de España › dormitorio : *Era un dormitorio pequeño, casi una alcoba, cuadrangular, con dos puertas.*

Español de América › cuarto : *En el corredor del primer piso las puertas de los cuartos están cerradas.*

Palabras

1 Escucha la descripción que hace Marina de su nueva casa y completa.

[63]

1. Tiene el .... muy alto porque es un .... antiguo.
2. El .... es de madera en casi toda la casa.
3. Excepto una .... del salón, que es gris, todo está pintado de blanco.
4. Hay un .... que separa el salón de los dos dormitorios.
5. El piso está completamente ....
6. La .... y el bidé son completamente nuevos.
7. El .... es de esos modernos de cristal.
8. Además de ducha, también hay una .... con *jacuzzi*.

1.1 **En parejas** ¿Sabes qué significan todas las palabras de la actividad anterior? Si es necesario, vuelve a escuchar el audio. Luego relaciónalas con las imágenes.

....

....

....

....

....

....

....

....

....

1.2 Ahora vuelve a escuchar el audio y subraya las palabras que cambian según la variante del español de América.

[63]

Pues mi nuevo departamento está muy bien y, además, es bastante barato. Tiene el techo muy alto porque es un edificio antiguo, pero está en muy buen estado, no te creas. El piso es de madera en todo el departamento menos en la cocina y en el baño. Las paredes son todas blancas, excepto una pared de la sala, que es gris. Hay un pasillo que separa la sala de los dos cuartos. Es bastante largo, pero muy luminoso porque tiene una ventana. El departamento está completamente amueblado. Los muebles están muy bien. Hay un clóset en cada habitación, un sofá muy cómodo en la sala y un par de sillones. La cocina está bien equipada: tiene refrigerador, lavaplatos, lavarropas... y todo bastante nuevo. Pero lo mejor es el baño: es muy bonito. El inodoro y el bidé son completamente nuevos. El lavamanos es de esos modernos de cristal y, además de regadera, también hay una tina con *jacuzzi*.

1.3 Escribe una descripción de tu casa utilizando el vocabulario nuevo que has aprendido.

2 **En parejas** Lee el plan que ha hecho Esteban para mantener limpia su casa y escribe el día correspondiente debajo de cada imagen. ¿Te parece un buen plan? ¿Qué crees que debería cambiar?

1 
....

2 
....

3 
....

4 
....

5 
....

6 
....

7 
....

8 
....

- Lunes: limpiar el cuarto de baño.
- Martes: pasar la aspiradora.
- Miércoles: poner la lavadora.
- Jueves: fregar el suelo.
- Viernes: quitar el polvo.
- Sábado: limpiar la cocina.
- Domingo: fregar los platos.
- Cada día: bajar la basura.

RAE

LÉXICO

Español de España	Español de México	Español de Argentina
› Limpiar el cuarto de baño.	› Alzar el baño.	› Limpiar el baño.
› Poner la lavadora.	› Poner la lavadora.	› Poner el lavarropas.
› Fregar el suelo.	› Trapear el piso.	› Limpiar el piso.
› Quitar el polvo.	› Sacudir el polvo.	› Sacar el polvo.
› Limpiar la cocina.	› Alzar la cocina.	› Limpiar la cocina.
› Fregar los platos.	› Lavar los trastes.	› Lavar los platos.
› Bajar/Sacar la basura.	› Sacar la basura.	› Sacar la basura.

2.1 [64] Esteban le está enseñando el apartamento a su amiga Rocío y le explica su plan de mantenimiento. Escucha la conversación. ¿Qué piensa Rocío del plan de Esteban?

2.2 [64] Escucha el audio otra vez y escribe las tareas del hogar que corresponden a estas tres imágenes.

1 
....

2 
....

3 
....

2.3 **En parejas** ¿Qué tareas del hogar prefieres hacer tú? ¿Cuáles te gustan menos?

Gramática

1 Presente de subjuntivo regular

El **presente de subjuntivo regular** tiene las siguientes terminaciones:

	Trabajar	Comer	Escribir
yo	trabaje	coma	escriba
tú	trabajes	comas	escribas
él, ella, usted	trabaje	coma	escriba
nosotros/as	trabajemos	comamos	escribamos
vosotros/as	trabajéis	comáis	escribáis
ellos, ellas, ustedes	trabajen	coman	escriban

Fíjate:
Los verbos en *-er* e *-ir* tienen las mismas terminaciones.

1.1 Completa las formas que faltan.

Hablar	hable			hablemos		hablen
Romper		rompas	rompa		rompáis	
Vivir	viva			vivamos		vivan

2 Presente de subjuntivo irregular

- Las formas irregulares en presente de subjuntivo se construyen a partir de las formas irregulares en presente de indicativo con algunos cambios.
- Verbos con **irregularidad vocálica**:

e › ie Pensar	o › ue Volver	e › i Pedir	i › y Huir
piense	vuelva	pida	huya
pienses	vuelvas	pidas	huyas
piense	vuelva	pida	huya
pensemos	volvamos	pidamos	huyamos
penséis	volváis	pidáis	huyáis
piensen	vuelvan	pidan	huyan

Fíjate:
- Los verbos que cambian *e › i* e *i › y* son irregulares en **todas las personas** en presente de subjuntivo.
- Los verbos *morir* y *dormir*, además del cambio *o › ue*, cambian *o › u* en las personas *nosotros/as* y *vosotros/as*: *durmamos, durmáis; muramos, muráis*.

- Los verbos que tienen irregular la **persona *yo*** del presente de indicativo también son irregulares en presente de subjuntivo, pero en todas las personas: hacer › **hago** › **haga, hagas, haga, hagamos, hagáis, hagan**.
  - Otros verbos: oír › **oiga**; poner › **ponga**; caer › **caiga**; conducir › **conduzca**...
- Algunos verbos tienen una **irregularidad propia** en este tiempo:

Estar › **esté, estés, esté, estemos, estéis, estén**
Haber › **haya, hayas, haya, hayamos, hayáis, hayan**
Saber › **sepa, sepas, sepa, sepamos, sepáis, sepan**
Ser › **sea, seas, sea, seamos, seáis, sean**
Ir › **vaya, vayas, vaya, vayamos, vayáis, vayan**
Ver › **vea, veas, vea, veamos, veáis, vean**

Fíjate:
Hay formas verbales, tanto regulares como irregulares, que sufren cambios ortográficos para conservar el sonido del verbo en infinitivo: *seguir › siga; cocer › cueza; recoger › recoja; buscar › busque...*

2.1 **En parejas** Transforma estas formas verbales del presente de indicativo al de subjuntivo. Luego compara con tu compañero/a.

1. quieres › ....
2. repetimos › ....
3. pongo › ....
4. salís › ....
5. hay › ....
6. conduces › ....
7. vengo › ....
8. jugáis › ....
9. busco › ....
10. somos › ....
11. traduzco › ....
12. sueña › ....

3 Las oraciones subordinadas sustantivas (1)

- El subjuntivo se usa en estructuras que sirven para:
  - Dar **consejos** y hacer **recomendaciones**: *Te aconsejo que **veas** esa película.*
  - Expresar **permiso** y **prohibición**: *Te prohíbo que **salgas** de casa.*
  - Expresar **deseos** y hacer **peticiones**: *Espero que mañana **haga** mejor tiempo.*
    *Quiero que **vayamos** a la sierra este fin de semana.*
- En los verbos que expresan consejo, recomendación, prohibición o permiso hay dos estructuras que se usan indistintamente:
  *Te aconsejo **que vayas** al médico. = Te aconsejo **ir** al médico.*
  *Os prohíbo **que salgáis** de noche. = Os prohíbo **salir** de noche.*
- En los verbos que expresan deseos o peticiones, si el sujeto del verbo principal es el mismo que el del segundo verbo, se usa infinitivo:
  Quiero (yo) ***que vayamos*** (nosotros) *a la sierra.* *Quiero* (yo) ***ir*** (yo) *a la sierra.*

Para expresar deseos también se usa la interjección *ojalá (que)* seguida de subjuntivo:
*¡**Ojalá (que)** haga buen día y podamos salir de excursión.*

3.1 **En parejas** ¿Qué crees que expresan estos verbos? Clasifícalos donde corresponda.

permitir | querer | pedir | prohibir | dejar | aconsejar | desear | esperar | recomendar | sugerir | rogar | suplicar

Permiso y prohibición

....

Consejo y recomendación

....

Deseo

....

Petición

....

3.2 Transforma de acuerdo con el ejemplo.

Ejemplo: No te vayas. (Prohibición) › *Te prohíbo que te vayas.*

1. No te rías. (Petición) › ....
2. Vuelve un poco más tarde. (Permiso) › ....
3. Ve a esa exposición. (Recomendación) › ....
4. No entres aquí. (Prohibición) › ....
5. Préstame el coche. (Deseo) › ....
6. Estudia más. (Consejo) › ....

3.3 **En parejas** Fíjate en las imágenes e inventa un breve diálogo para cada una: debes expresar prohibición, consejo, deseo o petición.

3.4 **Todo el grupo** Representad los diálogos para vuestros compañeros.

Practica en contexto

1 **En parejas** Jessica va a compartir piso y ha encontrado en internet una entrada sobre la convivencia en pisos compartidos. Antes de leerlo, escribe con tu compañero/a las cuatro reglas que, en tu opinión, son básicas para que la convivencia funcione.

1. ....
2. ....
3. ....
4. ....

Organizar el discurso

Recuerda que estas palabras y expresiones ayudan a organizar los argumentos y las acciones que dan forma a un discurso:

- **Introducir** un primer argumento: *para empezar, en primer lugar, antes de nada...*
- **Añadir** argumentos: *por otro lado, también, tampoco, además...*
- **Concluir** la argumentación: *por último, para terminar, en último lugar...*

Expresar hipótesis o probabilidad

- Quizá(s)
  *Juan no ha llegado aún; **quizá** se ha dormido.*
- Es probable/posible
  ▶ *Esta tarde va a llover.*
  ▷ *Sí, **es probable**.*
- Puede ser
  ▶ *¿Irás luego a la biblioteca?*
  ▷ *Sí, **puede ser**.*

Fíjate:
Observar las imágenes que ilustran una actividad te ayuda a prever parte de su contenido. Fíjate bien en las imágenes antes de empezar a leer un texto o de escuchar un audio y verás como te ayudan a crear un contexto que te facilitará la comprensión.

1.1 **Todo el grupo** Presenta al resto de la clase tus reglas y elabora una lista con las de tus compañeros.

1.2 **Todo el grupo** Lee la entrada y comprueba si las reglas que ha escrito tu clase aparecen en ella.

compartepiso.es

Si quieres que la convivencia en un piso compartido funcione, hay una serie de reglas básicas que puede ser necesario tener en cuenta.
Por mi experiencia, yo recomiendo, para empezar, que se organice bien la limpieza de las zonas comunes de la casa, que se mantenga limpia y ordenada la cocina y que se haga lo mismo con el baño. Es importante dejar siempre los espacios comunes como los has encontrado.
Por otro lado, algo que todos esperamos cuando compartimos piso es que nuestros compañeros respeten las horas de descanso, por eso debes poner especial cuidado en no molestar cuando sabes que otros están durmiendo.
Una regla fundamental que nunca debes olvidar: está prohibido que entres en la habitación de tus compañeros o que cojas sus cosas sin su permiso. La habitación y las posesiones de los demás son sagradas, como deben serlo las tuyas para ellos.
Si piensas hacer una cena con tus amigos o una fiesta, avisa con tiempo suficiente antes de nada; cualquier actividad en las zonas comunes afecta a todas las personas que viven contigo.
Además, si está permitido que en vuestra casa haya animales, el dueño debe encargarse siempre de cuidarlos y mantenerlos.
Y, por último, aunque quizá es lo más importante, te aconsejo que intentes ser siempre amable y tolerante con el resto de compañeros, esperando que los demás lo sean también contigo.

Extraído de www.easypiso.com

1.3 **En parejas** Subraya en el texto las expresiones que llevan subjuntivo y clasifícalas en la tabla.

Deseo	Permiso	Prohibición	Consejo o recomendación

1.4 **Todo el grupo** ¿Alguna vez has compartido casa con otros estudiantes o amigos? ¿Cuál de las normas que sugiere la entrada te parece más importante?

1.5 **En parejas o grupos pequeños** Imagina ahora que eres uno de los compañeros de piso de Jessica y elabora una lista de normas para la casa decidiendo qué actividades están permitidas o prohibidas. Fíjate en el ejemplo y añade, al menos, una más.

Está permitido que...		Está prohibido que...
	Oír música en el salón.	*oigas música en el salón.*
	Hacer fiestas.	
	Invitar a amigos a cenar.	
	Tener animales.	
	Jugar a videojuegos en el salón.	
	Poner la lavadora cada día.	
	Hablar de política.	
	Poner la tele por la noche.	
	Otra:	

1.6 **Todo el grupo** Comparte con el resto de la clase tu lista. ¿Has coincidido en muchas cosas con tus compañeros?

2 [65] Alberto y Carmen, dos de los compañeros de Jessica, explican el reparto de las tareas domésticas. Escucha y escribe qué tres tareas no aparecen en las imágenes.

1. .... 2. .... 3. ....

2.1 [65] Vuelve a escuchar. Anota en el calendario semanal cada tarea y quién la hace en el día correspondiente.

Lunes	Martes	Miércoles	Jueves	Viernes	Sábado	Domingo
				Alberto, limpiar el baño		

2.2 **Todo el grupo** En tu casa, ¿cómo se reparten las tareas domésticas? ¿De qué manera colaboras tú?

CON RITMO LATINO

1 **En parejas** Cuatro de estos instrumentos son de origen latino y suenan constantemente en los ritmos latinoamericanos. ¿Sabes cuáles son?

2 **En parejas** Busca información en internet sobre los siguientes artistas latinos y toma notas. Luego lee el texto y complétalo con los nombres de los artistas según la información que has encontrado. Compara con tu compañero/a.

Juan Luis Guerra | Gloria Estefan | Los Panchos | Romeo Santos | Daddy Yankee

Gloria Estefan

Géneros musicales en Latinoamérica

Entre los diferentes ritmos y músicas de América Latina y el Caribe, los más populares son el merengue, la bachata, la salsa, el reguetón, la ranchera, el bolero, la cumbia, el tango y la milonga. Vamos a ver algunos de ellos.

La **bachata** es un ritmo bailable originario de la República Dominicana. Resulta de una combinación del bolero rítmico con estilos como el son cubano. Sus principales representantes son [1] ...., Prince Royce y Anthony Santos.

La **salsa** es una síntesis de influencias cubanas con otros elementos de la música latinoamericana y el *jazz*. La salsa se desarrolló en el Caribe y también en Nueva York. Sus exponentes más importantes son Celia Cruz, [2] .... y Joe Arroyo.

También el **merengue** procede del Caribe, concretamente de la República Dominicana, donde lo consideran el género musical nacional. Destacan entre sus intérpretes [3] ...., Elvis Crespo y Proyecto Uno.

Juan Luis Guerra

Chavela Vargas

El **reguetón** nace de la fusión del *reggae* jamaicano y el hiphop. Es el género más popular entre los jóvenes de habla hispana. Sus figuras más representativas son Don Omar, [4] .... y Arcángel.

El **bolero**, originario de Cuba, surgió a finales del siglo XIX con el tema titulado *Tristezas*, que dio al género su forma clásica con acompañamiento de guitarras y percusión. Los intérpretes más representativos de este género son [5] ...., Lucho Gatica y Chavela Vargas.

1

2

3

4

3 **En grupos pequeños** ¿Conoces a alguno de los demás artistas del texto? Elige uno de los géneros y busca en internet algún tema representativo. Luego escúchalo con tus compañeros. ¿Cuál os gusta más?

4 **Todo el grupo** ¿Sabes quiénes son los cantantes de las fotografías? ¿Cómo se llaman?

5 **Todo el grupo** Hay muchos artistas y grupos latinos que hacen música de otros géneros, como pop o *rock*. Lee la lista y señala los que conoces. ¿Qué música hacen? Busca también información de los demás artistas.

- ☐ Calle 13
- ☐ Ricky Martin
- ☐ Luis Miguel
- ☐ Julieta Venegas
- ☐ Marc Anthony
- ☐ Maná
- ☐ Chayanne
- ☐ Shakira
- ☐ Juanes
- ☐ Luis Fonsi
- ☐ Reik
- ☐ Sin Bandera

HOSTAL Babel

Un hostal democrático

Antes del vídeo

1 Fíjate en la imagen. ¿Qué momento del día crees que es? ¿Qué piensas que ha sucedido antes? Argumenta tus respuestas.

Durante el vídeo

2 **En parejas** Visiona el fragmento 00:30 ▶ 03:10, comprueba tu respuesta anterior y responde a las preguntas. Compara tus respuestas con tu compañero/a.

1. ¿Qué deben hacer los tres personajes? ....
2. ¿Por qué tienen que hacerlo ya? ....
3. ¿Qué puede pasar si no cumplen su promesa? ....

3 **En parejas** Visiona el fragmento 03:11 ▶ 04:45 y relaciona a cada personaje (Leo, Carla y Tere) con la tarea o tareas que debe realizar.

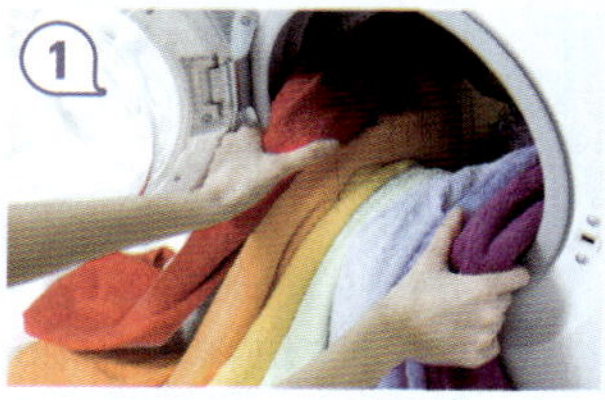

....

....

....

....

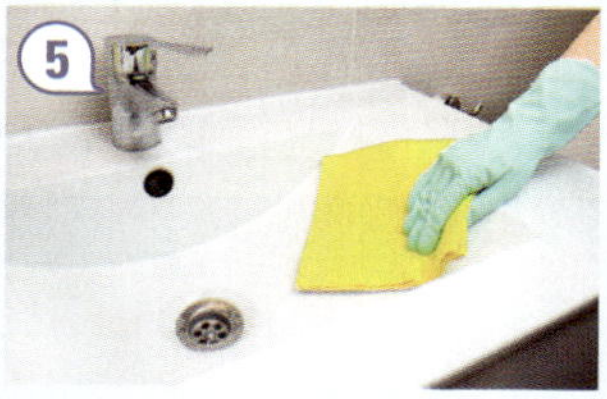

....

Carla

4 Visiona el último fragmento (04:45 ▶ final) y responde a estas preguntas: ¿qué queda por hacer?, ¿por qué va a hacer Leo esta última tarea?

Después del vídeo

5 Relaciona las columnas para formar algunas frases que han dicho los personajes.

1. ¿Anoche? Te sugiero que
2. Nos va a prohibir que
3. ¿Qué queréis que
4. Te encargamos que
5. Espero que a Bea

a. limpies el baño.
b. le guste cómo hemos dejado el hostal.
c. digas esta mañana, mejor.
d. hagamos más fiestas aquí.
e. haga yo?

6 **Todo el grupo** ¿Has hecho alguna vez una fiesta en tu casa? ¿Cómo quedó después? ¿Quién puso orden y limpió?

Evaluación

1 Relaciona las siguientes expresiones relativas a las tareas del hogar. Después elige la imagen que corresponde a cada una de ellas.

1. Pasar	a.	☐	la estantería.
2. Tender	b.	☐	el suelo.
3. Regar	c.	☐	la aspiradora.
4. Barrer	d.	☐	la lavadora.
5. Quitar	e.	☐	las plantas.
6. Poner	f.	☐	la ropa.
7. Ordenar	g.	☐	el polvo.

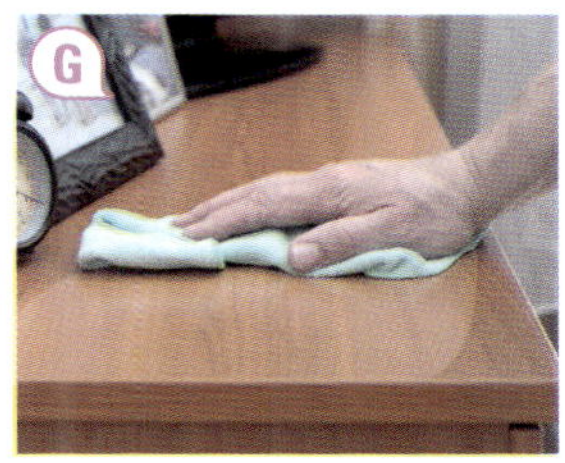

2 Aconseja a estas personas usando el presente de subjuntivo.

Me han ofrecido dos trabajos interesantes. En uno gano más, pero está fuera de la ciudad. El otro está al lado de casa.

No sé qué estudiar, Medicina o Veterinaria. Las dos carreras me gustan mucho, pero estoy muy indecisa.

No sé qué hacer en vacaciones, si ir a la playa y relajarme o hacer turismo de aventura en algún país exótico.

Tengo dos fiestas de cumpleaños el mismo día: la de mi novia y la de mi padre. ¿Qué hago?

3 Conjuga el verbo en la forma adecuada del presente de subjuntivo.

1. No quiero que .... (ir, vosotros) a la calle solos.
2. ¿Esperas que Marta .... (venir) a verte?
3. Os pedimos que .... (volver) no más tarde de las doce.
4. Nos prohíben que .... (salir) de la escuela durante el recreo.
5. ¿Me permite que le .... (hacer) una pregunta?
6. Te recomendamos que .... (leer) ese libro; te va a encantar.

4 Una madre le da dinero a su hijo. Imagina que le dice cinco cosas que puede hacer con el dinero y otras cinco que no puede hacer. Anótalas.

1. *Te dejo que...*	1. *No quiero que...* ....
2.	2. ....
3.	3. ....
4.	4. ....
5.	5. ....

Unidad

18 Un poco de educación

Fíjate en la imagen; ¿en qué etapa educativa crees que se encuentran estas personas?

¿Crees que la educación en Hispanoamérica es muy diferente a la de tu país?

En esta unidad vas a...

- Hablar de la educación presencial y virtual
- Expresar opinión y valorar
- Expresar sensaciones y sentimientos
- Expresar acuerdo, acuerdo parcial o desacuerdo con una opinión
- Conocer el estado actual de la enseñanza en algunos países de Hispanoamérica

¿Qué sabes?

1 **En parejas** Fíjate en las imágenes y asócialas a su etapa educativa correspondiente. Después relaciona cada etapa con la franja de edad en que se realiza. Ten en cuenta que hay dos de ellas que se realizan a la misma edad.

A

B

C

D

E

F

> *ESO* son las siglas de *Educación Secundaria Obligatoria* y *FP*, de *Formación Profesional*, que es como se conoce a cualquier estudio de carácter práctico que te prepara para ejercer un oficio o profesión.

1. ☐ bachillerato
2. ☐ infantil
3. ☐ secundaria obligatoria (ESO)
4. ☐ formación profesional superior (FP)
5. ☐ primaria
6. ☐ estudios superiores

a. De 3 a 6 años.
b. De 6 a 12 años.
c. De 12 a 16 años.
d. De 16 a 18 años.
e. De 18 a 22 años.

1.1 **En parejas** Completa las frases con las palabras adecuadas. Todas deben estar relacionadas con la enseñanza. Luego compara con tu compañero/a y comparte la información que tengas. ¿Habéis podido completar todas las frases entre los dos?

1. Para estudiar en un centro debes hacer o pagar la ....
2. Los niños, en el colegio, cada año cambian de ....
3. Recibes una .... cuando el Gobierno o una institución te ayuda económicamente en tus estudios.
4. Si un examen tiene una calificación inferior a 5, está ....
5. Historia, Física, Música o Matemáticas son ....
6. En el colegio puedo estudiar en la ...., donde hay muchos libros.
7. La calificación que recibimos por un examen o un trabajo es la ....
8. Si un examen tiene una calificación igual o superior a 5, está ....

1.2 **Todo el grupo** ¿Qué áreas y recursos puedes encontrar en un curso o un aula virtual? ¿Cuáles has utilizado? ¿Te parecen útiles?

Palabras

1 Lee la información que ha mandado esta universidad a sus nuevos alumnos y subraya todas las palabras que tengan relación con el ámbito de la educación.

www.universidad.es

RECOMENDACIONES

Antes del inicio del curso, te aconsejamos que visites el campus para familiarizarte con el lugar. Para ello, hemos programado una jornada de puertas abiertas el próximo día 1 de septiembre. Puedes realizar también la visita virtual que proporciona nuestra intranet. Busca primero la secretaría, porque ese es el sitio donde te solucionarán cualquier duda que tengas sobre tu matrícula, tu beca (si has solicitado una), o también donde te informarán si deseas hacer unas prácticas o realizar un intercambio. Descárgate los horarios para saber cuándo tienes clase y en qué aulas se imparten tus asignaturas y date una vuelta para localizarlas. No te olvides de visitar el aula multimedia, la biblioteca y la sala de conferencias.

1.1 **En parejas** Clasifica en la tabla las palabras que has subrayado. Luego compara con tu compañero/a. Si no coincidís, justifica tu respuesta.

Forman parte del centro o de la institución	Forman parte del sistema educativo

2 **En parejas** Relaciona cada palabra con su definición correspondiente.

a. bachillerato | b. carrera | c. máster | d. graduado/a | e. nota | f. apuntes

1. ☐ Notas que se toman de las explicaciones del/de la profesor/a durante la clase.
2. ☐ Calificación que se recibe por un examen o trabajo.
3. ☐ Estudios universitarios.
4. ☐ Últimos años de la enseñanza secundaria.
5. ☐ Curso de especialización que se hace después de obtener el grado.
6. ☐ Persona que ha terminado una carrera universitaria y ha obtenido el grado.

2.1 Completa el diálogo con las palabras de la actividad anterior.

Eva: Hola, Paco.

Paco: ¿Qué tal, Eva? Ya sé por qué llamas... No, todavía no han salido las [1] ...., ja, ja, ja...

Eva: Es que estoy tan agobiada...

Paco: Ya verás como todo va a ir bien. ¿Has pensado ya qué [2] .... quieres hacer?

Eva: Me gustaría hacer Farmacia, pero vamos a ver la calificación final del [3] ....

Paco: Seguro que has pensado ya hasta en el [4] .... que quieres hacer cuando estés [5] ....

Eva: Pues sí, la verdad, pero después del examen que hice...

Paco: Seguro que lo hiciste mucho mejor que yo, y estoy seguro de que no tendré una mala calificación.

Eva: Oye, por cierto, ¿me puedes dejar tus [6] .... de Física?

Paco: Ja, ja, ja... ¡No me digas que te quieres poner a estudiar antes de saber la nota! ¡Cómo eres!

3 **En parejas** Relaciona los verbos y los sustantivos. Haz todas las combinaciones posibles. Luego escribe seis frases en tu cuaderno con algunas de las combinaciones que has hecho.

1. Matricularse en
2. Pedir
3. Sacar
4. Hacer
5. Tener
6. Aprobar
7. Suspender
8. Corregir
9. Repetir
10. Empezar

[un / una / Ø]

- ejercicio.
- beca.
- asignatura.
- examen.
- buena o mala nota.
- escuela.
- curso/máster.

RAE

LÉXICO

En el español de México, Centroamérica y Argentina se dice ganar/reprobar una materia/un examen en lugar de aprobar/suspender y rendir un examen/una prueba en lugar de hacer:

Terminó la escuela secundaria, pero no sacó su diploma por ***haber reprobado*** *la materia de Inglés.*

Nunca estudió, ni asistió a clases, ni nadie lo vio ***rendir*** *examen alguno.*

4 **En grupos pequeños** A continuación tienes un campus virtual y sus áreas. Clasifica la información del recuadro dentro del área correspondiente.

1. Tablero de noticias | **2.** Foro de discusión | **3.** Enlaces a webs útiles | **4.** Trabajos de clase | **5.** Actividades prácticas | **6.** Encuestas | **7.** Recursos informáticos | **8.** Cuenta de correo propia

Rincón del estudiante

- Listado de compañeros con sus fichas personales.
- Lista de correos de los miembros del aula.
- Chat para mantener conversaciones en directo.

Secretaría

- Información de cursos: matrículas, reservas, cancelaciones, etc.
- Agenda virtual con la guía de actividades y el desarrollo del curso.

Curso y contenidos

- Contenido teórico de las lecciones.
- Material de apoyo.
- Ejercicios de autoevaluación.

Recursos

- Espacio para compartir archivos con el/la profesor/a y para ver las correcciones.
- Manual de ayuda.
- Bibliografía que se puede consultar.

4.1 **En grupos pequeños** ¿Has realizado alguna vez un curso en línea o has participado en un aula virtual? ¿Cómo fue la experiencia?

Gramática

1 Las oraciones subordinadas sustantivas (2)

- Verbos que expresan **percepción**, **comunicación**, **entendimiento** o **certeza**:

Percepción	Comunicación	Entendimiento	Certeza
comprobar, darse cuenta de, intuir, notar, observar, oír, percibir, reconocer, saber, ver…	comentar, comunicar, contar, contestar, decir, escribir, explicar, prometer, referir…	acordarse de, creer, entender, imaginar, opinar, parecer, pensar, recordar, soñar…	*ser/estar* + adjetivo / adverbio + *que*: **es** cierto, indudable, obvio, verdad… **está** claro, demostrado, probado… **estoy** seguro/a, convencido/a de…

- Con estos verbos el modo de la oración subordinada sigue este esquema:
  - ***Creo que tenemos** buenos profesores.* (Verbo 1: afirmativo, verbo 2: indicativo).
  - ***¡No me digas que no vienes!*** (Verbo 1: imperativo negativo, verbo 2: indicativo).
  - ***¿No crees que es** tarde?* (Verbo 1: pregunta afirmativa o negativa, verbo 2: indicativo).
  - ***No creo que sea** buena idea.* (Verbo 1: negativo, verbo 2: subjuntivo).
- Si en la oración principal hay un verbo o una estructura que expresa **sentimiento** o **valoración subjetiva**, el modo de la subordinada sigue el siguiente esquema:
  - *Me **encanta viajar**.* (Mismo sujeto en los dos verbos: verbo 2 en infinitivo)
  - *Me **duele** que **digas** eso.* (Sujeto diferente: verbo 2 en subjuntivo)
- Este grupo de verbos también es muy numeroso:

Sentimiento	Valoración subjetiva
alegrarse de, avergonzarse de, divertirse, doler, encantar, entristecer, entusiasmar, fastidiar, gustar, importar, molestar, preferir, quejarse, soportar, sorprender…	– *ser* + adjetivo + *que*: absurdo, bueno, conveniente, extraño, fácil, fantástico, importante, interesante, inútil, justo, lógico, magnífico, malo, maravilloso, mejor, necesario, ridículo, sorprendente… – *estar* + adverbio / adjetivo + *que*: bien, mal, contento/a de, acostumbrado/a a, sorprendido/a de, encantado/a de, ilusionado/a con, orgulloso/a de, satisfecho/a de… – *ser* + nombre + *que*: una lástima, una pena, una suerte…

> El infinitivo también se usa si estas expresiones hacen referencia a una idea general:
> ***Es difícil aprobar** este examen.*

1.1 Completa estas frases con el verbo en indicativo o en subjuntivo según corresponda.

1. No creo que esta .... (ser) la escuela más grande del barrio.
2. Es verdad que mi padre .... (hablar) tres lenguas.
3. Es evidente que en esta clase .... (haber) demasiados estudiantes.
4. Supongo que Luisa .... (estar) en clase ahora.
5. No considero que .... (tener, nosotros) que hacer los deberes ahora.
6. Me molesta que Carmen .... (llegar) siempre tarde.
7. Tienes tiempo suficiente, es absurdo que .... (salir) tan pronto.
8. Está mal que no .... (invitar, vosotros) a Luis a la fiesta.
9. Es una pena que Julia no .... (poder) cogerse vacaciones.

2 Pretérito perfecto de subjuntivo

- El pretérito perfecto de subjuntivo es un tiempo compuesto que se forma con el verbo *haber* en presente de subjuntivo y el participio del verbo principal:

Trabajar	Comer	Vivir
haya trabajado	**haya** comido	**haya** vivido
hayas trabajado	**hayas** comido	**hayas** vivido
haya trabajado	**haya** comido	**haya** vivido
hayamos trabajado	**hayamos** comido	**hayamos** vivido
hayáis trabajado	**hayáis** comido	**hayáis** vivido
hayan trabajado	**hayan** comido	**hayan** vivido

Recuerda:
- Hay algunos participios irregulares que ya conoces: *escrito, visto, hecho, muerto...*
- El participio es invariable en género y número.

- El pretérito perfecto de subjuntivo equivale al pretérito perfecto de indicativo porque expresa una acción **pasada** en un tiempo **presente**:

  *Luis **ha llegado** tarde.* › *Me molesta que Luis **haya llegado** tarde.*

2.1 Completa usando el pretérito perfecto de subjuntivo.

1. He conocido a muchos chicos rusos en mi clase. › Me sorprende que tú ....
2. Hemos viajado a Andalucía. › No creo que vosotros ....
3. He suspendido Matemáticas. › Es una pena que tú ....
4. Le habéis regalado flores a la profesora. › Me encanta que vosotros ....

3 Locuciones con los verbos *dar* y *poner* para expresar sentimientos

- Con *dar* + sustantivo se forman muchas expresiones de sentimiento y emoción que tienen la misma estructura que el verbo *gustar.* Fíjate en estos ejemplos:

  ***Me da miedo** que conduzcas la moto.*
  ***Les da pena/lástima** decirte esto.*
  ***Nos da mucha alegría** que ya estés aquí.*
  ***Me da vergüenza** hablar en clase.*

  En algunos casos, *dar* se combina con otros elementos:

  ***Me da igual** ir o que vengas.*

- Con el verbo *poner* + adjetivo *(triste, contento/a, furioso/a, nervioso/a)* se forman también muchas expresiones de sentimiento y emoción:

  ***Me pone triste** leer tu correo.*
  *¿**Te pone nerviosa** que venga Susana?*

Fíjate:
Cuando estas expresiones se usan de manera personal y reflexiva, se construyen con *cuando/si* + indicativo:
***Me pongo triste cuando** llueve.*
*Mis padres **se ponen nerviosos si** me retraso.*

3.1 [66] Escucha la conversación entre estos dos amigos y completa la información.

1. A Raúl le pone nervioso que ....
2. Lo que escriben algunas personas a Raúl ....
3. .... le pone de muy mal humor.
4. A Esther le da pena ....
5. Raúl se pone de los nervios ....
6. La manera en que mucha gente usa las redes sociales ....
7. A Esther .... que haya gente como ella en el mundo.

3.2 [66] **Todo el grupo** Vuelve a escuchar el audio y di con quién estás más de acuerdo. ¿Usas las redes sociales? ¿Qué sentimientos te producen algunos comentarios?

Practica en contexto

1 **En parejas** Daniel y Ana son compañeros de clase y están hablando de lo que les gustaría hacer cuando terminen la secundaria. Ordena el diálogo junto a tu compañero/a.

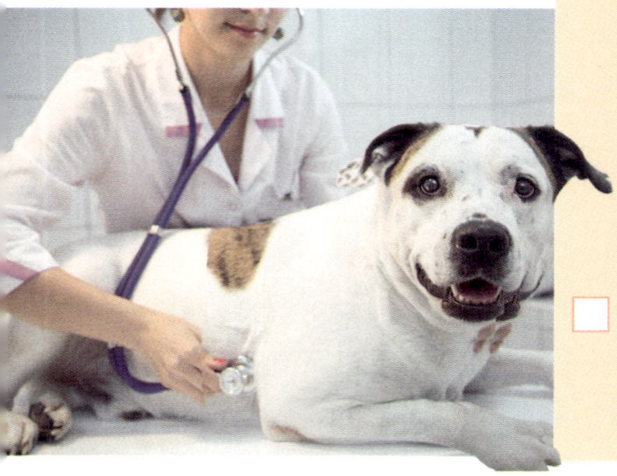

- [1] Daniel, ¿tú has decidido ya lo que quieres hacer después de la secundaria?
- [ ] Buena idea, hablaré con ella. Ojalá pueda ayudarme. Oye, y tú, ¿qué vas a hacer?
- [ ] Pero ¿qué es lo que quieres tú? ¿Qué te interesa estudiar a ti?
- [ ] La verdad es que no. Por un lado, pienso en el bachillerato porque a mi madre le hace muy feliz que me matricule en la universidad y haga Medicina, como hizo ella, y mi padre solo me recomienda que estudie algún idioma con mucho futuro, como el chino. Pero, por otro lado...
- [ ] Pues eso... Ya sabes que a mí lo que me gusta es dibujar y, aunque me apetece aprender un idioma, también quiero estudiar Diseño Gráfico.
- [ ] ¿Sabes? Creo que es importante que hables con nuestra tutora. Te veo confuso... Ojalá te ayude a aclararte y te dé algún consejo interesante. Mónica me ha parecido una profesora muy maja.
- [ ] Oye, ¿por qué no les recomiendas a tus padres que hablen ellos también con nuestra tutora?
- [ ] Me lo imaginaba, con lo que te gustan los animales... ¿Y se lo has dicho a tus padres?
- [ ] Claro..., y se pasan el día aconsejándome que lo piense bien, que no decida todavía nada...
- [ ] Yo lo tengo muy claro. A mi padre, al igual que a tu madre, le encanta la idea de que me matricule en Medicina, mientras que mi madre quiere que me gradúe en algo relacionado con los negocios y prefiere que me vaya a estudiar a otro país; así, de paso, también aprendo un idioma. Pero yo sueño con llegar a ser veterinaria.
- [11] Ja, ja, ja... Pues es verdad, tienen ellos más dudas que yo.

1.1 [67] Escucha la conversación y comprueba tu respuesta anterior.

1.2 Lee el correo que te ha escrito Daniel y luego contéstale completando el mensaje que hay a continuación.

De: Daniel   Para: Asunto:

¡Oye, necesito que me ayudes! Nunca les he dicho a mis padres directamente lo que quiero estudiar después de secundaria. Sé que todavía falta un tiempo, pero me preocupa que ellos piensen que a mí me apetece estudiar Medicina o chino. No me importa estudiar otra lengua, pero mi sueño es ser diseñador gráfico y para eso tengo que estudiar esa carrera. ¿Hablo con ellos? ¿Sigo sus consejos? ¿Qué opinas? Por otro lado, no me parece que sea una mala idea tomarme un año, antes de entrar a la universidad, para viajar y, ya de paso, aprender algún idioma. ¿Qué piensas? Ya me dirás. Abrazos.

De: Para: Daniel   Asunto:

Daniel:

En cuanto a lo que piensan tus padres, no me parece que [1] .... y, sobre sus consejos, opino que [2] .... Es verdad que aprender chino [3] .... ¿Quieres estudiar Diseño Gráfico? Creo que [4] ....
Por último, lo de tomarte un año sabático no creo que [5] ....
Ya me dirás qué decides. Un abrazo.

2 **En parejas** Lee estos testimonios. ¿Estás de acuerdo con ellos?

Emilio "Hoy empiezo el instituto. No es cierto que la vuelta sea tan dura, pero sí que me parece que cada año el curso es más complicado".

Pedro "Creo que el metro es la opción más rápida y cómoda de ir al instituto. Eso sí, me da mucha rabia que algunas personas no sean educadas y no dejen salir antes de entrar en el vagón".

Adela "Yo siempre como en el instituto. Me lo paso bien, pero me molesta mucho la gente que hace ruido al comer. A veces pienso que lo hacen para molestar".

Marta "Me irrita la gente que va a la biblioteca y se pone a hablar. No considero que la biblioteca sea un lugar adecuado para trabajar en equipo".

Ejemplo:

▶ *Marta no considera que la biblioteca sea un lugar adecuado para trabajar en equipo, pero yo no estoy de acuerdo con ella porque, si no hablas muy alto, no molestas a nadie.*

▷ *Pues a mí me parece que Marta tiene razón; creo que una cosa es estudiar juntos y otra trabajar en equipo.*

Expresar acuerdo, acuerdo parcial o desacuerdo con una opinión

- Para expresar **acuerdo** con la opinión de otra persona puedes usar:
  - Yo estoy (totalmente) de acuerdo con…
  - Tiene(s) (toda la) razón.
  - Sí, es verdad.
- Para expresar **acuerdo parcial** se usa:
  - *Yo estoy de acuerdo, pero solo en parte porque* + argumento
  - *Tienes razón, pero* + argumento
  - *Sí, es verdad, pero* + argumento
- Para expresar **desacuerdo** puedes usar:
  - *Yo no estoy (para nada) de acuerdo con… porque* + argumento
  - Está(s) (completamente) equivocado/a.
  - No, eso no es verdad / cierto.

2.1 **Todo el grupo** Completa las frases con las impresiones y sentimientos que te produce a ti el centro donde estudias. Luego compártelo con tus compañeros.

1. Me irrita mucho (que) ....
2. Me encanta (que) ....
3. Es una pena que ....
4. Me molesta (que) ....
5. Es fantástico que ....
6. Me sorprende (que) ....

3 **En parejas** Fíjate en lo que dicen estos estudiantes y reacciona siguiendo el ejemplo. Trabaja con tu compañero/a.

Ejemplo: *He suspendido el examen.* › *Es una pena que hayas suspendido el examen.*

Han subido la matrícula este curso.

¡Me han concedido la beca!

No he hecho los ejercicios de autoevaluación del campus virtual.

No he encontrado el manual de ayuda en el área de recursos.

He visto en el tablero de noticias que hay un chat para los estudiantes.

4 **En parejas** Imagina un campus virtual de español. ¿Qué recursos y servicios crees que debe ofrecer en cada una de sus áreas (rincón del estudiante, secretaría, curso y contenidos y recursos)? Trabaja con tu compañero/a.

4.1 **Todo el grupo** Comparte con la clase tu campus virtual de español ideal. ¿Qué recursos y servicios os parecen imprescindibles?

LA ENSEÑANZA EN Hispanoamérica

1 **En parejas** Lee lo que a los estudiantes de Chile, Colombia y México les parece importante de sus profesores. Ordénalo de más a menos importante según tu opinión.

- ☐ Que incorporen materiales novedosos en el aula.
- ☐ Que utilicen las nuevas tecnologías.
- ☐ Que sepan aplicar estrategias y metodologías diversas.
- ☐ Que crean en las capacidades de los estudiantes.
- ☐ Que sepan escuchar y nos permitan opinar.
- ☐ Que transformen las evaluaciones en un desafío para aprender.
- ☐ Que disfruten de lo que hacen.
- ☐ Que creen oportunidades para que todos puedan aprender.
- ☐ Que utilicen espacios de aprendizaje diversos.
- ☐ Que generen un ambiente de confianza y participación.

Adaptado de https://www.flipwit.com/blog/super-profesor/que-esperan-los-estudiantes-de-sus-profesores/

1.1 **Todo el grupo** Tu profesor/a te dirá el orden en que habían puesto los temas los estudiantes hispanoamericanos. ¿En qué habéis coincidido? ¿Te llama la atención especialmente alguno de los temas? ¿Por qué?

2 **En parejas** Lee el texto sobre los avances en la educación en Hispanoamérica y relaciona los fragmentos de las dos columnas para completar la información.

En los últimos años se han producido cinco avances muy significativos en la educación en Hispanoamérica que muestran, en buena parte, el desarrollo del sector en la región y plantean grandes desafíos para el futuro de la enseñanza en los países de habla hispana.

1. Más niños asisten a la escuela tanto en la educación preescolar como en la primaria y la secundaria.
2. La prueba PISA muestra que algunos países han mejorado sus niveles de aprendizaje.
3. En casi todos los centros los estudiantes tienen acceso a un ordenador.
4. Los Gobiernos de la región invierten cada vez más en educación.
5. Actualmente, el número de estudiantes que completan la secundaria es muy superior al de hace diez años.

a. Perú y Colombia han mejorado en Matemáticas, Ciencias y Lectura.
b. En los últimos años, el gasto público en educación ha pasado del 4.2 % del producto interior bruto al 5.9 % como promedio en estos países.
c. Se ha conseguido que más de un 95 % de niños de 6 a 14 años asistan al colegio.
d. Se ha aumentado del 51 % al 60 % en secundaria y del 33 % al 42 % en bachillerato.
e. Se ha mejorado notablemente, llegando en la actualidad a 14 estudiantes por ordenador en los centros públicos.

Adaptado de https://blogs.iadb.org/educacion/es/cima-5-avances-clave-de-la-educacion-en-america-latina-y-el-caribe/

3 **Todo el grupo** ¿Conoces los datos de tu país? ¿Cuántos estudiantes completan la secundaria? ¿De qué recursos tecnológicos disponen los centros públicos? Busca la información en internet y compártela con tus compañeros.

Vídeo

HOSTAL Babel

Consejos para Leo

Antes del vídeo

1 **En grupos pequeños** Observa estas imágenes y responde a las preguntas.

1. ¿Qué está haciendo Bea?
2. ¿Por qué?
3. ¿Qué hora crees que es?

4. ¿Quién crees que es esta mujer?
5. ¿Qué relación crees que tiene con Bea?
6. ¿Por qué va con una maleta?

Durante el vídeo

2 Visiona el fragmento 00:30 ▶ 01:06 y comprueba tus respuestas anteriores.

3 Visiona el episodio completo y relaciona cada información con su personaje: Bea (B), Carla (C), Leo (L) o Tere (T).

1. ☐ Quiere que todo esté perfecto.
2. ☐ No le molesta que su habitación esté desordenada.
3. ☐ Espera que a su hermana le guste el hostal.
4. ☐ Se ofrece para limpiar la cocina.
5. ☐ Ha estado todo el día estudiando.
6. ☐ Prefiere que otra persona limpie el baño.
7. ☐ Cree que aprender y aprobar son dos conceptos diferentes.
8. ☐ Piensa que Bea es tan perfeccionista como su hermana Laura.

4 Responde a estas preguntas.

1. ¿A qué se dedica la hermana de Bea?
2. ¿Sabe Bea a qué hora llega su hermana?
3. ¿Qué quiere Leo que le diga la hermana de Bea?
4. ¿Por qué recomienda Carla a Leo que hable con Laura?
5. ¿Le parece bien a Bea que sus huéspedes limpien el baño para su hermana?
6. Además de los conceptos *aprender* y *aprobar*, ¿qué otros conceptos confunde Leo?

Después del vídeo

5 **Todo el grupo** Comenta con tus compañeros si estás de acuerdo o no con las siguientes afirmaciones de los personajes del vídeo.

a. Aprender no es lo mismo que aprobar.

b. Para estudiar es necesario que el espacio esté ordenado y limpio.

c. A muchas personas les pone nerviosas el desorden.

Evaluación

18

1 **Completa el texto con las palabras del recuadro.**

nota | beca | curso | aprobadas | matrícula | secretaría | prácticas | intercambio

Si quieres pedir una [1] .... para pagar la [2] .... del próximo [3] ...., debes acudir a [4] ...., donde te informarán de los trámites necesarios. Allí también puedes solicitar hacer [5] .... en alguna empresa o un [6] .... con alguna universidad de otro país. Para solicitar ayudas es fundamental tener todas las asignaturas [7] .... y haber alcanzado en el último curso una [8] .... media de 6.

2 **Lee estas definiciones y escribe la palabra a la que se refieren.**

1. .... Notas que se toman durante la clase.
2. .... Estudios que se hacen entre los 6 y los 12 años.
3. .... Estudios que preparan para realizar una profesión.
4. .... Últimos años de la enseñanza secundaria.
5. .... Curso de especialización que se hace después del grado.
6. .... Persona que ha obtenido el grado universitario.

3 **Elige la opción correcta para completar las frases.**

1. ¿No te das cuenta de que **estás/estés** enfermo?
2. Hemos visto que los niños ya **han/hayan** llegado del colegio.
3. No creáis que **vais/vayáis** a conseguir lo que queréis.
4. No es cierto que **han/hayan** ampliado el plazo de matrícula.
5. Imaginad que **aprobáis/aprobéis** el examen con la nota más alta.
6. Marta no dice que **ha/haya** terminado ya el trabajo de fin de carrera.
7. Creo que se **ha/haya** equivocado, pero no pienso que lo **ha/haya** hecho con mala intención.
8. Es obvio que Ana no **cree/crea** que Juan **ha/haya** suspendido la asignatura.

4 **Escribe el verbo entre paréntesis en la forma adecuada.**

1. Me fastidia que la profesora de Historia nos .... (mandar) tantos deberes.
2. ¿Os importa .... (cerrar) la puerta al salir de clase?
3. Me alegro de que esta mañana Laura .... (hablar) con la tutora.
4. ¿Te da igual .... (suspender) Matemáticas?
5. Nos da pena que Javi y tú todavía no .... (verse).
6. No soporto que mi hermano .... (poner) la tele cuando estoy estudiando.

5 **Clasifica estas expresiones verbales en sentimientos positivos o negativos.**

me da rabia | me da pena | me encanta | me pone de buen humor | me aburre | me apasiona | me da pereza | me desagrada | me enfada | odio | me irrita | me divierte | me alegro de | me pone alegre | me entristece

Sentimientos positivos	Sentimientos negativos

Unidad

19 ¿Para qué sirve?

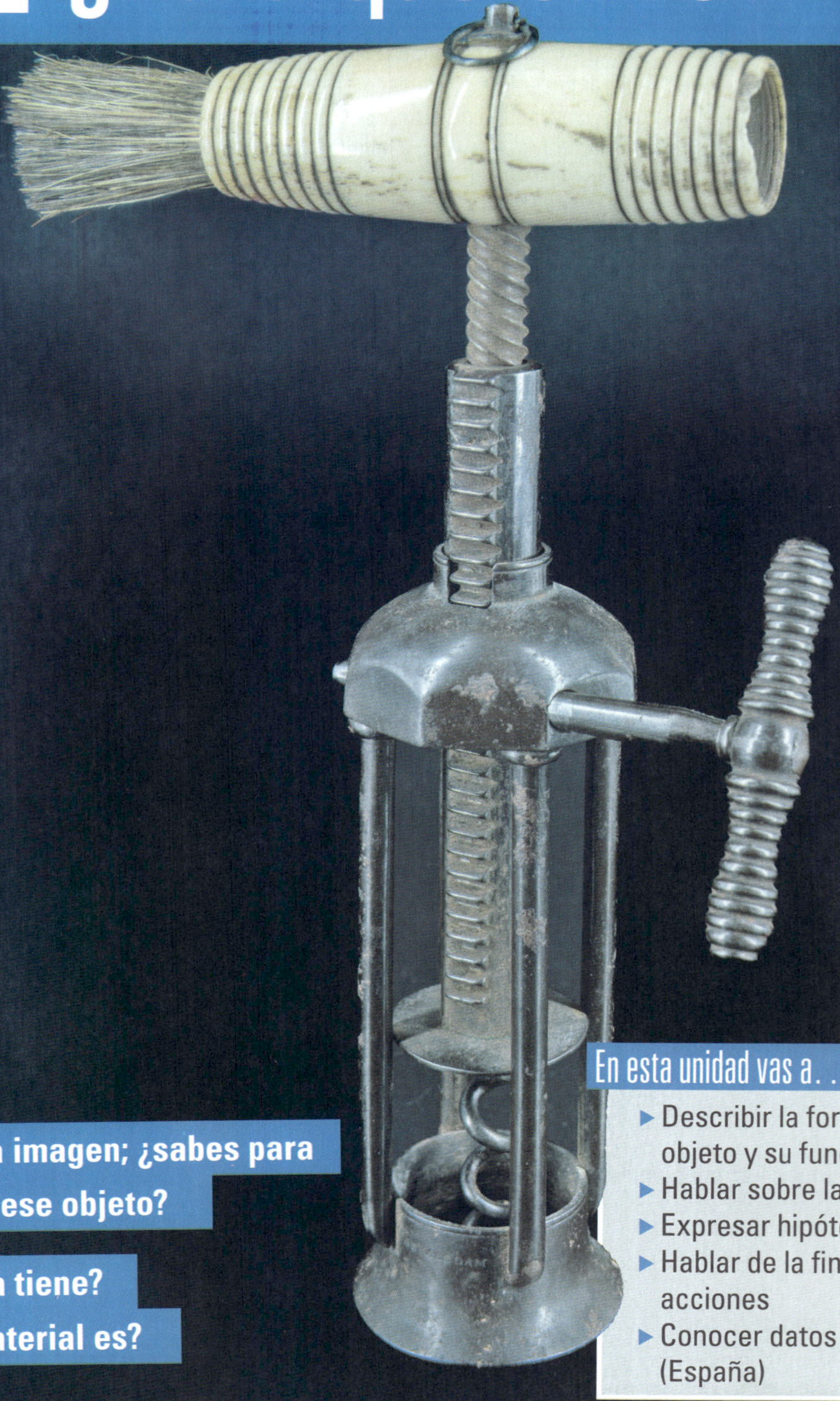

Fíjate en la imagen; ¿sabes para qué servía ese objeto?

¿Qué forma tiene? ¿De qué material es?

En esta unidad vas a. . .

- Describir la forma y el material de un objeto y su función o finalidad
- Hablar sobre la reutilización creativa
- Expresar hipótesis y probabilidad
- Hablar de la finalidad de objetos y acciones
- Conocer datos curiosos de Madrid (España)

¿Qué sabes?

1 **Todo el grupo** Mira estos objetos antiguos. ¿Sabes cómo se llamaban y para qué servían?

....	....	....

1.1 **En parejas** Estos son los objetos actuales que sustituyen a los anteriores. Describe las diferencias que observas entre ellos en cuanto a la forma, el material, su uso, etc. Trabaja con tu compañero/a.

	Bicicleta	Lápiz de memoria	Consola
Antes	Forma: .... Material: .... Uso: .... Otros:	Forma: .... Material: .... Uso: .... Otros:	Forma: .... Material: .... Uso: .... Otros: ....
Ahora	Forma: .... Material: .... Uso: .... Otros:	Forma: .... Material: .... Uso: .... Otros:	Forma: .... Material: .... Uso: .... Otros: ....

1.2 **Todo el grupo** Comenta con tus compañeros cuál de estos objetos es el que ha experimentado un mayor avance según tu opinión. Justifica tu respuesta.

Palabras

1 **En parejas** ¿Sabes el nombre de estos objetos? ¿Para qué sirven?

A

B

C

D

E

F

G

H

1.1 **En parejas** Relaciona estas palabras con su definición correspondiente. ¿En qué objetos de la actividad anterior se encuentran?

Objeto(s) ____	1. mango	a. Parte extrema de un objeto que puede pinchar.
Objeto(s) ____	2. boca	b. Parte abierta que hace de entrada y salida.
Objeto(s) ____	3. tapa/tapón	c. Abertura circular que atraviesa algo de parte a parte.
Objeto(s) ____	4. asa	d. Parte alargada por la que se puede agarrar un objeto.
Objeto(s) ____	5. punta	e. Parte con forma semicircular que sirve para agarrar utensilios.
Objeto(s) ____	6. agujero	f. Pieza que cierra los recipientes por la parte superior.

Fíjate:

- Para hablar de la **forma**:
  - ***Tiene forma de*** + sustantivo
    Esa caja ***tiene forma de*** *huevo.*
  - ***Tiene forma/Es*** + adjetivo
    La mesa ***tiene forma/es*** *triangular.*
- Para hablar del **material**:
  - ***Está hecho(a)/Es de*** + material
    Este jersey ***está hecho/es de*** *lana.*
- Si no se sabe el nombre o la forma del material puedes usar ***es como/similar a… pero…***:
  Es como *un plato,* ***pero*** *ovalado y más grande.*

1.2 **En parejas** Clasifica estas palabras en la tabla. Luego, con tu compañero/a, añade tres más a cada categoría. Puedes usar el diccionario.

rectangular | plástico | triangular | corto/a | piedra | horizontal | estrecho/a | madera | vertical | cuadrado | diagonal | tela | plano/a | cartón | círculo | recto/a | aluminio | rectángulo | circular | ancho/a | largo/a | alargado/a | metal | cuadrado/a | triángulo

Formas y figuras		Materiales
Sustantivos	Adjetivos	

1.3 **En grupos pequeños** Elige un objeto de la clase y descríbeselo a tus compañeros sin decir para qué sirve. Usa las palabras que has aprendido. Tus compañeros tienen que adivinar de qué objeto se trata.

2 La *reutilización creativa* consiste en dar otro uso a cosas viejas, usadas o estropeadas. Vas a leer algunos ejemplos de creaciones hechas con material reciclado. ¿Qué han usado? Relaciona algunos de estos objetos con su texto correspondiente.

☐ cajones	☐ corchos de botella de vino	1 botes de cristal
☐ mangos de sartén	☐ latas	☐ etiquetas de ropa
☐ tapones de tubo de crema	☐ estanterías de frigorífico	☐ cajas de zapatos
☐ tapones de bolígrafo	☐ botellas de plástico	☐ tambores de lavadora
☐ cordones de zapatillas usadas	☐ pinzas para la ropa	☐ ruedas de coche

1. Lara Yo, después de comerme la mermelada, los empleo para hacer lámparas. Un pequeño agujero en la tapa para pasar el cable y listo.

2. Fer Yo no las tiro nunca; hago muchísimas cosas con ellas: las utilizo de macetas para plantas, para hacer coches de juguete…, incluso como figuras para decorar el jardín. Son muy útiles y, como son de plástico, son muy fáciles de manipular.

3. Tomás No es lo más ingenioso, en el colegio ya lo hacíamos, pero yo siempre las guardo para utilizarlas como botes para lápices, pequeñas macetas, portavelas… Mis hijos se lo pasan genial pintándolas.

4. Sara Cuando tengo que cambiarlas, les pongo un trozo de madera en el agujero y unas patas, y sirven como sillas para el jardín. Son muy resistentes, como son de goma…

5. Juan Acababa de ver la idea en internet cuando se estropeó la nuestra, así que se lo quité para usarlo como barbacoa. Eso fue lo más difícil. Luego solo tuve que ponerle una parrilla encima y unas patas debajo y ya estaba listo. Facilísimo y barato.

6. Tania Iba a tirar un mueble y me fijé en su capacidad. Los saqué, los llené de tierra y planté hierbas aromáticas. Los puse en la terraza uno encima de otro. Un amigo me dijo que había visto una idea parecida en un restaurante muy famoso. ¡A todo el mundo le encantan!

2.1 **En grupos pequeños** Elige dos objetos de la lista anterior e inventa un uso que les permita alargar su vida. Trabaja con tus compañeros de grupo.

2.2 **Todo el grupo** Presentad vuestras creaciones a la clase. ¿Qué son ahora y para qué sirven? Después, entre todos, elegid la reutilización más original de las que se han presentado.

> A mí se me ha ocurrido que las pinzas de la ropa, las que son de madera, ¿sabéis?; pues que se pueden pintar de colores y pegarles, cuando estén ya secas, un pequeño imán por detrás. Así se podrían utilizar en una pizarra magnética para colgar fotos o notas.

Gramática

1 Oraciones de relativo

- Las oraciones de relativo permiten unir frases que tienen un elemento en común llamado *antecedente*. Para ello, se usan los pronombres relativos. Los más usados son ***que*** y ***donde***:

  Tengo un **hijo** + mi **hijo** habla chino › *Tengo **un hijo que** habla chino.* (Antecedente: *hijo*)

- En las estructuras relativas con preposición usamos los artículos ***lo/el/la/los/las*** entre la preposición y ***que***. El artículo concuerda en género y número con el antecedente:

  *He perdido el boli **con el que** hago los exámenes.*

- En las estructuras de relativo con **antecedente conocido** el verbo va en **indicativo**:

  *Me han regalado **un libro que tiene** unas fotos fantásticas.*

- Cuando el antecedente es **desconocido**, solo buscamos en este ciertas características o lo **negamos**, se usa **subjuntivo**:

  *¿Hay **alguna escuela de música que esté** cerca de mi nuevo barrio?* (No sé si existe).
  ***No hay robots que puedan** hacer los deberes por los estudiantes.* (Niego el antecedente).
  *Quiero comprar **un móvil que no sea** muy caro.*
  (Conozco las características del móvil que quiero, pero no sé si lo voy a encontrar).

1.1 Completa las frases con el verbo en indicativo o en subjuntivo según corresponda.

1. Marta ha adoptado un perro muy pequeño que .... (caber) en un vaso.
2. Mi abuelo tiene una ferretería que .... (abrir) los sábados por la tarde.
3. En España casi no hay ríos donde .... (poder) navegar barcos.
4. ¿Todavía tienes el bolígrafo que .... (escribir) a cinco colores?
5. ¿Alguien tiene un cargador de móvil que .... (servir) para todas las marcas?
6. Mi padre ha comprado una aspiradora que no .... (hacer) mucho ruido.
7. No conozco a nadie que no .... (tener) móvil.
8. ¿No puedes cantar otra canción que no .... (ser) esa?

2 Hacer hipótesis y expresar probabilidad con indicativo o subjuntivo

- Cuando queremos **hacer hipótesis** y **expresar probabilidad**, usamos las siguientes expresiones:

Con **indicativo**:	Con **indicativo** y **subjuntivo**:		Con **subjuntivo**:
– a lo mejor	– quizá(s)	– posiblemente	– puede (ser) que
– lo mismo	– tal vez	– seguramente	– (no) es + posible/ probable/imposible + que
– igual	– probablemente		

> Fíjate:
> En las expresiones que pueden llevar indicativo o subjuntivo, si el hablante usa el indicativo cree que su suposición es más probable que si usa el subjuntivo.

  A lo mejor Laura no viene porque está enferma.
  Tal vez hay/haya menos tráfico porque es domingo.
  Probablemente tengamos/tenemos/tendremos buen tiempo este fin de semana.

- Recuerda que también es frecuente hacer suposiciones con el **futuro simple**:

  ¿Qué hora será? Se me ha estropeado el reloj...

2.1 Relaciona las columnas para formar frases con sentido.

1. Igual Marta
2. Es posible que mis padres
3. Puede que los alumnos
4. Tal vez vosotros

a. vayan a la playa este verano.
b. tenéis hechos los deberes, pero yo no.
c. está enfadada y por eso no te habla.
d. no sepan que hoy hay un examen.

2.2 Completa libremente las frases.

1. Quizá ....
2. Puede ser que ....
3. Probablemente ....
4. Es posible que ....
5. A lo mejor ....
6. Seguramente ....

3 Oraciones finales

- Como ya has visto antes, cuando queremos expresar la **utilidad** o **función** de un **objeto**, o el **objetivo** o **finalidad** de una **acción**, se usa la preposición *para*. Hay dos construcciones diferentes:
  - Si los **verbos** tienen el **mismo sujeto**, se usa *para* + infinitivo: *La NASA viajará a Marte* ***para explorar*** *el planeta.* (La NASA quiere explorar Marte).
  - Si los **verbos** tienen **diferentes sujetos**, se usa *para que* + subjuntivo: ***La ciencia*** *está trabajando* ***para que tengamos*** *un futuro mejor.* (**La ciencia** quiere que **nosotros** tengamos un futuro mejor).

Además de *para*, existen otros **marcadores de finalidad**:

- En **contextos formales** puedes usar *con el fin/el objetivo/el propósito/la finalidad de*: *Se realizarán obras* ***con el fin de*** *que los clientes disfruten de mejores instalaciones.*
- Con **verbos de movimiento** es frecuente utilizar la preposición *a*: *Vinieron ayer* ***a*** *verte, pero no estabas.* *Ve al médico* ***a*** *que te recete algo para la gripe.*

RAE

GRAMÁTICA
En el español del Caribe, Ecuador y Paraguay hay tendencia a usar el pronombre sujeto antepuesto al infinitivo subordinado en la construcción › preposición + sujeto + infinitivo :
Yo tenía que conseguir un trabajo que me dejara mis horas libres ***para yo poder*** *cumplir con mi casa.*

Fíjate:
Estos marcadores siguen la misma estructura que *para*: infinitivo si los sujetos son iguales y subjuntivo si son diferentes.

3.1 Completa las frases con el verbo en infinitivo o en presente de subjuntivo.

1. Gustavo ha entrado a la tienda para que su abuelo .... (conocer) a su amigo Teo.
2. Los exámenes sirven para .... (comprobar) los conocimientos de los estudiantes.
3. Una bomba de bici sirve para .... (inflar) las ruedas.
4. La medicina avanza para que la gente .... (vivir) más tiempo.
5. Los asientos de los trenes pueden inclinarse para que la gente .... (estar) más cómoda.
6. Podemos reutilizar muchos materiales para .... (contaminar) menos.

3.2 Sustituye las expresiones resaltadas por estructuras formales de finalidad. Usa construcciones diferentes en cada texto.

1. Les escribimos [1] **porque queremos contarles** .... que la próxima semana tendrá lugar una reunión de padres, profesores y estudiantes. Se lo contamos con tanta antelación [2] **porque necesitamos que acudan** .... el máximo número de padres y estudiantes.
2. Esta semana nuestro horario se ampliará [3] **y así podrán tener** .... más tiempo para sus compras de Navidad.

Practica en contexto

1 **En parejas** Muchos objetos cotidianos o algunas de sus partes tienen una finalidad que a veces no conocemos. Completa el texto de cada imagen con estas palabras.

punta | agujero | mango | trozo | lado | tira o cinta

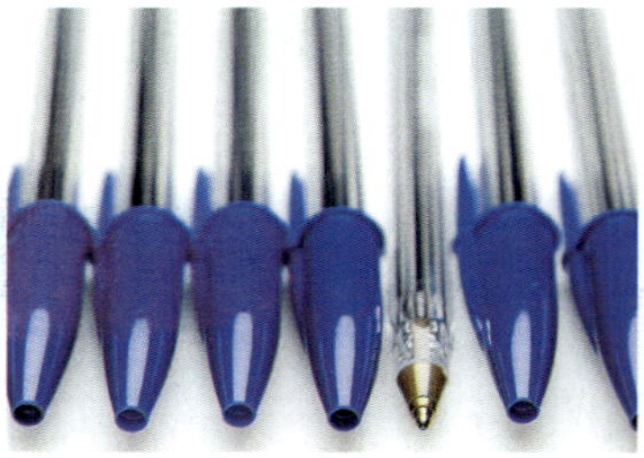

1. El .... que hay en el tapón de los bolígrafos.

2. El .... de tela que viene con la ropa nueva.

3. El .... azul de las gomas de borrar.

4. La .... que tienen muchas camisas en la espalda.

5. La .... que hay en el tapón de los tubos de crema o pomada.

6. El agujero en el .... de las sartenes y cacerolas.

Describir la función o finalidad de un objeto

- Para describir la función o finalidad de los objetos, puedes usar:
  - ***Es/Sirve/Se usa/Se utiliza para*** + infinitivo/*que* + subjuntivo (mismo sujeto/sujeto diferente):
    *La tinta **es para** escribir.*
    *Las cacerolas **sirven para que** podamos cocinar los alimentos.*
- Para describir una **función distinta** a aquella para la que estaba diseñado el objeto, usamos:
  - ***Se usa/Se utiliza/Se emplea/Sirve como*** + sustantivo:
    *Una botella se **emplea como** florero.*
    *Un tenedor viejo **sirve como** utensilio de jardín.*

1.1 **En parejas** Con tu compañero/a, piensa para qué sirven los objetos o partes anteriores y escríbelo en tu cuaderno usando *para que*.

Ejemplo: *Pues yo creo que el agujero del tapón sirve para que salga la tinta si se rompe la punta, ¿no crees?*

1.2 [68] En una clase acaban de realizar la actividad anterior. Escucha la explicación de la profesora, comprueba si has acertado en tus suposiciones y relaciona a los estudiantes con la expresión de hipótesis que utilizan.

1. Olga
2. Roberto y Susana
3. Irene y Alfonso
4. Luis y Pepa
5. Mirian y Valeria
6. Juan y Lorenzo

a. puede que
b. igual
c. quizá
d. tal vez
e. a lo mejor

1.3 **Todo el grupo** ¿Cuál de las funciones te ha sorprendido más? ¿Te parece que son prácticos estos elementos? ¿Por qué?

1.4 **En grupos pequeños** Fíjate en estas imágenes y en las partes marcadas; elige una, busca información en internet sobre su finalidad y, luego, compártela con el resto de la clase. ¿Cuál es la más curiosa según tu opinión?

1.5 **Todo el grupo** ¿Se te ocurre algún objeto cotidiano que esconda un pequeño misterio? ¿Cuál?

Preguntar o introducir una información y responder

- Para **preguntar** algo que se desconoce, se usa:
  - ¿Sabes qué/si/cómo/cuándo/dónde...?
    ¿Sabes cuándo empezaron a poner ese bolsillo?
    ¿Sabes si esta aguja sirve para algo?
- Para responder **negativamente**, se usan las siguientes expresiones:
  - Lo siento, (pero) no lo sé/no tengo ni idea.
- Para **introducir** una determinada **información** y saber si nuestro interlocutor la **conoce**, puedes usar:
  - *¿Sabes/Sabías que* + información*?*
    ¿Sabes/Sabías que la boca de la botella tiene esa forma para que sea más fácil cogerla con dos dedos?
  - *He leído/oído/visto que* + información
    He oído que el agujero de la cuchara de los espaguetis sirve para medir las raciones.
- Para **responder**, puedes usar:
  - Sí, ya lo sabía.
  - No, no lo sabía/no tenía ni idea.

2 **En grupos pequeños** Entre todos los miembros del grupo, conseguid el máximo número de objetos de la lista reutilizando lo que tenéis y lo que hay en clase.

- Un objeto que pueda servir como espejo.
- Algo que se mueva sin tener que empujarlo.
- Algo con lo que puedas limpiar las gafas.
- Algo para cortar una hoja de papel en dos mitades iguales.
- Un objeto que te permita estar sentado más alto que los demás.
- Algo con lo que protegerte de la lluvia que no sea un paraguas.
- Algo para hacer una carpeta y meter hojas sueltas.
- Algo con lo que puedas envolver un regalo.
- Una cosa con la que puedas limpiar la mesa.
- Un objeto que te permita tapar el cristal roto de una ventana.
- Algo que se pueda poner en el asiento de la silla para que sea más cómoda.
- Una cosa que se pueda usar para poner la planta de una maceta rota.
- Un objeto que impida que la puerta se cierre con el aire.

2.1 **Todo el grupo** Presentad a la clase vuestros objetos justificando su uso. Gana el grupo que haya obtenido más objetos y haya sido más ingenioso.

3 **Todo el grupo** ¿Te parece buena idea reutilizar los objetos viejos? ¿Por qué?

MADRID, UNA CAPITAL CURIOSA

1 **Todo el grupo** Fíjate en las fotografías; ¿conoces estos lugares de Madrid? Todos ellos esconden algún secreto. ¿Sabes cuál es? Si no es así, haz suposiciones y compártelas con tus compañeros.

2 [69] Escucha el audio y marca si las siguientes afirmaciones son verdaderas o falsas.

1. Madrid es la capital más antigua de Europa. .... V F
2. Botín es un restaurante del siglo XVIII. .... V F
3. El Templo de Debod fue comprado por el Gobierno español a Egipto. .... V F
4. A los madrileños los llaman *gatos* por una batalla. .... V F
5. El reloj más grande de Madrid está en una estación de tren. .... V F
6. La estación de Chamberí es una estación de metro construida para una película. .... V F
7. La estatua del diablo está en el parque del Retiro. .... V F

2.1 **Todo el grupo** ¿Conoces datos curiosos, leyendas o misterios de tu ciudad? Cuéntaselos a tus compañeros.

Algunas cosas (casi) gratis que puedes hacer en Madrid...

- Disfrutar del atardecer desde el Palacio Real.
- Dar una vuelta por el jardín tropical de la estación de Atocha.
- Comprar una fruta en el antiguo mercado de San Miguel.
- Hacer un pícnic frente al Palacio de Cristal en el Retiro.
- Perderte en el Rastro.
- Hacerte un selfi con los leones del Congreso de los Diputados.
- Recorrer Madrid Río en bicicleta.
- Comerte un bocadillo de calamares en la plaza Mayor.

3 **Todo el grupo** ¿Qué cosas se pueden hacer casi gratis en tu ciudad?

Adaptado de https://www.mochileandoporelmundo.com/cosas-que-ver-hacer-madrid-gratis/

Vídeo

HOSTAL Babel

Problemas de conexión

Antes del vídeo

1 **En grupos pequeños** En el episodio que vas a ver hoy se habla de los objetos que aparecen en las imágenes. Obsérvalas e imagina qué relación hay entre ellos.

2 **Todo el grupo** Habla con tus compañeros sobre las cuestiones que tienes a continuación.

1. ¿Cuál de estos objetos es habitual tener en casa?
2. ¿Cuál de ellos es el más práctico?
3. ¿Sabes utilizarlos todos?
4. ¿Qué haces cuando alguno de ellos se rompe?
5. ¿Cuál de los amigos del hostal crees que va a reparar alguno de estos objetos?

Durante el vídeo

3 Visiona el fragmento 00:30 ▶ 02:32 y elige las afirmaciones correctas.

1. ☐ Bea ha llamado a un técnico porque tiene problemas con internet en casa.
2. ☐ Bea en principio no sabe quién va a estar en casa esa tarde.
3. ☐ Leo va a volver a casa para descansar después de un examen.
4. ☐ Los profesores de Carla son tan flexibles como los profesores de Leo.
5. ☐ Bea no sabe cómo se llama el dispositivo del nuevo rúter.
6. ☐ Bea ha reformado el hostal hace poco.

4 Completa estas frases de los personajes con el verbo en la forma adecuada. Luego visiona el fragmento 01:05 ▶ 02:15 para comprobar tus respuestas.

1. Carla: Yo creo que ese comercial te llamó para que .... (comprar) algo.
2. Bea: Vamos a necesitar un rúter que .... (tener) un dispositivo de algo que no recuerdo cómo se llama.
3. Leo: El profesor de Programación nos ha cancelado la clase para que .... (tener) más tiempo para estudiar.
4. Carla: Yo no tengo profesores que .... (cancelar) las clases para que los estudiantes .... (estudiar).

5 Visiona el fragmento 02:32 ▶ final y responde a las preguntas.

1. ¿Hay alguien en el hostal que tenga la conexión a internet lenta?
2. ¿Por qué se sorprende Bea?
3. ¿Por qué, según Carla, no le han dicho nada a Bea?
4. ¿Qué objeto ha traído Leo de su habitación? ¿Para qué lo ha traído?
5. ¿Qué objeto de Bea necesita reparación?
6. ¿Para qué pide Carla ayuda a Leo?

Después del vídeo

6 **Todo el grupo** ¿Qué objetos de una casa puedes reparar tú mismo/a y qué objetos necesitan la reparación por parte de un técnico profesional?

Evaluación

1 Escribe el número de estas partes en los objetos representados. Atención: hay un objeto que tiene dos partes.

1. mango
2. tapa
3. punta
4. gancho

2 Lee las definiciones y completa con las palabras del recuadro.

metal (2) | cartón | goma | rectangular | círculo | rectos | tapa | borde | pieza

Es un recipiente de [1] .... que tiene forma [2] .... con una [3] .... en su parte superior para proteger los productos que se guardan o transportan en ella.

Es una [4] .... de la bicicleta que tiene forma de [5] .... Está hecha de [6] ....: tiene el [7] .... de [8] .... y unos palos [9] .... de [10] .... que unen el centro con la parte exterior.

3 Completa estas estructuras de relativo con el verbo en indicativo o en subjuntivo según corresponda.

1. ¿Tienes un bolígrafo que no .... (ser) azul?
2. Hemos comprado una casa que .... (estar) muy cerca de mi escuela.
3. Tengo un perro que .... (bailar) como una persona.
4. Quiero hacer una presentación que .... (gustar) a todos mis compañeros.

4 Escribe una hipótesis sobre el tema que se propone entre paréntesis usando los exponentes que se indican.

1. A lo mejor .... (El tiempo, mañana).
2. Puede que .... (Laura no ha venido a clase).
3. Seguramente .... (Hay un coche con las ruedas pinchadas en medio de la calle).
4. Es probable que .... (Fecha del examen de Historia).

5 Elige la opción adecuada para terminar las frases.

1. La directora ha llamado a todos los estudiantes con el fin de...
   a. que hable con ellos. b. hablar con ellos.
2. Santiago necesita una calculadora para...
   a. que haga el examen de Matemáticas.
   b. hacer el examen de Matemáticas.
3. Los nadadores se ponen tapones en los oídos para...
   a. que no les entre agua. b. no entrar agua.
4. Es necesario hacer campañas de concienciación con el objetivo de que la gente...
   a. recicle. b. recicla.
5. A mis padres les gusta guardar las botellas de plástico para...
   a. que hagan objetos para su jardín.
   b. hacer objetos para su jardín.

Unidad

20 El voluntariado

Fíjate en la imagen; ¿qué crees que están haciendo esas personas?

¿Tú lo has hecho alguna vez? ¿Cómo fue la experiencia?

En esta unidad vas a. . .

- Contestar por escrito a un anuncio
- Hablar de distintas ONG
- Aprender un nuevo tiempo para hablar del futuro
- Expresar en qué circunstancia temporal tiene lugar una acción
- Informarte sobre el comercio justo

¿Qué sabes?

1 [70] Escucha. Luego responde verdadero o falso.

1. Elena y su madre hacen la compra los lunes. ..... V F
2. Hoy el supermercado está lleno porque se acercan las Navidades. ..... V F
3. Elena no sabe por qué hay tanta gente en el súper. ..... V F
4. La madre de Elena es voluntaria de Aldeas Infantiles. ..... V F
5. Elena quiere estudiar Medicina para cooperar en proyectos internacionales. ..... V F
6. Una persona sin escrúpulos es una persona solidaria con los demás. ..... V F

2 **En parejas** ¿A qué hacen referencia las siguientes imágenes? Relaciónalas con su enunciado correspondiente.

1 

2 

3 

a. Es necesario que los jóvenes cuiden de los ancianos. Algún día todos seremos mayores.
b. Es importante que la gente sea solidaria. Entre todos podemos hacer un mundo mejor.
c. Es admirable que algunas personas dediquen su tiempo a ayudar a los más necesitados.

3 **En grupos pequeños** Como has visto, esta unidad está dedicada a la solidaridad y al voluntariado. Estas son algunas acciones que pueden llevar a cabo las ONG. Relaciona las columnas.

1. Hacer una	a. voluntario/a, socio/a, colaborador/a...
2. Recaudar	b. difusión al proyecto.
3. Dar	c. donativo.
4. Atender a	d. socios.
5. Aportar un	e. personas en situaciones de exclusión social.
6. Captar	f. colecta.
7. Donar	g. ropa, juguetes, material escolar.
8. Hacerse	h. fondos.
9. Comprometerse a	i. los ciudadanos y ciudadanas.
10. Concienciar a	j. terminar con la desigualdad y la injusticia.
11. Comprar productos de comercio	k. justo.
12. Organizar actividades	l. benéficas.

3.1 **Todo el grupo** ¿Qué otras acciones concretas se pueden organizar dentro de una ONG?

3.2 **Todo el grupo** ¿Qué ONG conoces? ¿Qué acciones de las que has visto en las actividades anteriores realizan?

Palabras

1 **En parejas** Fíjate en los logotipos. ¿Conoces estas organizaciones? ¿Sabes a qué se dedican?

a UNHCR ACNUR La Agencia de la ONU para los Refugiados

b MEDICOS SIN FRONTERAS

c FESBAL BANCOS DE ALIMENTOS

d ALDEAS INFANTILES SOS ESPAÑA

1.1 Relaciona los textos con cada una de las organizaciones anteriores y comprueba tu respuesta anterior.

1. ☐ Somos una ONG con un **reto** desde que nacimos en 1996: ayudar en la alimentación de los más **necesitados** porque, según la FAO, el hambre es el mayor riesgo para la salud en el mundo. La federación y los 55 **bancos de alimentos** distribuyen la comida a través de las **entidades colaboradoras**. En este momento, nuestra ayuda alcanza a más de millón y medio de personas. La organización funciona y desarrolla su labor social gracias a un equipo de más de 3300 **voluntarios** que colaboran desinteresadamente.

2. ☐ Es el organismo de la ONU para los millones de **refugiados** que han tenido que huir de sus países a causa de la guerra, el hambre o la **violación de los derechos humanos**. En España cuenta con representación desde finales de los sesenta y su objetivo es **velar por el respeto y la protección** internacional **de estas personas**. Para ello, tiene un equipo de asesoramiento jurídico y programas especializados en reunificación familiar. Para colaborar, puedes hacerte **socio** o aportar un **donativo**.

3. ☐ Somos una organización de acción médico-humanitaria: prestamos **auxilio** a personas amenazadas o que se han visto afectadas por **conflictos armados**, epidemias o enfermedades y desastres naturales. También cuidamos de **personas excluidas de la atención médica básica**. Nuestra acción consiste en **aliviar el sufrimiento de otros seres humanos**, esta es nuestra misión. Gracias a las aportaciones de nuestros cinco millones de socios, también podemos **denunciar las situaciones injustas** que presenciamos en los países de la misión.

4. ☐ Somos una organización privada internacional de ayuda a la infancia, **sin ánimo de lucro**, e independiente de toda orientación política. Atendemos a **niños y jóvenes que se encuentran en situación de vulnerabilidad o exclusión social** impulsando su desarrollo y autonomía mediante la **acogida en entornos familiares** protectores. Nuestros principios son el **compromiso** y la **implicación**.

Textos adaptados de https://www.fesbal.org, https://www.acnur.org/es-es, https://www.msf.es y https://www.aldeasinfantiles.es

1.2 **En grupos pequeños** ¿Qué dos organizaciones supranacionales se mencionan en los textos anteriores? ¿Sabes dónde están sus sedes?

1.3 [71] Escucha el comienzo de un programa de radio dedicado a las ONG y comprueba tus respuestas anteriores.

1.4 Fíjate en las palabras y expresiones destacadas en los textos de 1.1 y relaciónalas con estas definiciones.

①
1. Personas que colaboran de manera activa en una ONG: ......
2. Objetivo o misión difícil de conseguir: ......
3. Organizaciones que ayudan a las ONG: ......
4. Personas pobres o desfavorecidas: ......
5. Organizaciones que almacenan la comida donada para distribuirla: ......

②
1. Personas que no pueden vivir en su país porque su vida está en peligro por la situación política, social o económica: ......
2. Persona que colabora con una ONG: ......
3. Garantizar que las personas estén protegidas y seguras: ......
4. El hecho de no respetar la vida, la salud, la dignidad y otros aspectos esenciales para las personas: ......
5. Cantidad de dinero, comida u objetos que puedes dar a una ONG para colaborar: ......

③
1. Guerras: ......
2. Ayuda a personas que lo necesitan con urgencia: ......
3. Reducir el dolor, la tristeza y la desesperación de la gente: ......
4. Informar a las autoridades, a los medios de comunicación o a la sociedad en general de una situación que se considera injusta: ......
5. Personas que no reciben servicios médicos o sanitarios de primera necesidad: ......

④
1. Gente indefensa y débil: ......
2. Deseo firme de cumplir las promesas: ......
3. No tener intención de obtener beneficio económico: ......
4. Oportunidad que se ofrece a los menores de vivir con familias o en centros que garantizan un ambiente familiar y afectuoso: ......
5. Esfuerzo que se realiza dentro de un proyecto para formar parte de él: ......

1.5 Elige seis palabras o expresiones de la actividad anterior y escribe una frase con ellas.

1. ......
2. ......
3. ......
4. ......
5. ......
6. ......

1.6 **Todo el grupo** ¿Qué otras organizaciones no gubernamentales conoces? ¿A qué se dedican?

2

En grupos pequeños Buscad información en internet sobre una asociación de voluntariado o una organización sin ánimo de lucro que os interese y presentadla al resto de la clase.

2.1 **Todo el grupo** ¿Vosotros formáis parte de alguna asociación de voluntariado? ¿Por qué? ¿Conocéis a alguien que forme parte de una de ellas? ¿Qué hace?

Gramática

1 Futuro compuesto

- El **futuro compuesto** es un tiempo verbal que se forma con el verbo auxiliar *haber* en **futuro simple** y el participio del verbo principal:

	Estudiar	Entender	Repetir
yo	**habré** estudiado	**habré** entendido	**habré** repetido
tú	**habrás** estudiado	**habrás** entendido	**habrás** repetido
él, ella, usted	**habrá** estudiado	**habrá** entendido	**habrá** repetido
nosotros/as	**habremos** estudiado	**habremos** entendido	**habremos** repetido
vosotros/as	**habréis** estudiado	**habréis** entendido	**habréis** repetido
ellos, ellas, ustedes	**habrán** estudiado	**habrán** entendido	**habrán** repetido

Recuerda: Hay participios que son irregulares: *visto, escrito, vuelto*, etc.

- El futuro compuesto se usa para indicar una **acción futura anterior** a otra **acción** o **momento** también **futuros**. Cuando hacemos predicciones con este tiempo, expresamos anterioridad respecto al futuro:

  *Mañana a esta hora seguramente ya **habremos terminado** el examen.*

- Se usa también para **expresar hipótesis** sobre sucesos del **pasado reciente**, es decir, dentro de un marco temporal que no se considera aún terminado. En este caso, el futuro compuesto equivale al pretérito perfecto:

  *Se **habrá enfadado** con su novia y por eso tiene esa cara.*
  *¿Dónde **habré puesto** el móvil?*

RAE GRAMÁTICA
En el español de América (Uruguay, Argentina, Paraguay...) es posible usar el pretérito indefinido en lugar del futuro compuesto para expresar una acción futura anterior a otra acción o momento futuros:
*De seguir así, a la semana que viene ya **corrí** los 40 kilómetros.*

1.1 Completa las siguientes oraciones con la forma correcta del futuro compuesto y marca si se refieren al futuro (F) o al pasado hipotético (P).

1. Llámame luego, que ya .... (yo, hablar) con Pedro y sabré qué pasa. .... F P
2. .... (Nosotros, hacer) algo mal, porque ahora no funciona. .... F P
3. .... (Ella, perderse); ya debería estar aquí. .... F P
4. Cuando llegues, ... (ellos, terminar), no te preocupes. .... F P
5. Parece nervioso, ... (él, ver) algo raro. .... F P
6. Mañana, a estas horas, ya se .... (ellos, casarse). .... F P

1.2 Completa estas predicciones científicas con la forma correcta del futuro simple o compuesto según corresponda.

Me atrevo a pronosticar qué [1] **ocurrirá/habrá ocurrido** y qué no cuando lleguemos a la década de los sesenta. No [2] **conoceremos/habremos conocido** cómo se originó el universo, pero sí [3] **resolveremos/habremos resuelto** el misterio de la energía oscura y [4] **sabremos/habremos sabido** por qué el universo se expande de forma acelerada. Se [5] **viajará/habrá viajado** a la Luna de vacaciones, pero no se [6] **llegará/habrá llegado** a Marte todavía. El petróleo barato se [7] **acabará/habrá acabado** y [8] **usaremos/habremos usado** energías alternativas como la solar.

2 Oraciones temporales

- Las oraciones temporales ponen en relación dos o más acciones indicando **en qué momento** tiene lugar la acción de la oración principal.
- Con *cuando, siempre que, cada vez que, hasta que, desde que* y *en cuanto* se usa **indicativo** en **presente** y **pasado:**

  Cuando llego a casa después del trabajo, me pongo un rato a leer. (El presente indica que son acciones habituales: *cuando* equivale a *siempre que*).

  Me llamó para felicitarme en cuanto se enteró del nacimiento de mi hija.

  – Para hablar de una **acción habitual** en **pasado** se usa el **pretérito imperfecto**:

  Cada vez que podíamos, nos íbamos a nuestra casa de campo.
- Todos estos nexos temporales se construyen con **subjuntivo** para expresar **futuro**:

  No pensaré en mi futuro hasta que (no) termine el curso.

  Os daremos las notas en cuanto hayamos corregido los exámenes.
- Con *antes de* y *después de* se utiliza el **infinitivo** cuando el sujeto de las oraciones es el mismo y el **subjuntivo** si son diferentes:

  Me tomé un año sabático después de terminar la universidad.

  Es mejor tomar tus propias decisiones antes de que otros las tomen por ti.

Fíjate:
- No se puede usar el futuro con estos nexos, solo el **subjuntivo**:

  Cuando ~~vendrá~~ mamá, haré los deberes ›
  Cuando venga mamá, haré los deberes.
- Si *cuándo* es **interrogativo** o **interrogativo indirecto**, se puede construir con **futuro**:

  ¿Cuándo verás a tu familia?

  No sé cuándo podré irme de vacaciones.

RAE

GRAMÁTICA
- La construcción no... hasta que (no)... indica que una acción no se produce antes de que otra suceda:

  La abuela no dejó de chillar hasta que el niño atrapó al bicho y lo metió en el bote.

  Le he dicho que no lo voy a tocar hasta que no lo ponga quien tiene la obligación de hacerlo.

  Ambas frases son correctas según indica la RAE. La segunda negación tiene un valor enfático. Esta construcción es más usual en el español de España.
- En algunas zonas de América, especialmente en México, en el área costera de Ecuador, en América Central y en Colombia, se produce el siguiente fenómeno: **se suprime la negación** delante del verbo en las oraciones con hasta, por lo que el enunciado se interpreta como a partir de:

  El licenciado estará disponible mañana jueves hasta las diez horas. ('a partir de las diez horas').

2.1 Relaciona los elementos de las dos columnas y conjuga los verbos correctamente añadiendo *que* si es necesario.

1. Salimos para el hospital...
2. Cuando .... (terminar, tú) los estudios...
3. Vivieron juntos...
4. Después de .... (jubilarse, yo)...
5. Tenemos que hablar contigo...
6. Tuve varios trabajos...

a. mientras .... (estudiar, yo).
b. antes de .... (irse, tú).
c. encontrarás trabajo sin problema, ya lo verás.
d. hasta que su hija .... (cumplir) 18 años. Luego se separaron.
e. quiero dedicarme a la jardinería.
f. en cuanto nos .... (decir, ellos) que había nacido.

2.2 Transforma las siguientes frases en tu cuaderno utilizando el nexo que aparece entre paréntesis.

1. Iré a correr después de terminar este trabajo. (cuando)
2. Recibimos la noticia y te pusimos un mensaje. (al)
3. De pequeña iba a la sierra si hacía buen tiempo. (siempre que)
4. No volveré si Juan no se ha ido. (hasta que)
5. Primero recibirás la información. Luego terminará el curso. (antes de)
6. Salí de casa. Llamaron por teléfono. (en cuanto)

Practica en contexto

1 **Todo el grupo** ¿Conoces el Banco del Tiempo? ¿Sabes en qué consiste esta iniciativa?

1.1 Completa el texto sobre el Banco del Tiempo con estas palabras para saber si has acertado.

soledad | lucro | depositar | prestación | intercambio | gratuitos | confianza | beneficios | aislamiento

Es el primer banco que funciona sin dinero y sin ánimo de [1] .... En este banco únicamente puedes [2] .... tiempo, que podrás intercambiar con el de otros a través de la [3] .... de servicios o el [4] .... de habilidades o conocimientos. El Banco del Tiempo ofrece un espacio de solidaridad y [5] .... en los demás para resolver necesidades de la vida cotidiana. Este proyecto pretende fomentar las relaciones sociales y romper el [6] .... y la [7] .... de la vida urbana. En el Banco del Tiempo todo el mundo obtiene [8] ....: todo el tiempo que des podrás recuperarlo en servicios o conocimientos que necesites o te interesen. Los intercambios son siempre [9] ....

2 **En grupos pequeños** Imagina con tus compañeros de grupo cinco actividades que se pueden intercambiar en el Banco del Tiempo.

2.1 **Todo el grupo** Haced una puesta en común de todas las actividades y elaborad un listado.

2.2 Estos son algunos de los servicios que se pueden encontrar en el Banco del Tiempo. ¿Coinciden algunos de ellos con el listado que habéis hecho en la actividad anterior?

- **Atención y cuidado de personas:** cuidado de niños y personas mayores, acompañamiento (al colegio, visitas médicas, gestiones bancarias, pasear...), transporte...
- **Cuidados personales:** peluquería, estética, masajes, gimnasia terapéutica, yoga...
- **Tareas del hogar:** cocina, limpieza, costura, planchado, hacer la compra...
- **Formación:** apoyo académico, clases de idiomas, música, jardinería, informática...
- **Reparaciones:** fontanería, carpintería, soldadura, albañilería, electricidad, pintura...
- **Orientación y asesoramiento:** jurídico, administrativo, laboral...

En https://revistadigital.inesem.es/educacion-sociedad/sabemos-que-es-y-como-funciona-un-banco-de-tiempo/

3 **Todo el grupo** Algunas personas que participan en el Banco del Tiempo cuentan sus experiencias en un programa de radio. Observa las imágenes. ¿De qué servicios o demandas crees que van a hablar?

3.1 **En parejas** Relaciona estos enunciados con las imágenes anteriores. Justifica tus respuestas.

1. ☐ En el futuro me gustaría vivir y trabajar allí, pero tengo que mejorar mi nivel.
2. ☐ Me encantan, pero no podemos tener uno porque mi hermano es alérgico y me da mucha pena que estén solos.
3. ☐ Siempre he querido hacerlo, pero todavía soy muy joven. Mientras, tengo que seguir creciendo y formándome.

3.2 [72] Escucha el siguiente fragmento del programa de radio, completa las intervenciones de los participantes y comprueba tus respuestas de 3 y 3.1.

Hola a todos, os cuento mi experiencia. Aunque me gustan mucho los gatos, no podemos tener uno porque mi hermano es alérgico. Sé que [1] .... gente que no puede atenderlos en algunas ocasiones, así que yo ofrezco mi tiempo para [2] .... con el animal cuando [3] .... que cuidarlo. Aunque sean animales muy independientes, los gatos también necesitan algunos cuidados.

Me encantaría viajar a un país africano para colaborar en una misión médico-humanitaria, aunque todavía soy muy joven. Pero, mientras [4] .... mayor y [5] ...., ofrezco mi tiempo para estar con ancianos del barrio que viven solos y que necesitan conversación y compañía.

Soy estudiante de Arquitectura y todos los veranos estudio español en Madrid. En el futuro me gustaría vivir y trabajar como arquitecto en España, aunque todavía tengo que mejorar mi nivel de español. Ofrezco parte de mi tiempo libre en verano para [6] .... clases de inglés y cada vez que [7] .... la clase, "cobro" mi tiempo: hablo en español con mis alumnos después de [8] .... la clase. ¡Y me va muy bien!

4 Imagina que eres español/a y que te interesan los servicios que ofrece Peter, el estudiante de Arquitectura. Escríbele un correo en el que le informas de los siguientes aspectos.

- Vas a clase de inglés, pero no practicas lo suficiente.
- Tienes buen nivel de gramática, pero necesitas más vocabulario para hablar.
- Pides que te corrija tus errores desde la primera hasta la última sesión.
- A ti también te gustaría estudiar una lengua en el extranjero y tienes los mismos planes de futuro que él, pero eres demasiado joven aún.

Contestar por escrito a un anuncio

Una comunicación escrita (carta o correo) para responder a un anuncio tiene esta estructura:

- **Saludo:**
  - Hola, Peter:
  - Estimado Peter:
- **Introducción:**
  - Me pongo en contacto contigo / con usted... porque...
- **Mensaje** con el contenido principal de la comunicación:
  - Me interesan mucho tus / sus clases porque...
  - Necesito que...
  - Me gustaría...
- **Despedida:**
  - Espero tu / su contestación.
  - Muchas gracias de antemano por tu / su atención.
  - Un (cordial) saludo.

4.1 Imagina que en tu clase hay un Banco del Tiempo. Escribe un anuncio en el que pidas un servicio o colaboración a cambio de otro que tú estés dispuesto a hacer.

4.2 **Todo el grupo** Pegad todos los anuncios en la pizarra y elegid el que os parezca más adecuado a vuestras necesidades. Busca a esa persona y poneos de acuerdo para intercambiar vuestros servicios.

5 **Todo el grupo** Imagina qué problemas habrán desaparecido dentro de cincuenta años y qué cosas habrán cambiado gracias a la solidaridad de la gente. Compártelo con el resto de la clase.

EL COMERCIO JUSTO

Tienda de comercio justo

1 **En parejas** ¿Sabes qué es el *comercio justo*? Estos son sus diez principios. ¿A qué crees que se refieren? ¿Cuál es su objetivo?

Los diez principios del comercio justo

1. Oportunidades para productores desfavorecidos
2. Transparencia y responsabilidad
3. Prácticas comerciales justas
4. Pago justo
5. - No al trabajo infantil
   - No al trabajo forzoso
6. - No a la discriminación
   - Igualdad de género
   - Libertad de asociación
7. Buenas condiciones de trabajo
8. Desarrollo de capacidades
9. Promoción del comercio justo
10. Respeto al medioambiente

La ONG Golden Silk, en Camboya, fabrica seda de manera tradicional y sostenible. La mayoría de sus trabajadores son mujeres.

Recogida del fruto del cacao

2 Lee el texto y comprueba tus respuestas.

Cada artículo que compramos tiene una historia, la historia de las personas que lo elaboran. Las historias de quienes cultivan, procesan, elaboran o cosen los productos están marcadas muchas veces por jornadas de trabajo extenuantes e inhumanas, por salarios que no alcanzan para vivir con dignidad, por ingresos que no cubren los costes de producción; historias marcadas por ser mujer u hombre, historias de niños y niñas que se han visto obligados a trabajar en lugar de ir a la escuela o jugar; historias, en definitiva, de injusticia.

Por todo ello, en la década de los cincuenta surgió un movimiento que ha ido creciendo con los años: el comercio justo. Su objetivo es mejorar el acceso al mercado de los productores más desfavorecidos y cambiar las injustas reglas del comercio internacional, que consolidan la pobreza y la desigualdad mundial.

Sus principios básicos son:

- Los productores tienen unas condiciones laborales y unos salarios que les permiten vivir con dignidad.
- No se permite la explotación laboral infantil.
- Se promueve la igualdad entre hombres y mujeres: ambos reciben un trato y una retribución económica equitativa.
- Los artículos se fabrican mediante prácticas respetuosas con el entorno en el que se producen.

El café y el chocolate son los dos productos que nos vienen a la cabeza cuando pensamos en el comercio justo. Sin embargo, además de estos clásicos que conocemos todos, las organizaciones y tiendas de comercio justo ofrecen ya productos con los que buscan adaptarse a las necesidades comunes: zapatillas deportivas, móviles, cremas solares y otros cosméticos, refrescos y todo tipo de productos de alimentación están ya disponibles para la venta bajo el sistema de comercio justo. Comprando estos productos puedes mejorar la calidad de vida y la economía local y nacional de los países productores exportadores.

Adaptado de http://comerciojusto.org y https://www.eldiario.es/economia/productos-comercio-justo-pensabas-existian_0_642186471.html

Vídeo

HOSTAL Babel

Profesores Sin Fronteras

Antes del vídeo

1 **En grupos pequeños** Observa estas imágenes. Ambas están relacionadas. ¿Puedes imaginar por qué? Haz hipótesis con tus compañeros. Una pista: fíjate bien en los objetos que hay encima de la mesa del hostal.

Durante el vídeo

2 Visiona el fragmento 00:30 ▶ 00:50 para comprobar tus hipótesis anteriores. ¿Has acertado?

3 Visiona el fragmento 01:01 ▶ 03:20 y responde si las siguientes afirmaciones son verdaderas (V) o falsas (F).

1. Leo trabaja como voluntario en una ONG. .... V F
2. Carla quiere colaborar en la misma ONG. .... V F
3. Leo cree que él en realidad no es un auténtico voluntario. .... V F
4. Bea y Carla creen que Leo no puede ser un buen voluntario. .... V F
5. Leo ha movilizado a todo el barrio para colaborar con la ONG. .... V F

4 Visiona el fragmento 03:21 ▶ final y relaciona las afirmaciones con el personaje correspondiente.

Leo	Hugo	Carla	Bea
☐ ☐	☐ ☐	☐ ☐	☐ ☐

a. Va a quedarse en casa por la tarde para ayudar.
b. Ve a Leo como el director de la ONG.
c. No confía en su capacidad para hacer voluntariado en una ONG.
d. Conoció el proyecto de la ONG haciendo yoga.
e. Se reunió varias veces la semana pasada.
f. Colabora desde hace tiempo en una ONG.
g. Está sorprendida por la actividad de Leo.
h. Cree que Leo está más implicado con la campaña solidaria de lo que piensa.

Después del vídeo

5 **Todo el grupo** ¿Por qué se ríen las chicas de la actitud de Leo? ¿Qué concepto del voluntariado tienen Leo, Carla y Bea? ¿Estás de acuerdo con estas afirmaciones?

Carla: "Si te hace feliz colaborar, hacete miembro. Creo que te vas a sentir muy bien".

Leo: "Pienso en esta labor como un trabajo: tienes que hacerlo porque realmente te gusta y tienes que querer hacerlo".

Bea: "La palabra *voluntario* lo dice claro: *vo-lun-ta-rio*. Significa que lo haces porque quieres, pero, sobre todo, lo haces para que los demás se sientan bien".

Evaluación

1 Clasifica estas palabras en su categoría correspondiente.

recogida de firmas | voluntario/a | igualdad | necesitado/a | banco de alimentos | ancianos | soledad | socio/a | confianza | hacer un donativo | personas vulnerables | cooperante | denunciar | colecta | refugiado/a | solidaridad | concienciarse

Sentimientos y valores	Personas involucradas en una ONG

Beneficiarios de las ONG	Actividades solidarias

2 Relaciona las columnas.

1. No tener ánimo de
2. Comprometerse a
3. Violar
4. Hacerse
5. Contribuir con
6. Reducir la

a. una labor social.
b. los derechos humanos.
c. lucro.
d. socio/a.
e. colaborar.
f. desigualdad.

3 Completa las frases con el verbo en la forma correcta.

1. Cuando .... (terminar) la secundaria, voy a estudiar Relaciones Internacionales.
2. Cuando no .... (entender) una palabra, la busco en el diccionario.
3. En cuanto .... (llegar) los voluntarios, los refugiados empezaron a aplaudir.
4. Llámame tan pronto como .... (saber) el resultado.

4 Completa las frases con las expresiones temporales del cuadro.

antes de | después de | antes de que | después de que | hasta que | desde que

1. Siempre me lavo los dientes .... acostarme.
2. Tienes que quedarte en clase .... haya salido el profesor.
3. Mañana, ... termine el partido, vamos a tener una reunión.
4. Laura colabora con ACNUR .... cumplió 18 años.
5. Una ducha caliente es muy relajante .... hacer deporte.
6. La sociedad tiene que ser más solidaria .... sea demasiado tarde.

5 Escribe los verbos en la forma correcta del futuro compuesto.

1. A la una ya .... (llamar, tú).
2. No ha venido aún, ... (dormirse).
3. ¿................................ (Llegar) ya las chicas?
4. Supongo que .... (terminar, vosotros), es tarde.

Unidad

21 ¡Súmate!

Fíjate en la imagen y en el título de la unidad; ¿cuál crees que es el tema que se va a tratar?

¿Crees que llevas un estilo de vida sostenible? Justifica tu respuesta.

En esta unidad vas a...

- Opinar sobre el medioambiente
- Hablar sobre la economía sostenible
- Debatir y posicionarte
- Expresar hipótesis
- Descubrir paraísos naturales de Latinoamérica en peligro

¿Qué sabes?

1 **Todo el grupo** ¿Sabías que la naturaleza está en peligro desde hace muchos años? Lee este fragmento de un libro que Miguel Delibes de Castro, famoso biólogo español, escribió en el año 2001. Luego responde a las preguntas y expresa tu opinión.

RAE

Vida. La naturaleza en peligro

Un canadiense medio precisa[1] casi ocho hectáreas para cubrir los requerimientos[2] que demanda su modo de vida actual, mientras que un ciudadano norteamericano necesita unas diez, un sueco alrededor de seis, un italiano y un español algo más de cuatro, un mexicano dos y media y un hindú menos de una hectárea. La Tierra produce y recicla en la actualidad el equivalente a dos hectáreas por habitante (si en el año 2050 la población alcanza los 10 000 millones, el espacio productivo caerá a 1.2 hectáreas por cabeza) y, sin embargo, la impronta promedio[3] de la humanidad es ya hoy superior a dos hectáreas y media. El conjunto de la humanidad está, por tanto, consumiendo más de lo que la naturaleza puede proporcionar sin deteriorarse[4].

Extraído de *Vida. La naturaleza en peligro*, Miguel Delibes de Castro, editorial Temas de Hoy, 2001.
Incluido en el CREA (Corpus de Referencia del Español Actual)

[1] Precisar = necesitar, requerir.
[2] Requerimiento = exigencia.
[3] Impronta promedio = huella global o ecológica, el impacto que el ser humano produce en la naturaleza para satisfacer sus necesidades.
[4] Deteriorarse = estropearse, perder calidad.

Fíjate:
La *hectárea global* es una medida que se obtiene al dividir la biocapacidad de la Tierra (15 000 millones de hectáreas) entre el número de personas que habitan en ella. La cifra que resulta es el número de hectáreas que cada ser humano puede emplear para vivir sin reducir la capacidad de biogeneración del planeta.

1. ¿Por qué crees que algunas nacionalidades necesitan más hectáreas que otras para abastecerse?
2. ¿Cuántas hectáreas por habitante regenera la Tierra, según el texto?
3. ¿Por qué crees que consumimos más de lo que debemos?
4. El texto que has leído es del año 2001. En aquel momento la huella global era de unas 2.5 hectáreas. Actualmente la huella global está en 2.8. ¿Qué conclusiones se pueden sacar?

2 Las siguientes frases expresan hipótesis con respecto a la conservación del medioambiente. Relaciona las partes.

1. Si tomáramos conciencia,
2. Si repararáramos lo que se estropea,
3. Si usáramos el transporte público,
4. Si eligiéramos productos sin envoltorios ni envases,
5. Si reutilizáramos los objetos,
6. Si utilizáramos bombillas de bajo consumo,
7. Si no dejáramos los aparatos en *stand-by*,
8. Si arregláramos los grifos que gotean,

a. daríamos más vida a los objetos.
b. ahorraríamos energía.
c. sabríamos que cada acción tiene consecuencia.
d. ahorraríamos 50 litros de agua cada semana.
e. habría menos contaminación en las ciudades.
f. no seguirían gastando energía.
g. reduciríamos mucho los residuos.
h. podrían usarse de nuevo con otra función.

2.1 **Todo el grupo** En cada parte de las frases anteriores, se ha usado un tiempo diferente. ¿Conoces esos dos tiempos? ¿Sabes cómo se llaman y cuál es su función?

Palabras

1 **En parejas** Lee el texto y relaciona las palabras en negrita con su imagen correspondiente.

La Tierra pide ayuda

Cada día, la Tierra nos envía señales evidentes de que las cosas no están funcionando correctamente. En los polos, el [a] **deshielo** reduce cada vez un poco más su superficie y, por este motivo, el nivel del mar está también aumentando. Grandes desastres naturales, como los huracanes, los [b] **incendios** o las [c] **inundaciones**, son cada vez más frecuentes. En los últimos cien años la temperatura global de la Tierra ha subido casi un grado; la tendencia dice que seguirá subiendo si no reducimos las emisiones de [d] **dióxido de carbono** (CO_2). Este gas, que proviene del uso de combustibles como el [e] **petróleo** o el carbón, es el principal responsable del [f] **efecto invernadero**, un fenómeno que provoca el aumento de las temperaturas al impedir la salida de las radiaciones infrarrojas de la atmósfera. A estos problemas se une la [g] **deforestación**, motivada por la necesidad de usar el suelo para el cultivo masivo de alimentos. Sin bosques, muchos terrenos acaban convirtiéndose en desiertos y los animales, al perder su hábitat natural, desaparecen. Miles de personas en todo el mundo quieren que los Gobiernos obliguen a utilizar [h] **energías renovables** que no contaminen. Para muchos es necesario, además, que los ciudadanos consumamos solo lo que verdaderamente necesitamos y reciclemos nuestra [i] **basura**. La Tierra pide ayuda a gritos.

1.1 **En parejas** Vuelve a leer el texto y numera los temas según se mencionan. ¿Qué palabras claves te han ayudado a identificarlos?

- ☐ energías limpias
- ☐ agricultura intensiva
- ☐ huella ecológica
- ☐ calentamiento global
- ☐ animales en peligro de extinción

2 **En parejas** En un programa de radio, Luis Ramírez, vicepresidente del Gobierno, y Marta Fernán, presidenta de la asociación Salvemos la Tierra, debaten sobre el cambio climático. ¿Quién de los dos crees que ha hecho los siguientes comentarios? Justifica tu respuesta.

Quién	Comentario
1.	Vamos a trabajar para reducir los niveles de contaminación.
2.	A ustedes no les importan el planeta ni los ciudadanos.
3.	El aumento de la temperatura no ha sido excesivo.
4.	Me parece increíble que no busquen soluciones al problema.
5.	Necesitamos que se reduzca la emisión de gases.
6.	No creo que se pueda hablar de calentamiento.

2.1 Escucha el audio y comprueba tus respuestas.

[73]

RAE

COMUNICACIÓN

- Tú y vos frente a usted. Tú es la forma empleada en España y en muchas zonas de América para el tratamiento informal o de confianza. El pronombre vos se usa en América, mayoritariamente en el Cono Sur y en amplias zonas de América Central. En algunos países, como Chile, vos alterna con tú:

  *¿Qué hace un tipo como **tú** despierto a estas horas?*

- Usted frente a tú y vos. Usted es la forma más empleada para el tratamiento formal. El pronombre usted implica cierto distanciamiento, cortesía y formalidad:

  *¿Cómo se puede uno poner en contacto con **usted** aunque sea por correo electrónico?*

- El mismo valor formal presenta la forma de plural ustedes frente a vosotros/as en la mayor parte de España; en cambio, en todo el territorio americano y, dentro de España, en Andalucía occidental y Canarias, ustedes es la única forma empleada para dirigirse a varios interlocutores, tanto en el tratamiento formal como en el informal.

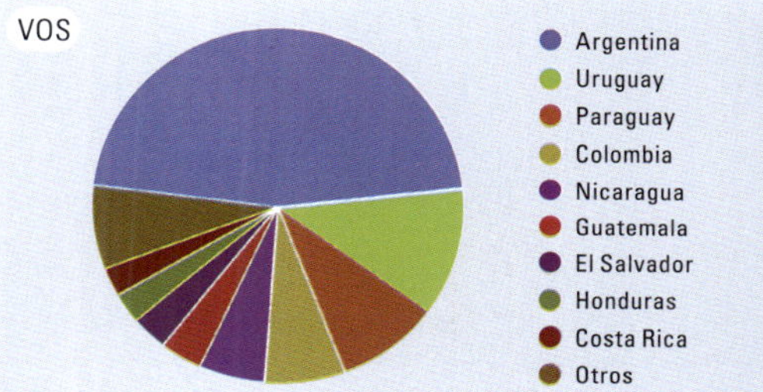

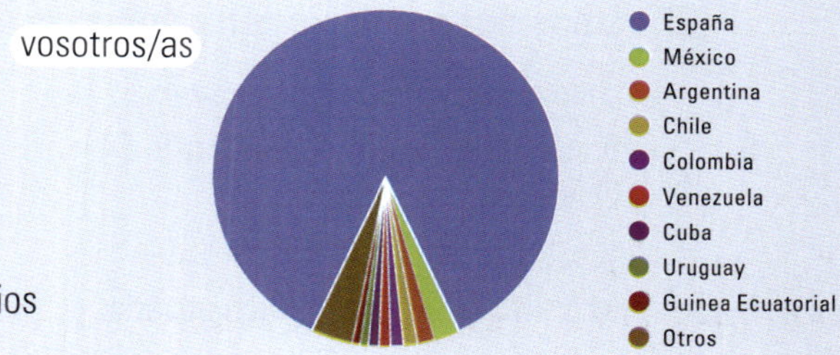

2.2 **En parejas** Lee estos titulares y explica el significado de las palabras en negrita. ¿Puedes deducirlo por el contexto?

1. Aparecen miles de **peces muertos** en el mar Mediterráneo.
2. Una gran masa de bolsas de plástico **flota** en medio del océano Pacífico.
3. Cada día hay más personas interesadas en la **energía solar** porque no contamina y es infinita.
4. Un **glaciar** de la Patagonia pierde hielo rápidamente debido a las altas temperaturas.
5. Mañana se espera una nueva **ola de calor**, con temperaturas superiores a los 42 °C.
6. Los simios de Borneo, en peligro por la **tala** de árboles.
7. Los partidarios de las tiendas de **segunda mano** creen que se compra demasiada ropa nueva.

2.3 **Todo el grupo** Lee de nuevo los titulares y comenta qué problema describe cada uno. ¿Cuál os parece más preocupante?

Gramática

1 Condicional simple

- El **condicional simple** se forma añadiendo las siguientes desinencias (iguales en las tres conjugaciones) al infinitivo del verbo:

Estudiar	Beber	Vivir
estudiaría	bebería	viviría
estudiarías	beberías	vivirías
estudiaría	bebería	viviría
estudiaríamos	beberíamos	viviríamos
estudiaríais	beberíais	viviríais
estudiarían	beberían	vivirían

- Los verbos irregulares en condicional simple son los mismos que los del futuro simple, con las mismas irregularidades en la raíz:

caber ›	**cabría**	poner ›	**pondría**
querer ›	**querría**	valer ›	**valdría**
haber ›	**habría**	salir ›	**saldría**
saber ›	**sabría**	venir ›	**vendría**
poder ›	**podría**	hacer ›	**haría**
tener ›	**tendría**	decir ›	**diría**

1.1 Completa estas frases con el condicional simple.

1. ¿.............................. (Poder, tú) ayudarme a decorar el comedor?
2. .... (Tener, nosotros) que invitar a los profesores también.
3. .... (Gustar, yo) felicitar a Luis.
4. ¿Me .... (hacer, tú) un favor?
5. .... (Preferir, vosotros) sentaros a nuestro lado, ¿verdad?
6. A José y a Paula .... (apetecer, ellos) más organizar una barbacoa.
7. ¿Me .... (prestar, usted) un momento su bolígrafo?

2 Usos del condicional simple

- El condicional simple se usa para:
  - Expresar el **futuro del pasado**. En este caso, el condicional es un pasado:
    *Pensó que yo **iría** con ellos.*
  - Expresar **probabilidad** en pasado:
    *Ayer no vino porque **estaría** enfermo.*
  - Expresar **deseos o preferencias**:
    *Me **gustaría** organizar una fiesta de disfraces.*
  - Pedir **favores** o hacer **peticiones** de manera **cortés**:
    *¿**Podrías** traer más refrescos?*
    *¿Te **importaría** hablar más bajo?*
  - Pedir y dar **consejos**:
    *¿Tú te **comprarías** esta chaqueta?*
    *¿Crees que **tendría** que estudiar alemán?*
    *Yo/yo que tú/yo en tu lugar no **llevaría** esa ropa al concierto.*
    ***Deberías** ir al doctor.*
  - Hacer **sugerencias**, proponer **planes** o **invitar**:
    *¿Te **gustaría** cenar esta noche con nosotros?*
  - Hablar de situaciones **imaginarias**:
    *De las dos que se probó, yo no sé cuál **elegiría**.*
    *Yo en su situación **sería** muy feliz.*

2.1 En cada una de las siguientes frases el condicional tiene un uso diferente. Escribe cuál es.

1. Dijo que llegaría pronto. ....
2. Yo que tú buscaría otro trabajo. ....
3. Serían las diez cuando me llamó. ....
4. Me encantaría vivir en esta casa. ....
5. ¿Te importaría dejarme el diccionario? ....

3 El pretérito imperfecto de subjuntivo

- El **pretérito imperfecto de subjuntivo** se construye a partir de la tercera persona del plural del pretérito indefinido de indicativo y **tiene dos formas** que en la lengua coloquial se usan indistintamente:

hablaron › hablara/hablase   comieron › comiera/comiese   vivieron › viviera/viviese

- Este es el paradigma de las **formas regulares**:

Hablar	Comer	Vivir
hablara/hablase	comiera/comiese	viviera/viviese
hablaras/hablases	comieras/comieses	vivieras/vivieses
hablara/hablase	comiera/comiese	viviera/viviese
habláramos/hablásemos	comiéramos/comiésemos	viviéramos/viviésemos
hablarais/hablaseis	comierais/comieseis	vivierais/vivieseis
hablaran/hablasen	comieran/comiesen	vivieran/viviesen

- Todos los verbos que son irregulares en pretérito indefinido lo son también en pretérito imperfecto de subjuntivo con el mismo tipo de irregularidad:

preferir › prefirieron › prefiriera/prefiriese   tener › **tuvieron** › **tuviera/tuviese**
dormir › durmieron › durmiera/durmiese   poner › **pusieron** › **pusiera/pusiese**

- El pretérito imperfecto de subjuntivo es un **tiempo del pasado** que equivale en indicativo a los pretéritos imperfecto e indefinido, y que se usa como pasado de subjuntivo:

Quiero que vengas. › *Quería que **vinieras**.*   *Espero que **vayas**.* › *Esperaba que **fueras**.*

3.1 Escribe en tu cuaderno estos verbos en pretérito imperfecto de subjuntivo con sus dos terminaciones.

morir | elegir | oír | saber | dar

4 La segunda condicional

- La **segunda condicional** tiene la estructura *si* + imperfecto de subjuntivo + condicional simple:

*Si **tuviera** 18 años, **me haría** socio de Greenpeace.*

Observa que en este tipo de condicional se expresa una condición **difícil** de ser cumplida, **poco probable** o directamente **imposible**. En el ejemplo, es imposible porque no tengo 18 años.

4.1 Completa las frases de segunda condicional con los verbos en la forma correcta.

1. Si .... (tener, yo) más tiempo, ... (hacerse, yo) voluntario de una ONG.
2. Si la sociedad .... (respetar) más la naturaleza, algunas especies no .... (desaparecer).
3. Las ciudades .... (tener) más calidad de vida si las industrias .... (desarrollarse) de un modo sostenible.
4. Si todos .... (querer), el mundo .... (poder) ser mejor.
5. Te .... (ayudar, yo) a traducir ese texto si .... (poder), pero es que no hablo alemán.
6. .... (Haber) menos contaminación si .... (utilizar, nosotros) energías renovables.

Practica en contexto

Fíjate:
La economía sostenible desarrolla actividades que, de forma conjunta, son económicamente rentables y ambiental y socialmente sostenibles, haciendo un uso racional de los recursos naturales y favoreciendo un empleo de calidad. El fin último es satisfacer las necesidades de las generaciones presentes, pero sin poner en peligro las posibilidades de las generaciones futuras.

1 **En parejas** Lee el siguiente titular. ¿Qué crees que está pasando en la localidad de Villar de Arriba?

La economía sostenible salva a los vecinos de Villar

1.1 **En parejas** Lee el texto y comprueba si tu idea inicial es correcta. Después completa el mapa con las palabras en negrita.

La economía sostenible salva a los vecinos de Villar

Villar de Arriba era un pueblo abandonado, a punto de desaparecer. Pero su alcaldesa, Lara García, ha decidido ofrecer una serie de ventajas económicas a aquellos empresarios que instalen negocios en el pueblo. La principal condición es crear modelos de empresa sostenibles en armonía con el entorno. Entre las ventajas está el no pagar impuestos durante los primeros años y la posibilidad de comprar o alquilar locales y terrenos a la mitad del precio habitual. Otra condición importante que hay que cumplir es que los empleados contratados sean residentes de la zona.

Han llegado muchos proyectos a la oficina del Ayuntamiento y ahora es el momento de decidir cuáles son más convenientes y viables. Villar cuenta con cien habitantes y está situado a los pies de una **montaña**. En sus inmediaciones hay un **bosque de pinos** y también un **arroyo** y un pequeño **lago** que abastecen de agua al pueblo. También hay varios campos de **viñedos** que actualmente no se están explotando por falta de personal.

E. M.

Introducir una opinión

- ***Para*** + pronombre personal *(mí, ti, él, ella...)*/ nombre propio...
  __Para__ mí/Pedro es importante que las empresas no sean contaminantes.
- **A mí/Pedro... me/le... parece que...**
  ***A mí/Pedro me/le parece** importante **que** las empresas no sean contaminantes.*
- ***Según*** + pronombre personal *(tú, él, ella...)*/ nombre propio/*mi idea/tu criterio/lo que ha dicho...*
  __Según__ lo que ha dicho el portavoz, no es verdad que todos los empleados tengan que ser del pueblo.
- **En mi/tu/su opinión...**
  ***En su opinión**, no vale la pena realizar ningún cambio.*
- **Desde mi/tu/su punto de vista...**
  ***Desde mi punto de vista**, es bueno intentar recuperar la actividad en esta zona.*

1.2 Vuelve a leer el texto y subraya las condiciones que pone el Ayuntamiento a las nuevas empresas y las ventajas que ofrece.

1.3 **Todo el grupo** Mira el plano, valora el entorno y los recursos y comenta con tus compañeros qué tipo de empresas o negocios pueden ser interesantes para Villar teniendo en cuenta las condiciones que pone el Ayuntamiento.

1.4 **En parejas** Estos son cuatro de los proyectos que han llegado al Ayuntamiento de Villar. Léelos y comenta con tu compañero/a el impacto que pueden tener en la zona. ¿Cuáles crees que no son buenos para el pueblo?

Producto: Zona recreativa.

Descripción: Crear un centro recreativo junto al lago con un parque de atracciones y un casino.

Empleados necesarios: 100.

Instalaciones: Construir un nuevo recinto con distintas instalaciones. (La actividad puede crear riqueza indirecta, turismo, restaurantes...).

Producto: Hotel.

Descripción: Comprar una casa grande en el pueblo para hacer un alojamiento rural.

Empleados necesarios: 5.

Instalaciones: No es necesario construir, solo reformar una de las casas del pueblo.

Producto: Vino.

Descripción: Comprar varios viñedos para producir vino local.

Empleados necesarios: 10, con posibilidad de ampliar.

Instalaciones: Construir una bodega para la elaboración del vino.

Producto: Alimentación.

Descripción: Comprar una casa para montar un bar-restaurante con una tienda de productos de la zona (vino, queso, carne...).

Empleados necesarios: 5.

Instalaciones: No es necesario construir, solo reformar.

1.5 **En grupos pequeños** Elegid uno de los proyectos y preparad su defensa. Utilizad para ello las estructuras gramaticales que habéis estudiado. Tomad notas de las aportaciones de todos los miembros del grupo para preparar una presentación.

Ejemplo: *A mí me parece que si eligiéramos este proyecto, habría trabajo para más personas, el pueblo crecería y, entonces, serían necesarias más casas, más tiendas... En definitiva, creo que se beneficiarían todos los sectores.*

1.6 **Todo el grupo** Ha llegado la hora de elegir la empresa que se instalará en Villar. Presentad vuestro proyecto al resto de la clase y entablad un debate para elegir el más conveniente.

Creo que habría que usar más energías renovables. Si solo usáramos energías como la solar, la temperatura del planeta bajaría.

2 **En parejas** Vuelve a leer el texto *La Tierra pide ayuda* de la página 244 y, con tu compañero/a, piensa qué deberíamos hacer para evitar el efecto invernadero, el deshielo en los polos y la deforestación.

2.1 **Todo el grupo** Comparte tus conclusiones con el resto de la clase.

Paraísos en PELIGRO

Río Amazonas a su paso por Iquitos (Perú)

Mariposas monarca en Michoacán (México)

Glaciar Perito Moreno en la Patagonia argentina

1 **En parejas** ¿Sabes por qué razón estos lugares se encuentran en peligro? Coméntalo con tu compañero/a.

- turismo de masas
- contaminación por CO_2
- deforestación
- incendios
- inundaciones
- animales amenazados
- huracanes

2 **En parejas** Lee el texto y comprueba tus respuestas.

Patagonia: el Perito Moreno se derrite

La Patagonia es uno de los parajes de América Latina que están literalmente desapareciendo como consecuencia del aumento de temperatura de nuestro planeta y de las emisiones de gases de efecto invernadero. Su masa de hielo está sufriendo los efectos del cambio climático y la velocidad a la que se derrite es alarmante. Decenas de glaciares han desaparecido y el noventa por ciento de su extensión se ha visto afectada por el calentamiento. Uno de sus glaciares más conocidos, el Perito Moreno, también está en peligro.

Amazonas: el pulmón del planeta

La excesiva tala de árboles por parte de las industrias está destruyendo una zona que está considerada el pulmón de la Tierra. Sus árboles renuevan el aire que respiramos, por lo que esta tala indiscriminada supone una amenaza no solo para las especies que lo habitan, sino también para el hombre. El río Amazonas, que atraviesa tres países (Perú, Colombia y Brasil), contiene las dos terceras partes del agua dulce que hay en el planeta. A la amenaza de la tala se suma la contaminación por prácticas industriales irregulares, así como el turismo incontrolado.

Michoacán (México) se llena de mariposas

La mariposa monarca, con un llamativo color naranja, viaja miles de kilómetros desde los bosques de Canadá y Estados Unidos hasta el estado mexicano de Michoacán. En los bosques de oyamel, una especie de abeto de las montañas del país, se agrupan cada año estas mariposas. La Unesco ha declarado esta zona Reserva de la Biosfera para protegerla, aunque el espacio se ve amenazado por la agricultura y la deforestación.

3 **En grupos pequeños** ¿Qué paraísos naturales hay cerca de ti? ¿Están amenazados por algún tipo de peligro? Busca con tus compañeros información sobre lugares naturales amenazados por el cambio climático. Ilustra el tema con fotografías o imágenes.

4 **Todo el grupo** Presenta tu trabajo a la clase. ¿Qué paraje de los presentados está más amenazado? ¿Se está haciendo algo por solucionarlo?

Fuentes: http://www.jamesnava.com/26/06/2009/paraisos-naturales-en-peligro-de-extincion-i/ y https://elpais.com/elpais/2014/11/13/ciencia/1415859395_334557.html

Vídeo

HOSTAL Babel

Tardes libres

Antes del vídeo

1 Observa con atención la imagen de la derecha y di qué crees que están haciendo los inquilinos del hostal Babel. ¿Sabes cómo se llama este juego? ¿Qué se necesita para jugar? Completa con el nombre adecuado y explica cómo se juega.

tablero | ficha | cubilete | dado

Durante el vídeo

2 Visiona el fragmento 00:30 ▶ 01:28 y comprueba tu respuesta anterior.

3 Visiona el fragmento 01:40 ▶ 03:49 y clasifica las actividades que les gusta hacer en su tiempo libre a Hugo, Leo y Tere.

1. Ir de compras. | 2. Hacer ejercicio al aire libre.
3. Hacer yoga. | 4. Socializar en las redes sociales.
5. Jugar a videojuegos. | 6. Hacer deporte.

Hugo ☐ ☐ Leo ☐ ☐ Tere ☐ ☐

4 **En parejas** Dale consejos a Hugo sobre cosas que puede hacer en sus tardes libres. Escríbelos con el condicional simple. Luego visiona el fragmento 03:49 ▶ final y comprueba si tus consejos se parecen a los que le dan Leo, Tere y Carla.

....

....

Después del vídeo

5 **En parejas** En el comienzo del vídeo, cuando los tres amigos están jugando al parchís, dicen algunas expresiones. Relaciónalas con su significado.

1. sacas un tres
2. ¡Te comeré!
3. ¡Voy a por ti, Hugo!
4. juegas a ganar

a. Poner el objetivo en alguien para ganarle.
b. Jugar con la finalidad de ser el número uno.
c. Obtener un resultado.
d. Adelantar a alguien en un juego.

e

6 gustan? ¿Por qué?

Evaluación

1 Escribe a qué palabra se refiere cada definición.

1. Pérdida de árboles y vegetación en un espacio. ....
2. Impacto que causa el hombre en la naturaleza. ....
3. Fenómeno que se produce como consecuencia de lluvias intensas. ....
4. Parte de un producto que no se utiliza y se tira. ....
5. Combustible fósil que emite CO_2. ....

2 Define con tus palabras qué entiendes por *sostenibilidad*.

....
....
....

3 Relaciona cada frase con su uso del condicional.

a. Expresar futuro de pasado o probabilidad en pasado.
b. Hacer sugerencias, proponer planes, invitar.
c. Pedir favores o hacer peticiones con cortesía.
d. Expresar deseos o preferencias.
e. Pedir y dar consejos.
f. Hablar de situaciones imaginarias.

1. ☐ ¿Te gustaría salir a comer el sábado?
2. ☐ Yo que tú iría a su casa en metro, el tráfico está muy mal.
3. ☐ ¿Qué harías en mi situación?
4. ☐ ¿Podrías poner tú la mesa?
5. ☐ Nos gustaría poder salir más a menudo.
6. ☐ Ayer no llamaría porque no tendría cobertura, no te preocupes.
7. ☐ ¿Me ayudarías con el pastel?
8. ☐ ¿De qué te disfrazarías tú en una fiesta dedicada a las películas de terror?
9. ☐ ¿Verías esta película? No me convence mucho.
10. ☐ Yo no pondría la música tan alta.

11. ☐ ¿Te apetecería un café después de clase?
12. ☐ ¿Te importaría hablar más alto?
13. ☐ Deberías hablar con tus padres antes.
14. ☐ Nos dijo que vendría pronto.

4 Completa estas frases con los verbos en el tiempo y modo adecuados.

1. Si .... (ser) tu padre, te regalaría una bici nueva.
2. Si .... (tener, nosotros) tiempo, ... (ir) a verte, pero es imposible.
3. Si .... (saber, yo) la verdad, te la .... (decir, yo), pero no la sé.
4. ¿Qué .... (hacer, tú) si .... (tener, tú) un millón de euros?
5. Si .... (ser, yo) más joven, ... (estudiar, yo) otra carrera.
6. Si los animales .... (poder) hablar, nos .... (pedir, ellos) más respeto.

Unidad

22 Rebobinamos

Fíjate en la foto; ¿qué significa *rebobinar*? ¿Qué contenidos crees que vas a trabajar en esta unidad si tienes en cuenta su título?

En esta unidad vas a. . .

- Hablar en pasado
- Escribir sobre viajes
- Dar consejos
- Expresar sentimientos
- Participar en un concurso de preguntas sobre España e Hispanoamérica

¿Qué sabes?

1 **En parejas** Observa algunas de las cosas que ha hecho Luis esta semana y escribe las acciones con el tiempo del pasado más adecuado teniendo en cuenta el marcador temporal que se indica en cada caso.

1. Esta mañana ....

2. Hoy ....

3. Antes de ayer ....

4. Hoy a mediodía ....

5. Hace dos días ....

6. Anoche ....

1.1 **En grupos pequeños** Fíjate en la foto de Luis cuando era pequeño e imagina cómo era su vida entonces y qué cosas hacía normalmente. Comparte tus hipótesis con tus compañeros de grupo.

2 **En parejas** Da consejos a estas personas usando el imperativo.

2.1 Transforma ahora los consejos de la actividad anterior usando primero el condicional y luego el verbo *aconsejar*.

Palabras

1 Relaciona cada definición con la palabra correspondiente.

1. Cosa que se crea, se diseña, se idea o se produce por primera vez.
2. Contaminación intensa del agua o del aire.
3. Estación del año donde el clima es caluroso.
4. Residuos de cualquier tipo.
5. Reducción de la superficie forestal por causas naturales o humanas.
6. Página web en la que los internautas intercambian información creando una comunidad virtual.
7. Sistema informático que busca archivos almacenados en servidores web.
8. Mensaje digital que se envía a través de la red social Twitter.
9. Periodo de cien años.
10. Estación del año donde el clima es templado.

a. polución
b. primavera
c. red social
d. basura
e. tuit
f. deforestación
g. invento
h. siglo
i. buscador
j. verano

1.1 **En parejas** Clasifica las palabras anteriores en su ámbito y añade dos palabras más por sección.

2 **En grupos pequeños** Completa con las palabras que faltan en la variante del español de España o del español de América. Después escribe un ejemplo para cada caso.

RAE

LÉXICO

Español de España

1. › ________ : ....
2. › ordenador : ....
3. › vaqueros : ....
4. › ________ : ....
5. › reservar : ***Reservé** dos habitaciones en un hotel para el fin de semana.*
6. › ________ : ....
7. › salón : ....
8. › dormitorio : ....
9. › patata : ....
10. › ________ : ....
11. › camiseta : ....
12. › ________ : ....

Español de América

1. › celular : ....
2. › ________ : ....
3. › ________ : ....
4. › *mouse* : ....
5. › (hacer una) reservación : ....
6. › nomás : ....
7. › ________ : ....
8. › ________ : ....
9. › ________ : ....
10. › banana : ....
11. › ________ : ....
12. › carro : ....

3 **Todo el grupo** Distribuid la clase en dos grupos: A y B. En primer lugar, leed con atención las preguntas y aseguraos de que sabéis todas las respuestas. Luego hacedle las preguntas al equipo contrario y confirmad si sus respuestas son correctas o no.

Grupo A

1. ¿Qué significa *graduado/a*?
2. ¿Qué tipo de comida es un yogur?
3. Tu profesor/a se va a casar; ¿qué le dices?
4. Para expresar la nacionalidad usamos el verbo...
5. Todas las maletas que llevas en un viaje son el...
6. ¿Qué significa *refugiado/a*?
7. Llevar un archivo de internet a nuestro ordenador es...
8. Define la palabra *agujero*.
9. Di un sinónimo de *hecho* o *acontecimiento*.
10. ¿Qué significa *está nublado*?
11. Di el nombre de tres secciones de un periódico.
12. Si llevas tu móvil a arreglar en lugar de tirarlo, ¿qué haces?
13. Di el nombre de tres estancias de una casa.
14. Di el nombre de dos desastres naturales.

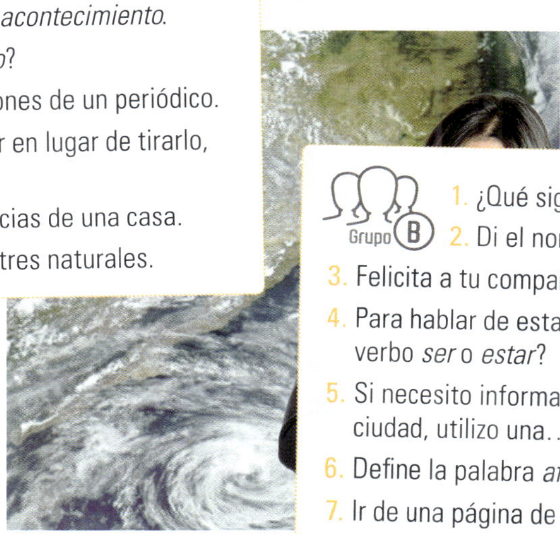

Grupo B

1. ¿Qué significa *matricularse*?
2. Di el nombre de dos verduras.
3. Felicita a tu compañero/a por su cumpleaños.
4. Para hablar de estados de ánimo, ¿se usa el verbo *ser* o *estar*?
5. Si necesito información sobre un país o ciudad, utilizo una...
6. Define la palabra *afectado/a*.
7. Ir de una página de internet a otra es...
8. ¿Qué significa *asa*?
9. Define la palabra *siglo*.
10. ¿Qué significa *está lloviendo*?
11. ¿Qué es el *titular* de un periódico?
12. Da un ejemplo de cómo reutilizar algo.
13. Di tres tareas domésticas.
14. Di dos adjetivos relacionados con la palabra *energía*.

4 **Todo el grupo** ¿Qué recursos, de los que has visto en el curso, utilizas para aprender y recordar el léxico? Coméntalo con tus compañeros. ¿Cuál crees que es el más efectivo?

Gramática

1 Usos de los pretéritos perfecto, indefinido, imperfecto y pluscuamperfecto (repaso)

- Usamos el **pretérito perfecto** para:
  - Hablar de **acciones terminadas** en un **tiempo aún no terminado** o que percibimos como presente, también para hablar de una **experiencia** sin una idea de tiempo:
    *Esta semana **he ido** a la playa.* *¿**Has estado** en Japón?*
- Usamos el **pretérito indefinido** para:
  - Expresar **acciones terminadas** en un **tiempo pasado** que no tiene relación con el presente:
    *El año pasado **viajé** a México.*
  - Dar información sobre la **vida** de una persona y hablar de **acontecimientos** del pasado:
    *Ana **nació** en Sevilla en 2005.* *La guerra civil **terminó** en 1939.*
- Usamos el **pretérito imperfecto** para:
  - **Describir** en pasado y hablar de **acciones habituales** en pasado::
    *La calle **era** muy larga, todos los días la **recorría** dos veces.*
  - Referirnos a una **acción** no terminada, **durativa**, en el momento en que otra sucede:
    ***Hablaba** con María cuando **sonó** el teléfono.*
- Usamos el **pretérito pluscuamperfecto** para:
  - Hablar de una acción terminada anterior a otra también terminada:
    *No fui al cine porque ya **había visto** la película.*
- Como los **pretéritos perfecto**, **indefinido** y **pluscuamperfecto** expresan acciones terminadas, los usamos para la **narración**. El **pretérito imperfecto**, en cambio, lo usamos para la **descripción**.
  ***He comido/Comí** unas croquetas que **estaban** muy buenas.*

RAE **GRAMÁTICA** Recuerda que en los países hispanohablantes de América y en algunas zonas de España se prefiere el pretérito indefinido en lugar del pretérito perfecto para hablar de acciones terminadas en un tiempo no terminado.

1.1 [74] Escucha la historia de Sergio y completa las frases. Luego clasifícalas en su caja correspondiente.

1. Sergio .... por la calle donde viven sus padres.
2. De repente .... un ruido muy fuerte.
3. La gente .... a correr, pero él .... paralizado.
4. Sergio .... tres opciones: .... allí parado, ... como el resto de las personas o .... su camino.
5. .... seguir andando.
6. .... muchas ganas de ver a sus padres.
7. Todo el mundo .... en dirección contraria.
8. Por eso .... y .... un golpe en la cabeza. Cinco horas más tarde .... en la cama de un hospital.
9. Desde entonces Sergio no .... a casa de sus padres.

Narración		Descripción	

1.2 **Todo el grupo** Escribe en tu cuaderno una anécdota en pasado en la que necesariamente deben aparecer estas palabras: *perro, el otro día, móvil, español, lluvia* y *montaña*. Luego compártela con tus compañeros y reacciona a las que te cuenten ellos.

2 Usos del subjuntivo (repaso)

- **a.** Expresar **deseos** y **preferencias**: La estructura *que* + presente de subjuntivo se usa para manifestar buenos deseos a otras personas.
- **b.** Hacer **peticiones**.
- **c.** Dar **consejos** y hacer **recomendaciones**, dar **órdenes**, expresar **permiso** y **prohibición**: Este tipo de verbos se construyen con infinitivo o con *que* + subjuntivo.
- **d.** Expresar **sentimientos** y **estados de ánimo**.
- **e.** Expresar **opinión**, **percepción**, **entendimiento** y **certeza**: Estos verbos se construyen con *que* + **indicativo** cuando el verbo principal es afirmativo y con **subjuntivo** si van en forma negativa.
- **f.** Expresar **juicios de valor**: Se construyen con *ser* y *parecer* + sustantivo o adjetivo valorativos o *estar* + adverbio valorativo.
- **g.** En las **oraciones de relativo** se usa el subjuntivo si el antecedente es desconocido, solo conocemos sus características, preguntamos por su existencia o la negamos.
- **h.** Expresar **hipótesis** y **probabilidad**.
- **i.** En las **oraciones temporales** se usa el subjuntivo para expresar futuro.
- **j.** Expresar **finalidad**.

2.1 Las siguientes frases son ejemplos de los usos del subjuntivo que aparecen en el cuadro anterior. Complétalas con el tiempo correcto del subjuntivo (presente, pretérito perfecto o imperfecto) y escribe en cada casilla la letra del uso correspondiente.

1. ☐ Os rogamos que .... (volver) pronto esta noche.
2. ☐ Eva me llamó ayer para que le .... (decir, yo) lo que sucedió.
3. ☐ Espero que Luis .... (llegar) ya al instituto.
4. ☐ Tal vez .... (mejorar) el tiempo para el fin de semana.
5. ☐ La profesora nos ordenó que .... (salir) de la clase.
6. ☐ Me da mucha pena que Susana .... (estar) enfadada contigo.
7. ☐ Raúl está buscando un apartamento que .... (ser) céntrico.
8. ☐ ¿Prefieres que .... (hacer, nosotros) pasta para cenar?
9. ☐ La doctora le aconsejó que .... (hacer) más ejercicio físico.
10. ☐ No creo que Juan .... (hablar) con el jefe esta mañana, todavía no.
11. ☐ Cierra la puerta cuando .... (irse).
12. ☐ Nos prohibió que .... (poner) los pies en la mesa.
13. ☐ Estoy muy contenta de que .... (venir) a visitarme, ¿qué queréis tomar?
14. ☐ Es absurdo que .... (cerrar) las tiendas a mediodía.

2.2 Fíjate en las frases e indica los casos en que ambas opciones son posibles. Luego elige la opción correcta en las demás frases.

1. ☐ ¡Que te diviertes/diviertas!
2. ☐ Os recomiendo ir/que vayáis a cenar a ese restaurante.
3. ☐ Seguramente han terminado/hayan terminado antes de las doce.
4. ☐ No es cierto que Sandra dijo/dijera eso.
5. ☐ Conozco a una chica que sabe/sepa mucho de informática.
6. ☐ Te prohíbo hablar/que hables hasta el final de la clase.

Practica en contexto

1 [75] Marta y sus compañeros preparan un anuario en el que publicarán las cosas más importantes que han pasado en la escuela durante el curso. Escucha y marca qué secciones de las siguientes aparecerán en el anuario.

1. ☐ Deportes
2. ☐ Economía
3. ☐ Cultura
4. ☐ Viajes
5. ☐ Tiempo
6. ☐ Entrevistas
7. ☐ Ciencias
8. ☐ Sociedad

2 **En parejas** Lee lo que han contado algunos estudiantes para la sección de viajes y conjuga los verbos entre paréntesis en el tiempo adecuado del pasado.

LEO

Nuestro viaje [1] .... (ser) en abril, lo [2] .... (pasar, nosotros) muy bien. [3] .... (Visitar, nosotros) varias pirámides aztecas y [4] .... (comer, nosotros) burritos y enchiladas. También [5] .... (estar, nosotros) en la Casa Azul, donde [6] .... (vivir) la pintora Frida Kahlo.

ANABEL

Yo [1] .... (viajar) esta semana con mi clase. Durante los cinco días que [2] .... (durar) el viaje, [3] .... (hacer, yo) muchas cosas: [4] .... (bailar) salsa, [5] .... (ir) a la playa, [6] .... (disfrutar) mucho de la vida nocturna y [7] .... (practicar) mi español.

MARTA

Mi clase [1] .... (hacer) el viaje en marzo. Como todos [2] .... (estar) cansados porque este curso [3] .... (ser) duro, [4] .... (decidir) ir a un pueblo de Andalucía; [5] .... (necesitar, nosotros) descansar. Todos los días [6] .... (hacer, nosotros) senderismo y también [7] .... (ir) al río y [8] .... (bañarse).

NÉSTOR

Mi curso este año [1] .... (hacer) un viaje de naturaleza. En abril [2] .... (estar, nosotros) una semana visitando los parques nacionales de Corcovado y de Manuel Antonio: [3] .... (ver, nosotros) aves, tortugas, monos... No [4] .... (haber) demasiados turistas y el tiempo [5] .... (ser) maravilloso.

2.1 **En parejas** Relaciona ahora a los estudiantes con un destino y con un tipo de turismo.

1. turismo rural	a. Leo	A. España
2. ecoturismo	b. Anabel	B. Costa Rica
3. turismo cultural	c. Marta	C. México
4. turismo de sol y playa	d. Néstor	D. República Dominicana

2.2 **En parejas** ¿Cuáles de estos objetos crees que llevó cada estudiante en su viaje? Argumenta tus respuestas.

mochila | cámara de fotos | pasaporte | portátil | gorra | bañador
impresora | billetes | bañera | nevera | camiseta | zapatillas | vestido
gafas de sol | bicicleta | vaqueros | crema solar | móvil | aspiradora

2.3 Imagina que acabas de volver de uno de los destinos anteriores. Elige el que quieras y escribe en tu cuaderno un correo a tu amigo/a contando cómo ha sido el viaje y lo que has hecho.

2.4 **Todo el grupo** ¿Cuál es el último viaje que has hecho? ¿Cuándo fue? ¿Dónde fuiste? ¿Te gustó? Cuenta alguna anécdota que te sucedió en él.

3 **En parejas** En el anuario también se han incluido estos consejos para ayudar a conservar el medioambiente, clasifícalos según la prioridad que tienen para ti. Conjuga los verbos en el tiempo y modo correctos. Trabaja con tu compañero/a.

Para conservar mejor el medioambiente, te aconsejo que...

- ☐ [1] .... (aprovechar) al máximo la luz natural, así ahorras energía;
- ☐ [2] .... (elegir) bolsas de papel, las de plástico son muy contaminantes;
- ☐ no [3] .... (dejar) conectados los aparatos eléctricos al salir de casa;
- ☐ no [4] .... (tirar) a la basura algo que puedes reciclar;
- ☐ [5] .... (usar) el papel por las dos caras, y que luego [6] .... (reciclarlo);
- ☐ [7] .... (moverse) en bicicleta o transporte público en vez de coger el coche;
- ☐ no [8] .... (comprar) productos de limpieza. Puedes limpiar toda la casa con vinagre, limón y jabón;
- ☐ no [9] .... (poner) la calefacción por encima de 21 grados;
- ☐ [10] .... (comer) alimentos de temporada y de la zona donde vives, así su producción y transporte serán mucho más ecológicos;
- ☐ no [11] .... (tirar) los medicamentos caducados a la basura y [12] .... (llevarlos) a la farmacia para que los reciclen como es debido.

3.1 Escribe en tu cuaderno las frases anteriores introduciéndolas con *Yo que tú...*

3.2 **Todo el grupo** Comparte con el resto de la clase tu clasificación. ¿Cuáles son los tres consejos más valorados por todo el grupo? ¿Por qué? ¿Añadirías alguno? ¿Cuál?

4 Algunos estudiantes extranjeros han escrito para el anuario sus impresiones sobre el curso que ha terminado. Corrige los errores que han hecho en el uso del subjuntivo.

1. Me encanta que mi profesora de Español fuera tan simpática.
2. Me molestaba un poco que las pausas sean tan cortas.
3. Me ha gustado mucho que el profesor de Arte nos lleve a los museos.
4. Me da rabia que los profesores hayan puesto tantos exámenes sorpresa.
5. Me alegro mucho de que mis compañeros me han ayudado con el español.
6. Me dio pena que no pudimos ir de viaje de fin de curso a Perú.
7. Me puso muy contenta que la profesora de Historia viniera al viaje de fin de curso.
8. Me sorprendió que las clases fueron tan divertidas e interesantes.
9. Me pone triste que el curso ha terminado y no ver más a mis compañeros.
10. Me ponía muy nervioso que el profesor de Inglés me preguntara en clase.

4.1 **Todo el grupo** Y a ti ¿qué impresiones te ha producido el curso? ¿Qué te ha gustado? ¿Qué te ha interesado más? ¿Qué te ha parecido fácil y qué más difícil? Compártelo con tus compañeros.

REFERENTE *cultural*

1 **En parejas** Resuelve con tu compañero/a este cuestionario.

1 Existe un museo de chocolate, está en la capital de...

a. México.
b. Cuba.
c. Perú.

2 ¿Cuántas comunidades autónomas tiene España?

a. Doce.
b. Quince.
c. Diecisiete.

3 La diseñadora Carolina Herrera es de nacionalidad...

a. argentina.
b. venezolana.
c. española.

4 ¿Cómo se llaman las gigantescas estatuas de la isla de Pascua?

a. Rapanuís.
b. Moáis.
c. Ahu.

5 Tapear es...

a. salir con los amigos a tomar tapas.
b. poner la tapa de un objeto para cerrarlo.
c. ponerse más ropa para cubrirse cuando hace frío.

6 ¿Cuántas lenguas oficiales se hablan en España?

a. Tres.
b. Cuatro.
c. Cinco.

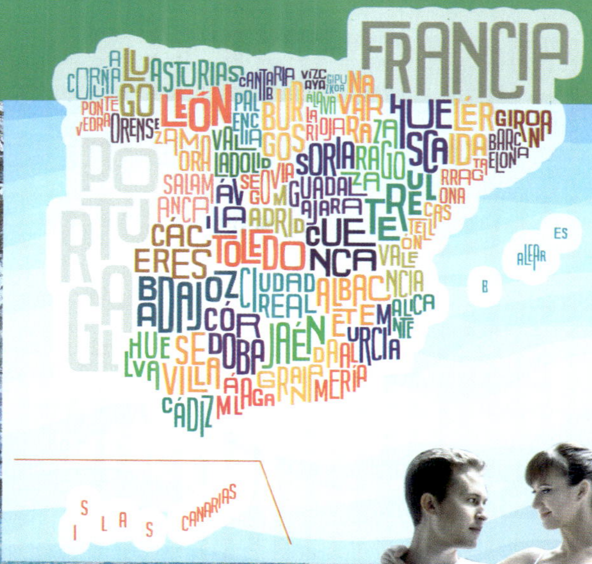

7 ¿Cuál de las siguientes tradiciones es típica de República Dominicana para felicitar el cumpleaños?

a. Echar agua por encima de la persona que cumple años.
b. Tirarle de las orejas al cumpleañero tantas veces como años cumple.
c. Despertar al cumpleañero con la canción popular *Las mañanitas*.

8 ¿En qué país de Hispanoamérica no se celebra la fiesta de los quince años?

a. Argentina.
b. Uruguay.
c. Chile.

9 El restaurante Botín, del siglo XVIII, está en...

a. Madrid.
b. Barcelona.
c. Granada.

10 ¿Cómo se llama el movimiento que busca cambiar las injustas reglas del comercio internacional?

a. Comercio libre.
b. Comercio humano.
c. Comercio justo.

1.1 **Todo el grupo** Compara tus respuestas con otras parejas de la clase. ¿Quién ha acertado más en menos tiempo?

2 **Todo el grupo** De todo lo que has aprendido en la sección de cultura de este nivel, ¿qué te ha parecido más interesante? ¿Había algún dato que ya conocías o ha sido todo nuevo para ti?

Vídeo

HOSTAL Babel

Recuerdos con paté de algas

Antes del vídeo

1 Este capítulo se titula *Recuerdos con paté de algas*; ahora que conoces bien a los personajes, ¿quién crees que ofrece a los demás el paté de algas?

2 **En parejas** Ordena el diálogo que tienes a continuación. Compara tu respuesta con tu compañero/a.

- [1] a. Hugo: La cena se ve superrica... Es una gran idea para celebrar el final del curso.
- [ ] b. Hugo: Sí, durante un tiempo íbamos todas las tardes a jugar al parchís, ¿recuerdan?
- [ ] c. Carla: Como siempre, Bea quiere celebrar el final de otro curso preparándonos una supercena. ¡Ya es tradición en el hostal Babel!
- [ ] d. Carla: Sí, eso sí que es cierto.
- [ ] e. Leo: Es verdad, yo no gané ni una partida...
- [ ] f. Tere: Reconoce que te gustaba vernos ahí, cerquita de ti... ¡Confiésalo! ¡Te gustaba vernos!
- [ ] g. Tere: Sí, pero yo siempre os ganaba.
- [ ] h. Carla: Claro, ustedes pasaban una tarde relinda, pero yo estaba trabajando.
- [ ] i. Tere: La verdad es que ha sido un curso estupendo...

Durante el vídeo

3 Visiona el fragmento 00:30 ▶ 01:34 y comprueba tus repuestas de la actividad 1.

4 Ahora visiona el fragmento 01:20 ▶ 02:08 y comprueba si has ordenado correctamente el diálogo de la actividad 2.

5 **En parejas** Visiona el fragmento 02:08 ▶ 04:46 y luego elige la opción adecuada.

1. Leo dice que...
   a. Hugo siempre se pone muy pesado con la alimentación.
   b. no le importa que lo llamen "rarito".
   c. en todos los grupos tiene que haber un rarito.

2. Tere piensa que...
   a. Carla trabaja demasiado.
   b. Carla se ha divertido muy poco durante el curso.
   c. Carla debe tener más tardes libres.

3. Carla dice que...
   a. el próximo año buscará un trabajo que le ocupe menos tiempo.
   b. ha aprovechado bien el poco tiempo libre.
   c. sus amigos no tienen razón, que no trabaja demasiado.

4. Durante el fragmento...
   a. Carla le dice a Hugo que es un poco raro.
   b. Tere está preocupada porque Bea no llega.
   c. Leo le dice a Hugo que lo acepta como es.

Después del vídeo

6 **Todo el grupo** ¿Has convivido alguna vez con otros estudiantes? ¿Había, entre ellos, estudiantes de países diferentes al tuyo? ¿Cómo fue la experiencia?

7 **Todo el grupo** ¿Cuál de los personajes del hostal Babel te resulta más simpático? ¿Con cuál crees que te llevarías mejor? ¿Por qué?

Evaluación

1 **Fíjate en las siguientes frases y relaciónalas con uno de los dos títulos. Luego conjuga los verbos en pasado para completar las historias.**

Hacer muchas excursiones. | Alquilar un coche. | Alojarse en un hotel. | Haber poca nieve.
Conocer a los compañeros. | Llegar media hora antes. | Acabar muy cansado. | Estar nervioso.
Tener miedo de llegar tarde. | Pasarlo bien. | Ir a esquiar. | Ser bonita la oficina.
Ser un lunes. | Hacer muchas fotos. | Parecer simpáticos. | Estar casi vacío el hotel.

En nuestras últimas vacaciones	Mi primer día de trabajo

2 **Completa las siguientes frases con la forma correcta de los verbos entre paréntesis.**

1. A mí me encanta que en las fiestas .... (haber) mucha gente; si no la .... (conocer), casi mejor, me gusta esa sensación.
2. No me gusta que me .... (hacer, ellos) esperar. Si en un restaurante .... (tardar) más de 20 minutos en servirme, no vuelvo nunca más.
3. Odio que la gente .... (mentir), yo nunca lo .... (hacer).
4. No me gusta presumir, pero, sinceramente, creo que .... (ser) un buen amigo y solo les pido a mis amigos que .... (ser) tan leales, detallistas y honestos como yo.
5. Hay gente que cree que cualquier tiempo pasado .... (ser) mejor; pero yo no creo que eso .... (ser) cierto. Mañana será mejor que hoy. Esta forma de pensar me ayuda a levantarme cada día de buen humor.
6. Yo necesito controlarlo todo en mi trabajo. Siempre .... (revisar) los documentos dos o tres veces; pero, aun así, antes de .... (mandar) los informes al jefe, le pido a algún compañero que los .... (revisar) también.
7. Me preocupa mucho el cambio climático. Si no .... (resolver, nosotros) este problema, es posible que el mundo que conocemos .... (desaparecer) en poco tiempo.
8. Me parece absurdo que la gente .... (tener) prisa por todo. Yo creo que siempre .... (haber) que tomarse las cosas con más calma.

3 **Mira estos perfiles de una red social e indica a quién podrían pertenecer los comentarios anteriores. Justifica tu respuesta en tu cuaderno.**

Mario
Es abierto, nervioso, alegre y un poco inseguro.

Adriana
Es sincera, introvertida y optimista.

Alicia
Es habladora, impaciente y un poco pesimista.

Pedro
Es serio, un poco creído y tranquilo.

Apéndices

Pronunciación y ortografía 268

Tabla de verbos 280

Glosario 294

Pronunciación y ortografía

Ficha 1 La sílaba

1 Lee la información y divide las palabras en sílabas.

La sílaba

- En español, las palabras se dividen en **sílabas**:

  ca-sa, tren, ex-tran-je-ro

- Hay palabras formadas por una, dos, tres, cuatro o cinco sílabas:

  mar, si-lla, ven-ta-na, te-lé-fo-no, a-fir-ma-ti-vo

  También hay palabras con más de cinco sílabas *(i-be-ro-a-me-ri-ca-no)* pero son menos frecuentes.

- Una sílaba puede estar formada por:
  - una o varias vocales: ***a**-gua, **ai**-re*
  - una vocal y una consonante: *ca-sa, ir*
  - una vocal y varias consonantes: *a-**mor**, **cla**-se*

> Fíjate:
> No hay sílabas solo con consonantes.

- Cuando una palabra tiene dos o más sílabas, una de ellas se pronuncia con más énfasis que el resto. Es la **sílaba tónica**:

  ***ca**-sa, extran-**je**-ro, **si**-lla, ven-**ta**-na, te-**lé**-fo-no, a-fir-ma-**ti**-vo, a-**mor**, **cla**-se; **a**-gua*

2 Divide las palabras resaltadas en sílabas.

1 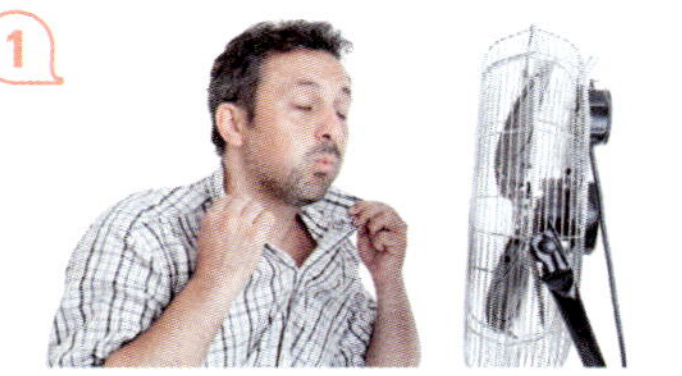

Tener **calor** ....

2 

Tener **sed** ....

3 

Tener **hambre** ....

4 

Mi **amiga** ....

5 

El **teléfono** ....

6 

El **pan** ....

7 

El **abanico** ....

8 

Los **zapatos** ....

9 

La **cama** ....

3 Escucha cómo pronuncia estas palabras tu profesor/a y marca la sílaba tónica.

4 Busca en la unidad palabras con una, dos, tres y cuatro sílabas y anótalas.

Ficha 2 Los sonidos

1 Escucha los siguientes pares de palabras y repite. No importa ahora su significado.

[76]

- pero – perro
- casa – caza
- suelo – suero
- peces – peses
- pagar – pajar
- helar – errar
- manco – mango
- sepa – cepa
- churro – chulo
- jara – jarra
- quiso – guiso
- mesa – meza

2 Marca las palabras que escuchas. No importa su significado.

[77]

- [ ] liga
- [ ] rama
- [ ] bajo
- [ ] guerra
- [ ] zueco
- [ ] coro
- [ ] cazo
- [ ] mango
- [ ] loza
- [ ] zeta
- [ ] perra
- [ ] hora

3 Escucha la canción y marca las palabras que oyes.

[78]

- [ ] quinto
- [ ] café
- [ ] México
- [ ] cuántos
- [ ] agua
- [ ] tango
- [ ] Suiza
- [ ] ¿Qué tal?
- [ ] Guinea
- [ ] Francia
- [ ] sueco
- [ ] playa
- [ ] Marruecos
- [ ] flamenco
- [ ] pagar
- [ ] tener
- [ ] cinco
- [ ] rojo

4 Ahora lee la canción y comprueba tu respuesta anterior.

Mi casa está en un quinto piso,
desde aquí puedo ver todo Madrid.
Miro hacia el sur y me imagino
que me voy de viaje muy lejos de aquí.

Estribillo
Quiero viajar por todo el mundo,
desde Guinea hasta Hong Kong.
Quiero viajar por todo el mundo,
desde la India a Nueva York.

Ir a una playa al sur de Francia,
visitar La Habana y tocar el bongó,
cantar flamenco en Sevilla,
¿qué tal ir a Marruecos
y luego volar a Japón?

Estribillo

Sueño viajar por todo el planeta,
¡cuántos amigos deseo tener!
Sueño viajar por todo el planeta,
¡cuántos amigos deseo tener!

Bailar un tango en Argentina,
cantar en Memphis un *rock and roll*,
comer pimiento rojo en México,
cruzar la línea del ecuador.

Estribillo

Bailar tango

Tocar el bongó

Cantar flamenco

Línea del Ecuador (Quito, Ecuador)

Ficha 3 Vocales y diptongos

1 [79] Escucha y repite. No importa el significado de las palabras.

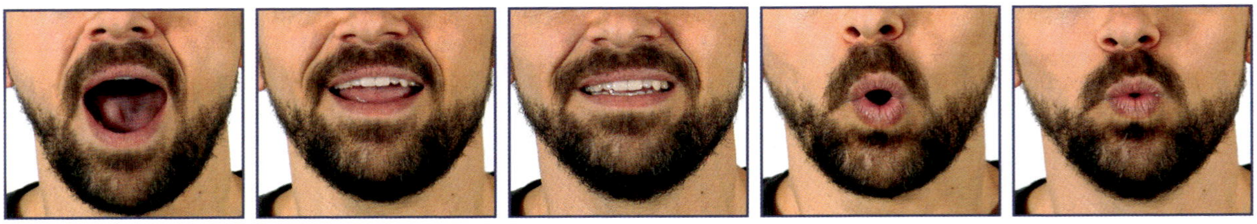

2 [80] Escucha y clasifica las palabras según la vocal que contienen.

A	E	I	O	U

3 [81] Escucha estas palabras que contienen diptongos en español.

> Un diptongo es la aparición en una misma sílaba de dos vocales distintas que se pronuncian juntas.

AI › b**ai**-lar
EI › p**ei**-ne
OI › **oi**-go
AU › **Au**-ro-ra
EU › **Eu**-ro-pa
OU › es-ta-d**ou**-ni-den-se

IA › ma-g**ia**
IE › h**ie**-lo
IO › Ma-r**io**
UA › g**ua**-po
UE › h**ue**-vo
UO › mons-tr**uo**

UI › c**ui**-dar
IU › c**iu**-dad

3.1 Ahora busca una palabra más para cada grupo. ¿Hay alguno que no puedes completar?

3.2 [82] Escucha estos pares de palabras. ¿Qué diferencia hay? ¿Significan lo mismo? ¿Se te ocurre alguno más? Anótalo.

- vida – viuda
- huevo – hubo
- mido – miedo
- piano – pino
- luego – Lugo
- lavo – labio

> Siempre debes pronunciar las dos vocales que forman el diptongo. Si no, puede haber confusiones, ya que hay palabras que solo se diferencian por una vocal.

*Tengo **miedo**.*

***Mido** dos metros diez.*

Ficha 4 Contraste de los sonidos /g/, /x/ y /k/ y las letras *g/j*

1 [83] Escucha estas series de palabras y repite. No importa su significado.

2 [84] Aquí tienes una serie de pares mínimos, parejas de palabras que son iguales excepto por un sonido. Marca, en cada par, cuál de ellas escuchas primero.

- casa – gasa
- mago – majo
- coco – cojo
- goma – coma
- lijar – ligar
- rasgar – rascar

3 [85] Lee la información y escucha la pronunciación de estas palabras.

Letras *g/j*

Sonido /x/	Sonido /g/
• **g** + e, i: *gente, girasol*	• **g** + a, o, u: *galleta, gordo, guapo*
• **j** + a, e, i, o, u: *jamón, jefe, jirafa, joven, jueves*	• **gu** + e, i: *Miguel, guitarra*

3.1 Completa las siguientes palabras con *g*, *gu* o *j*.

1. ca ..... ón
2. o ..... o
3. má ..... ico
4. ..... ema
5. ..... irasol
6. ..... untos
7. mon ..... a
8. ima ..... en
9. traba ..... o
10. ..... ato
11. ..... orro
12. ..... errero
13. á ..... ila
14. ..... afas
15. ..... ía
16. ..... azpacho
17. ..... ersey
18. abri ..... o

3.2 Relaciona algunas de las palabras anteriores con estas imágenes.

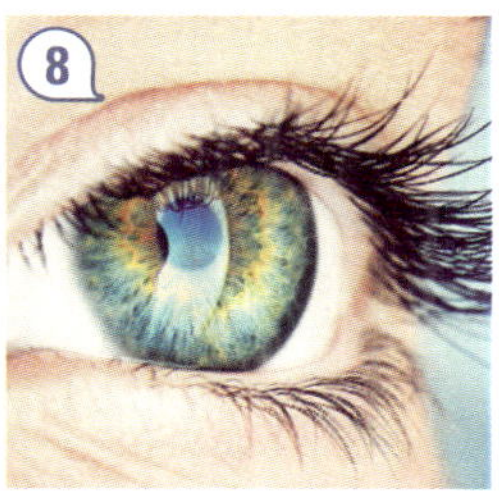

3.3 Ahora busca todas las palabras de la actividad 3.1 en el diccionario para comprobar que están bien escritas.

Ficha 5 Contraste de los sonidos /l/, /r/ y /rr/ y las letras *r/rr*

1 [86] Escucha y repite. No importa el significado de las palabras.

/l/	/r/	/rr/
luna miel alcalde	pera arado oro	hierro roto rústico
ulular limón	mirar permitir	rabia carroña

2 Practica con los siguientes pares de palabras pronunciándolos en voz alta.

parra

lima

- para – parra
- pelo – perro
- celo – cero
- bola – borra
- rima – lima
- mira – mirra
- suero – suelo

mirra

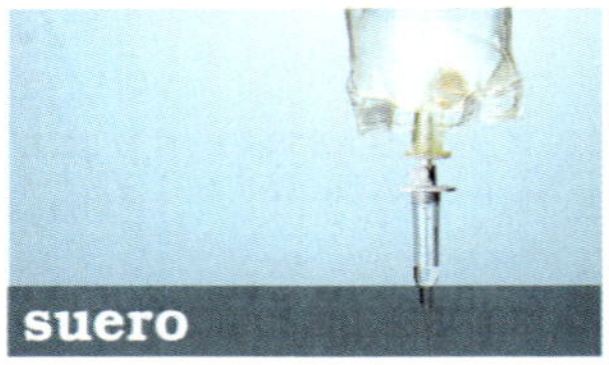
suero

3 [87] Une con líneas las palabras que se dicen.

ROPA	MAR	PERRO	RIMA
MORAL	MAL	LILA	PERRA
RAMO	SUELO	LIMA	LAPA
RARO	SUERO	LATA	PERA

HIELA	CELO	CHURRO	CARETA
LISA	ALA	VARA	CORO
AHORRA	CORRO	ARA	BARRA
CARO	LABIO	CARRO	AHORA

4 [88] Primero, lee la información y luego escribe las palabras que escuchas.

Escribir *r* o *rr*

Posición	Sonido suave	Sonido fuerte
Al principio de palabra	No existe	Letra ***r***: *rama, rojo, rubia*
Entre vocales	Letra ***r***: *hora, Uruguay, amarillo*	Letra ***rr***: *carro, perro, parra*
Al final de palabra o sílaba	Letra ***r***: *amar, partir, esconder*	No existe
Tras las consonantes ***l***, ***n*** y ***s***	No existe	Letra ***r***: *Enrique, Israel, alrededor*

1. ....
2. ....
3. ....
4. ....
5. ....
6. ....
7. ....
8. ....
9. ....
10. ....

Ficha 6 La tilde diacrítica

1 Lee en voz alta estos pares de palabras. ¿Hay alguna diferencia en su pronunciación?

- tu/tú
- el/él
- se/sé
- mi/mí
- te/té
- si/sí

2 Lee esta información y después elige la opción correcta.

La tilde diacrítica

- **tu** › adjetivo posesivo:
  *Esta tarde voy a **tu** casa.*
- **el** › artículo determinado:
  ***El** colegio está un poco lejos.*
- **se** › pronombre personal:
  *Todos los días **se** levanta tarde.*
- **mi** › adjetivo posesivo:
  *Este es **mi** libro.*
- **te** › pronombre personal:
  *¿Qué **te** pasa? ¿Estás enfermo?*
- **si** › conjunción condicional:
  ***Si** queréis, vamos al cine esta tarde.*
- **tú** › pronombre personal:
  *Eso lo has dicho **tú**.*
- **él** › pronombre personal:
  *Me voy en coche con **él**.*
- **sé** › presente del verbo saber (yo):
  *Ya **sé** dónde están las llaves.*
- **mí** › pronombre personal:
  *¿Este regalo es para **mí**? ¡Qué bien!*
- **té** › nombre (infusión):
  *He comprado un **té** rojo buenísimo.*
- **sí** › adverbio afirmativo:
  ▶ *Oye, ¿puedo usar tu teléfono?*
  ▷ ***Sí**, claro, por supuesto.*

Fíjate:
Esta tilde sirve para diferenciar dos o más funciones de una misma palabra.

1. Ya **se/sé** que debo esforzarme más.
2. **El/Él** ha preparado la cena esta noche.
3. **Mi/Mí** padre es arquitecto.
4. **El/Él** amigo de Juan es muy amable.
5. **Si/Sí**, ya lo he visto.
6. La obra **se/sé** estrena en el teatro Real.
7. **Tu/Tú** tienes que estudiar más.
8. ¡Qué frío! ¿Nos tomamos un **te/té**?
9. **Si/Sí** vienes, te daré la maleta.
10. Ya **te/té** he dicho que no puedo ir.
11. Podemos ver la película en **tu/tú** casa.
12. A **mi/mí** me gusta jugar en el parque.

3 [89] Escucha y escribe correctamente las frases.

1. ....
2. ....
3. ....
4. ....
5. ....
6. ....
7. ....
8. ....

Ficha 7 Contraste de los sonidos /n/ y /ñ/. Los sonidos /ch/ y /y/. Los dígrafos *ch* y *ll*. Las letras *y*/*ll*

> Fíjate:
> La ***ñ*** es una letra que existe en pocas lenguas, como el español. ¿Existe un sonido parecido en tu lengua? ¿Con qué letra o letras se representa?

1 [90] Escucha y repite las siguientes palabras, que contienen los sonidos /n/ y /ñ/.

- número
- nadie
- noche
- nunca
- nieva
- pierna
- enero
- cañón
- uña
- buñuelo
- niño
- España
- eñe
- cariñoso

2 [91] La *ch* es un dígrafo formado por las letras *c* + *h*. Escucha y repite las siguientes palabras, que contienen el sonido /ch/.

- achaque
- churro
- sándwich
- chaqueta
- chorizo
- cheque
- abrocho

3 [92] Escucha y repite las siguientes palabras, que contienen el sonido /y/.

- ayuno
- lluvia
- yerma
- llave
- allí
- huyo
- sello

> Fíjate:
> /ll/ es un sonido ligeramente distinto de /y/, pero solo en algunas zonas de España e Hispanoamérica se hace la diferencia. Es un fenómeno minoritario.

El sonido /y/ y las letras *y*/*ll*

- El sonido /y/ se escribe con ***y*** (ye/i griega) o ***ll*** (elle). La ***ll*** es un dígrafo formado por ***l*** + ***l***.
- La ***y*** es una letra que corresponde a dos sonidos, **consonante** /y/ o **vocal** /i/: *raya, rey*.

4 A continuación aparecen varias palabras que llevan *y* o *ll*. Lee el cuadro que explica las reglas de uso de estas grafías y coloca las palabras en su lugar correspondiente.

- concluyo
- cayeran
- adyacente
- estoy
- mesilla
- apabullar
- proyección
- reyes
- brillo
- soy

Las letras *y*/*ll*

- Se escriben con ***y***:
  - Las palabras que terminan con el sonido /i/ **precedido de una vocal** con la que forma **diptongo**, o de dos vocales con las que forma **triptongo**: *ay, rey, Uruguay, buey, ley,* [1] ...., *convoy,* [2] ...., *muy.*
  - Las palabras en las que el sonido /y/ sigue a los prefijos ***ad-***, ***dis-*** y ***sub-***: [3] ...., *disyuntivo, subyacer.*
  - Algunas formas de los verbos ***caer, creer, ir, leer, poseer*** y ***proveer***, y de los verbos acabados en ***-oír*** y ***-uir***: [4] ...., *leyendo, oyó,* [5] ....
  - Las palabras que contienen la sílaba ***-yec-***: *abyecto,* [6] ...., *inyectar.*
  - Los plurales de los nombres que terminan en ***-y*** en singular: *rey/*[7] ....
- Se escriben con ***ll***:
  - Las palabras terminadas en ***-illa*** e ***-illo***: [8] ...., [9] ....
  - La mayor parte de los verbos terminados en ***-illar, -ullar*** y ***-ullir***: [10] ...., *bullir.*

5 Ahora completa estas palabras con *y* o *ll*, según las normas ortográficas que has estudiado.

1. mu ...... ido	5. sub ...... acer	9. o ...... ó	13. le ...... es	17. cepi ...... o
2. convo	6. dis ...... untiva	10. tra ...... ectoria	14. aú ...... a	18. ad ...... acente
3. Paragua	7. le ...... ó	11. pro ...... ecto	15. bue ...... es	19. pasi ...... o
4. mesi ...... a	8. chi ...... ó	12. in ...... ección	16. ...... endo	20. ca ...... eron

Ficha 8 Contraste de los sonidos /p/ y /b/. Las letras *b/v*

1 [93] Escucha y repite las siguientes palabras con el sonido /p/.

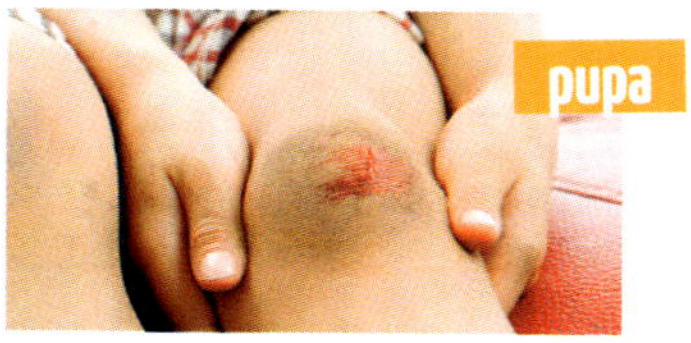

- pala
- pepino
- polo
- pupa
- apuntar
- pleno
- prisa
- plomo
- preso
- plano
- puerta
- copito

2 [94] Escucha y repite las siguientes palabras con el sonido /b/.

- vela
- tuvo
- visado
- bruma
- absurdo
- bola
- haba
- broma
- tubo
- había
- blusa
- bala
- bueno
- abuela

Las letras *b/v*

- En español, las letras *b* y *v* representan el mismo sonido, es decir, se pronuncian igual. Es necesario conocer las palabras para saber si se escriben con *b* o con *v*, pues no se pueden distinguir mediante la pronunciación.
- En algunos casos escribir una u otra letra puede cambiar el significado de la palabra; por ejemplo, en el caso de *baca/vaca*.

3 [95] David es un chico del Reino Unido que está estudiando español en Valencia. Ha publicado en Facebook comentarios de un viaje que ha hecho por España. Escucha y completa las palabras que faltan en el texto.

facebook

David Smith ha compartido una publicación.
1 hora ·

¡Me encanta este país! He hecho un viaje por toda España y estoy muy feliz. Os voy a contar mis aventuras aquí. He conocido a gente muy interesante y he visitado lugares increíbles: las ciudades de [1] ...., [2] .... y [3] .... en el interior y, en la costa cantábrica, [4] .... y San [5] .... He hecho senderismo por los [6] .... y de ahí he llegado a [7] .... Me ha gustado muchísimo ver la obra de Gaudí. También he ido en barco por las islas [8] .... hasta llegar a [9] ...., una isla muy bella. He viajado por Andalucía y he visto [10] .... y sus maravillosos patios árabes, y [11] ...., en [12] ...., donde comí el famoso pescaíto frito. De vuelta a casa, visité las playas de [13] .... y [14] ...., ¡y me comí una estupenda paella! Venid a España, ¡es maravillosa!

Me gusta Comentar Compartir

Ficha 9 Contraste de los sonidos /t/ y /d/

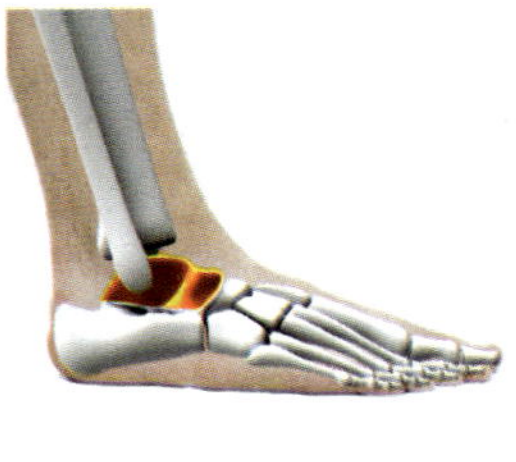

astrágalo o taba

tuna

dado

abedul

1 [96] Vas a escuchar dos series de palabras. La primera contiene palabras con /t/ y la segunda, palabras con /d/. Repite después de cada palabra.

Palabras con /t/		Palabras con /d/	
• taba	• roto	• daba	• coged
• tía	• aceituna	• sed	• dado
• toro	• dátil	• además	• duro
• puerta	• aceptar	• dolor	• abedul
• tuna	• atinar	• adivino	• Madrid
• tema	• aceite	• deuda	• diablo
• antena	• abierta	• abordo	• conducir

2 [97] Escucha y escribe estas palabras según su orden de aparición en el audio.

dedal | gordo | taco | dato | tú | Madrid | duna | corto | acorde

1.	6.	11. puerta	16. adivinar
2. día	7. toro	12. ayuda	17.
3. timo	8. don	13. meter	18.
4.	9.	14.	19. actúa
5. tema	10.	15. tino	20.

3 [98] Marca la palabra del par que escuches.

☐ dé / ☐ té	☐ domo / ☐ tomo	☐ rada / ☐ rata	☐ codo / ☐ coto
☐ dos / ☐ tos	☐ domar / ☐ tomar	☐ saldo / ☐ salto	☐ tienda / ☐ tienta
☐ duna / ☐ tuna	☐ día / ☐ tía	☐ soldado / ☐ soltado	☐ seda / ☐ seta

4 **En grupos pequeños** Formad grupos de tres y leed estos dos trabalenguas. Ahora, intentad repetirlos. Gana el que consiga repetirlos correctamente en el menor tiempo posible.

Ficha 10 Contraste de los sonidos /z/ y /s/. El ceceo y el seseo. Las letras *c/z*

1 [99] Escucha y repite estas dos series de palabras, la primera con el sonido /z/ y la segunda con el sonido /s/.

Palabras con /z/	
• zurdo	• zinc
• zapato	• doce
• celeste	• zen
• azteca	• cine
• zoo	• pez
• rizado	• azul
• rozo	• ácido
• cera	

Palabras con /s/	
• sala	• sed
• vestido	• pulsar
• rosas	• sí
• aseo	• suelo
• beso	• pescado
• tres	• soy
• sol	• musgo
• mismo	

2 [100] Marca la palabra del par que escuches.

☐ seta / ☐ zeta ☐ poso / ☐ pozo ☐ sebo / ☐ cebo ☐ risa / ☐ riza
☐ masa / ☐ maza ☐ sumo / ☐ zumo ☐ cosido / ☐ cocido ☐ os / ☐ hoz
☐ Asia / ☐ hacia ☐ sueco / ☐ zueco

3 [101] Vas a escuchar un mensaje de Susana, una chica de Cádiz, que llama a César, su amigo de Canarias, y la contestación de este. ¿Hay alguna diferencia entre la pronunciación de Susana y la de César?

Ceceo y seseo

- El **ceceo** consiste en pronunciar la ***s*** con sonido similar al de la *z*. Cecean en algunas zonas de Andalucía, especialmente en Cádiz, Sevilla y Huelva.
- El **seseo** consiste en pronunciar la *z* o la ***c*** (ante ***e***, ***i***) como ***s***. Sesean en algunas zonas de Andalucía, en Canarias y en Hispanoamérica.

4 Aquí tienes una adivinanza que contiene el sonido /z/. Léela detenidamente y completa las reglas ortográficas que tienes a continuación utilizando como ejemplos las palabras de la adivinanza.

Soy muy dulce, tanto o más que el azúcar. Me gusta poner zancadillas a los que cazan ciervos. Estoy en brazos, pinzas o pezuñas. ¿Qué soy?

Las letras *c/z*

- Normalmente, se escribe ***c*** (con sonido /z/) ante las vocales ***e/i***: ....
- Se escribe *z* ante las vocales ***a/o/u***: ....
- En las palabras con *-cc- (acción, dirección)*, la primera *c* se pronuncia /k/ y la segunda se pronuncia /z/: *acción* /akzión/, *dirección* /direkzión/.

Ficha 11 Los sonidos /j/ y /f/

1 [102] Escucha y repite las siguientes palabras, que contienen el sonido /j/.

- julio
- gente
- mojado
- rojo
- gitano
- ajuar
- viaje
- reloj
- lejos
- jamón
- elegir
- jota
- jeque
- jinete
- jueves

Fíjate:
El sonido /j/ se representa gráficamente con las letras ***g*** y ***j***: ja, ge/je, gi/ji, jo, ju.
Ejemplos: ***caja, gente, jefe, agitar, cojín, joya, Julián.***

2 Coloca las palabras junto a su par correspondiente. Si no conoces algún significado, fíjate en las fotos, pregúntale a tu profesor o busca la palabra en el diccionario.

dijo | paja | jota
justo | ajo | liga
soga | paje | vago | higo

soja

1. paga/ ....
2. digo/ ....
3. lija/ ....
4. gusto/ ....
5. hijo/ ....
6. bajo/ ....
7. hago/ ....
8. soja/ ....
9. pague/ ....
10. gota/ ....

ajo

higo

3 [103] Escucha y repite las siguientes palabras, que contienen el sonido /f/.

- fecha
- fruta
- golfo
- frito
- refutar
- fama
- filón
- foto
- afilar
- rifa
- furor
- flecha
- afear
- flema

4 [104] Escucha y une con líneas las palabras que oigas.

pavor	foca	vino	flote	brote
falda	presa	fino	forro	friso
favor	boca	flan	borro	piso
baza	fresa	plan	fruta	bruta

fresa

flan

brote

Ficha 12 La sílaba. Reglas generales de acentuación

1 Lee la información y escribe dos ejemplos donde una sílaba cambia el significado de la palabra.

La sílaba

- Como ya sabes, las palabras están formadas por **sílabas**: *ven-ta-na, me-lo-co-tón*; y estas por, al menos, una vocal: *a-le-mán*. No existen sílabas formadas solo por consonantes.
- Si en la palabra *casa* cambiamos la sílaba *-sa* por *-ma*, tenemos la palabra *cama*, que es una palabra con un significado diferente.

calor/**do**lor ..../............................ ..../............................

2 Lee y completa el cuadro con estas palabras. Luego divídelas en sílabas y marca la sílaba tónica.

feliz | hipódromo | conejo | cómpratelo | marítimo | árbol | cómetela | cartón

Tipos de palabras según la sílaba tónica

La **sílaba tónica** de una palabra es aquella que se pronuncia con mayor fuerza o énfasis que el resto. Teniendo en cuenta la sílaba tónica, en español podemos clasificar las palabras en:

- **Agudas** › la sílaba tónica es la **última** (▬ ▬ ▬́):
  *ja-**món**, per-**diz**,* [1] ...., [2] ....
- **Llanas** › la sílaba tónica es la **penúltima** (▬ ▬́ ▬):
  ***ca**-sa, cam-**pe**-ro,* [3] ...., [4] ....
- **Esdrújulas** › la sílaba tónica es la **antepenúltima** (▬́ ▬ ▬):
  *fan-**tás**-ti-co, **lá**-gri-ma,* [5] ...., [6] ....
- **Sobresdrújulas** › la sílaba tónica es la **anterior a la antepenúltima** (▬́ ▬ ▬ ▬):
  ***cán**-ta-se-lo, di-**bú**-ja-me-lo,* [7] ...., [8] ....

3 [105] Lee la información, escucha con atención y pon la tilde en la vocal adecuada de las palabras que aparecen debajo. Hay dos palabras que no llevan tilde, ¿cuáles son? Justifica por qué no la llevan.

Reglas generales de acentuación

El acento ortográfico en español se llama *tilde*.

- Las palabras agudas se acentúan si acaban en *-n*, *-s* o **vocal**: ***cajón, compás, mamá...***
- Las palabras llanas se acentúan si terminan en consonantes diferentes a *-n* o *-s*: ***césped, fácil, carácter...***
- Las palabras esdrújulas y sobresdrújulas se acentúan **siempre**: ***brújula, lámpara, médico, quítatelo...***
- Los adverbios que terminan en *-mente* conservan la tilde del adjetivo del que derivan: ***rápidamente*** (de ***rápido***).

• digaselo	• vehiculo	• gramatica	• volcan	• sarten
• simpatico	• catedral	• azucar	• acercamelo	• caravana
• rubi	• quitaselo	• Cantabrico	• Lopez	• facilmente

Tabla de verbos

Presente de indicativo

Verbos regulares

1.ª conjugación -AR CANTAR	2.ª conjugación -ER COMER	3.ª conjugación -IR VIVIR
canto	como	vivo
cantas	comes	vives
canta	come	vive
cantamos	comemos	vivimos
cantáis	coméis	vivís
cantan	comen	viven

Verbos reflexivos regulares

Bañarse	Ducharse	Lavarse	Levantarse	Peinarse
me baño	**me** ducho	**me** lavo	**me** levanto	**me** peino
te bañas	**te** duchas	**te** lavas	**te** levantas	**te** peinas
se baña	**se** ducha	**se** lava	**se** levanta	**se** peina
nos bañamos	**nos** duchamos	**nos** lavamos	**nos** levantamos	**nos** peinamos
os bañáis	**os** ducháis	**os** laváis	**os** levantáis	**os** peináis
se bañan	**se** duchan	**se** lavan	**se** levantan	**se** peinan

Verbos irregulares

Verbos con irregularidad vocálica

- **E › IE**

Cerrar	Comenzar	Despertarse	Divertirse	Empezar
ci**e**rro	comi**e**nzo	me despi**e**rto	me divi**e**rto	empi**e**zo
ci**e**rras	comi**e**nzas	te despi**e**rtas	te divi**e**rtes	empi**e**zas
ci**e**rra	comi**e**nza	se despi**e**rta	se divi**e**rte	empi**e**za
cerramos	comenzamos	nos despertamos	nos divertimos	empezamos
cerráis	comenzáis	os despertáis	os divertís	empezáis
ci**e**rran	comi**e**nzan	se despi**e**rtan	se divi**e**rten	empi**e**zan

Entender	Merendar	Pensar	Perder	Querer
enti**e**ndo	meri**e**ndo	pi**e**nso	pi**e**rdo	qui**e**ro
enti**e**ndes	meri**e**ndas	pi**e**nsas	pi**e**rdes	qui**e**res
enti**e**nde	meri**e**nda	pi**e**nsa	pi**e**rde	qui**e**re
entendemos	merendamos	pensamos	perdemos	queremos
entendéis	merendáis	pensáis	perdéis	queréis
enti**e**nden	meri**e**ndan	pi**e**nsan	pi**e**rden	qui**e**ren

• O > UE

Acordarse	Acostarse	Almorzar	Contar	Dormir	Encontrar
me ac**ue**rdo	me ac**ue**sto	alm**ue**rzo	c**ue**nto	d**ue**rmo	enc**ue**ntro
te ac**ue**rdas	te ac**ue**stas	alm**ue**rzas	c**ue**ntas	d**ue**rmes	enc**ue**ntras
se ac**ue**rda	se ac**ue**sta	alm**ue**rza	c**ue**nta	d**ue**rme	enc**ue**ntra
nos acordamos	nos acostamos	almorzamos	contamos	dormimos	encontramos
os acordáis	os acostáis	almorzáis	contáis	dormís	encontráis
se ac**ue**rdan	se ac**ue**stan	alm**ue**rzan	c**ue**ntan	d**ue**rmen	enc**ue**ntran

Poder	Recordar	Resolver	Soler	Soñar	Volver
p**ue**do	rec**ue**rdo	res**ue**lvo	s**ue**lo	s**ue**ño	v**ue**lvo
p**ue**des	rec**ue**rdas	res**ue**lves	s**ue**les	s**ue**ñas	v**ue**lves
p**ue**de	rec**ue**rda	res**ue**lve	s**ue**le	s**ue**ña	v**ue**lve
podemos	recordamos	resolvemos	solemos	soñamos	volvemos
podéis	recordáis	resolvéis	soléis	soñáis	volvéis
p**ue**den	rec**ue**rdan	res**ue**lven	s**ue**len	s**ue**ñan	v**ue**lven

• E > I

Elegir	Pedir	Reírse	Repetir	Servir	Vestirse
el**ij**o	p**i**do	me r**í**o	rep**i**to	s**i**rvo	me v**i**sto
el**i**ges	p**i**des	te r**í**es	rep**i**tes	s**i**rves	te v**i**stes
el**i**ge	p**i**de	se r**í**e	rep**i**te	s**i**rve	se v**i**ste
elegimos	pedimos	nos reímos	repetimos	servimos	nos vestimos
elegís	pedís	os reís	repetís	servís	os vestís
el**i**gen	p**i**den	se r**í**en	rep**i**ten	s**i**rven	se v**i**sten

• U > UE

Jugar
j**ue**go
j**ue**gas
j**ue**ga
jugamos
jugáis
j**ue**gan

• I > Y

Concluir	Construir	Contribuir	Destruir	Huir
conclu**y**o	constru**y**o	contribu**y**o	destru**y**o	hu**y**o
conclu**y**es	constru**y**es	contribu**y**es	destru**y**es	hu**y**es
conclu**y**e	constru**y**e	contribu**y**e	destru**y**e	hu**y**e
concluimos	construimos	contribuimos	destruimos	huimos
concluís	construís	contribuís	destruís	huis
conclu**y**en	constru**y**en	contribu**y**en	destru**y**en	hu**y**en

Verbos irregulares en la primera persona

- **Verbos en -ZC-**

Conducir	Conocer	Producir	Traducir	Obedecer
condu**zc**o	cono**zc**o	produ**zc**o	tradu**zc**o	obede**zc**o
conduces	conoces	produces	traduces	obedeces
conduce	conoce	produce	traduce	obedece
conducimos	conocemos	producimos	traducimos	obedecemos
conducís	conocéis	producís	traducís	obedecéis
conducen	conocen	producen	traducen	obedecen

Otros irregulares en primera persona

Caer	Hacer	Poner	Salir	Traer	Valer
caigo	**hago**	**pongo**	**salgo**	**traigo**	**valgo**
caes	haces	pones	sales	traes	vales
cae	hace	pone	sale	trae	vale
caemos	hacemos	ponemos	salimos	traemos	valemos
caéis	hacéis	ponéis	salís	traéis	valéis
caen	hacen	ponen	salen	traen	valen

Dar	Saber	Ver
doy	**sé**	**veo**
das	sabes	ves
da	sabe	ve
damos	sabemos	vemos
dais	sabéis	veis
dan	saben	ven

Verbos con dos irregularidades

Decir	Oír	Oler	Tener	Venir
digo	**oigo**	**huel**o	**tengo**	**vengo**
d**i**ces	o**y**es	**huel**es	t**ie**nes	v**ie**nes
d**i**ce	o**y**e	**huel**e	t**ie**ne	v**ie**ne
decimos	oímos	olemos	tenemos	venimos
decís	oís	oléis	tenéis	venís
d**i**cen	o**y**en	**huel**en	t**ie**nen	v**ie**nen

Verbos con irregularidades propias

Haber	Ir	Estar	Ser
he	**voy**	**estoy**	**soy**
has	**vas**	**estás**	**eres**
ha	**va**	**está**	**es**
hemos	**vamos**	estamos	**somos**
habéis	**vais**	estáis	**sois**
han	**van**	**están**	**son**

> Recuerda:
> - El verbo *haber* solo se usa para formar los tiempos compuestos de los verbos.
> - Cuando funciona como verbo impersonal, tiene una forma especial en presente, *hay*:
>   *Hay un árbol en la esquina.*
>   *Hay árboles en el parque.*
> - El verbo *estar* cambia la sílaba tónica habitual del presente de indicativo en todas las personas excepto en *nosotros/as* y *vosotros/as* (por eso algunas formas llevan tilde).

Verbos que se construyen como *gustar*

Doler	Encantar	Molestar	Parecer
me d**ue**le/d**ue**len	me encanta/encantan	me molesta/molestan	me parece/parecen
te d**ue**le/d**ue**len	te encanta/encantan	te molesta/molestan	te parece/parecen
le d**ue**le/d**ue**len	le encanta/encantan	le molesta/molestan	le parece/parecen
nos d**ue**le/d**ue**len	nos encanta/encantan	nos molesta/molestan	nos parece/parecen
os d**ue**le/d**ue**len	os encanta/encantan	os molesta/molestan	os parece/parecen
les d**ue**le/d**ue**len	les encanta/encantan	les molesta/molestan	les parece/parecen

Imperativo afirmativo

Verbos regulares

	1.ª conjugación -AR CANTAR	2.ª conjugación -ER COMER	3.ª conjugación -IR VIVIR
tú	canta	come	vive
usted	cante	coma	viva
vosotros/as	cantad	comed	vivid
ustedes	canten	coman	vivan

Verbos irregulares

Irregularidades vocálicas

- **E > IE**

Cerrar	Empezar	Pensar
ci**e**rra	empi**e**za	pi**e**nsa
ci**e**rre	empi**e**ce	pi**e**nse
cerrad	empezad	pensad
ci**e**rren	empi**e**cen	pi**e**nsen

- **O > UE**

Contar	Dormir	Volver
c**ue**nta	d**ue**rme	v**ue**lve
c**ue**nte	d**ue**rma	v**ue**lva
contad	dormid	volved
c**ue**nten	d**ue**rman	v**ue**lvan

• U > UE	• E > I			• I > Y	
Jugar	**Elegir**	**Pedir**	**Vestir**	**Construir**	**Huir**
juega	elige	pide	viste	construye	huye
juegue	elija	pida	vista	construya	huya
jugad	elegid	pedid	vestid	construid	huid
jueguen	elijan	pidan	vistan	construyan	huyan

Verbos completamente irregulares

Decir	Hacer	Ir	Oír	Poner	Salir	Ser	Tener	Venir
di	**haz**	**ve**	**oye**	**pon**	**sal**	**sé**	**ten**	**ven**
diga	**haga**	**vaya**	**oiga**	**ponga**	**salga**	**sea**	**tenga**	**venga**
decid	haced	id	oíd	poned	salid	sed	tened	venid
digan	**hagan**	**vayan**	**oigan**	**pongan**	**salgan**	**sean**	**tengan**	**vengan**

La 2.ª persona del plural *(vosotros/as)* del imperativo es siempre regular.

Verbos reflexivos

Acostarse	Despertarse	Dormirse	Levantarse	Reírse	Vestirse
acuéstate	despiértate	duérmete	levántate	ríete	vístete
acuéstese	despiértese	duérmase	levántese	ríase	vístase
acostaos	despertaos	dormíos	levantaos	reíos	vestíos
acuéstense	despiértense	duérmanse	levántense	ríanse	vístanse

Pretérito perfecto de indicativo

Verbos regulares

1.ª conjugación -AR CANTAR	2.ª conjugación -ER COMER	3.ª conjugación -IR VIVIR
he cantado	**he** comido	**he** vivido
has cantado	**has** comido	**has** vivido
ha cantado	**ha** comido	**ha** vivido
hemos cantado	**hemos** comido	**hemos** vivido
habéis cantado	**habéis** comido	**habéis** vivido
han cantado	**han** comido	**han** vivido

Participios irregulares

abrir > **abierto**	escribir > **escrito**	poner > **puesto**	romper > **roto**
cubrir > **cubierto**	hacer > **hecho**	prever > **previsto**	satisfacer > **satisfecho**
decir > **dicho**	imprimir > **impreso, imprimido**	resolver > **resuelto**	ver > **visto**
descubrir > **descubierto**	morir > **muerto**	revolver > **revuelto**	volver > **vuelto**

Pretérito indefinido de indicativo

Verbos regulares

1.ª conjugación -AR CANTAR	2.ª conjugación -ER COMER	3.ª conjugación -IR VIVIR
canté	comí	viví
cantaste	comiste	viviste
cantó	comió	vivió
cantamos	comimos	vivimos
cantasteis	comisteis	vivisteis
cantaron	comieron	vivieron

Verbos con cambios gráficos

- **C > QU**

Buscar	Pescar
bus**qu**é	pes**qu**é
buscaste	pescaste
buscó	pescó
buscamos	pescamos
buscasteis	pescasteis
buscaron	pescaron

- **G > GU**

Jugar	Pegar
ju**gu**é	pe**gu**é
jugaste	pegaste
jugó	pegó
jugamos	pegamos
jugasteis	pegasteis
jugaron	pegaron

- **Z > C**

Comenzar	Empezar
comen**c**é	empe**c**é
comenzaste	empezaste
comenzó	empezó
comenzamos	empezamos
comenzasteis	empezasteis
comenzaron	empezaron

Verbos irregulares

Verbos irregulares en la raíz verbal

Andar	Caber	Estar	Haber	Hacer	Poder
anduve	**cupe**	**estuve**	**hube**	**hice**	**pude**
anduviste	**cupiste**	**estuviste**	**hubiste**	**hiciste**	**pudiste**
anduvo	**cupo**	**estuvo**	**hubo**	**hizo**	**pudo**
anduvimos	**cupimos**	**estuvimos**	**hubimos**	**hicimos**	**pudimos**
anduvisteis	**cupisteis**	**estuvisteis**	**hubisteis**	**hicisteis**	**pudisteis**
anduvieron	**cupieron**	**estuvieron**	**hubieron**	**hicieron**	**pudieron**

Poner	Querer	Saber	Tener	Venir
puse	**quise**	**supe**	**tuve**	**vine**
pusiste	**quisiste**	**supiste**	**tuviste**	**viniste**
puso	**quiso**	**supo**	**tuvo**	**vino**
pusimos	**quisimos**	**supimos**	**tuvimos**	**vinimos**
pusisteis	**quisisteis**	**supisteis**	**tuvisteis**	**vinisteis**
pusieron	**quisieron**	**supieron**	**tuvieron**	**vinieron**

> Fíjate:
> En este grupo de verbos también cambia el acento habitual del pretérito indefinido:
> ~~quisé~~ > quise ~~tuvé~~ > tuvo

Los verbos que tienen *j* en la raíz verbal pierden la *i* en la tercera persona del plural:

Conducir	Decir	Traducir	Traer
conduje	**dije**	**traduje**	**traje**
condujiste	**dijiste**	**tradujiste**	**trajiste**
condujo	**dijo**	**tradujo**	**trajo**
condujimos	**dijimos**	**tradujimos**	**trajimos**
condujisteis	**dijisteis**	**tradujisteis**	**trajisteis**
condujeron	**dijeron**	**tradujeron**	**trajeron**

Verbos irregulares en la tercera persona

- **E › I**

Divertirse	Elegir	Impedir	Medir	Mentir	Pedir
me divertí	elegí	impedí	medí	mentí	pedí
te divertiste	elegiste	impediste	mediste	mentiste	pediste
se divirtió	eligió	impidió	midió	mintió	pidió
nos divertimos	elegimos	impedimos	medimos	mentimos	pedimos
os divertisteis	elegisteis	impedisteis	medisteis	mentisteis	pedisteis
se divirtieron	eligieron	impidieron	midieron	mintieron	pidieron

Reír	Repetir	Seguir	Sentir	Servir	Sonreír
reí	repetí	seguí	sentí	serví	sonreí
reíste	repetiste	seguiste	sentiste	serviste	sonreíste
rio	repitió	siguió	sintió	sirvió	sonrió
reímos	repetimos	seguimos	sentimos	servimos	sonreímos
reísteis	repetisteis	seguisteis	sentisteis	servisteis	sonreísteis
rieron	repitieron	siguieron	sintieron	sirvieron	sonrieron

Fíjate:
Todos los verbos de este grupo son de la tercera conjugación *(-ir)*.

- **O › U**

Dormir	Morir
dormí	morí
dormiste	moriste
durmió	murió
dormimos	morimos
dormisteis	moristeis
durmieron	murieron

Fíjate:
Esta irregularidad solo la tienen los verbos *dormir* y *morir*.

• I > Y

Caer	Concluir	Construir	Contribuir	Creer
caí	concluí	construí	contribuí	creí
caíste	concluiste	construiste	contribuiste	creíste
ca**y**ó	conclu**y**ó	constru**y**ó	contribu**y**ó	cre**y**ó
caímos	concluimos	construimos	contribuimos	creímos
caísteis	concluisteis	construisteis	contribuisteis	creísteis
ca**y**eron	conclu**y**eron	constru**y**eron	contribu**y**eron	cre**y**eron

Destruir	Huir	Leer	Oír	Sustituir
destruí	hui	leí	oí	sustituí
destruiste	huiste	leíste	oíste	sustituiste
destru**y**ó	hu**y**ó	le**y**ó	o**y**ó	sustitu**y**ó
destruimos	huimos	leímos	oímos	sustituimos
destruisteis	huisteis	leísteis	oísteis	sustituisteis
destru**y**eron	hu**y**eron	le**y**eron	o**y**eron	sustitu**y**eron

Verbos con irregularidades propias

Dar	Ir/Ser
di	**fui**
diste	**fuiste**
dio	**fue**
dimos	**fuimos**
disteis	**fuisteis**
dieron	**fueron**

Recuerda:
Las formas de los verbos *ir* y *ser* coinciden en pretérito indefinido. Solo se distinguen por el contexto en que aparecen.

Pretérito imperfecto de indicativo

Verbos regulares

1.ª conjugación -AR CANTAR	2.ª conjugación -ER COMER	3.ª conjugación -IR VIVIR
cantaba	comía	vivía
cantabas	comías	vivías
cantaba	comía	vivía
cantábamos	comíamos	vivíamos
cantabais	comíais	vivíais
cantaban	comían	vivían

Verbos irregulares

Ser	Ir	Ver
era	**iba**	**veía**
eras	**ibas**	**veías**
era	**iba**	**veía**
éramos	**íbamos**	**veíamos**
erais	**ibais**	**veíais**
eran	**iban**	**veían**

Pretérito pluscuamperfecto de indicativo

Verbos regulares

1.ª conjugación -AR CANTAR	2.ª conjugación -ER COMER	3.ª conjugación -IR VIVIR
había cantado	**había** comido	**había** vivido
habías cantado	**habías** comido	**habías** vivido
había cantado	**había** comido	**había** vivido
habíamos cantado	**habíamos** comido	**habíamos** vivido
habíais cantado	**habíais** comido	**habíais** vivido
habían cantado	**habían** comido	**habían** vivido

Participios irregulares

abrir › **abierto**	escribir › **escrito**	poner › **puesto**	romper › **roto**
cubrir › **cubierto**	hacer › **hecho**	prever › **previsto**	satisfacer › **satisfecho**
decir › **dicho**	imprimir › **impreso, imprimido**	resolver › **resuelto**	ver › **visto**
descubrir › **descubierto**	morir › **muerto**	revolver › **revuelto**	volver › **vuelto**

Futuro simple de indicativo

Verbos regulares

1.ª conjugación -AR CANTAR	2.ª conjugación -ER COMER	3.ª conjugación -IR VIVIR
cantaré	comeré	viviré
cantarás	comerás	vivirás
cantará	comerá	vivirá
cantaremos	comeremos	viviremos
cantaréis	comeréis	viviréis
cantarán	comerán	vivirán

Verbos irregulares

Caber	Decir	Haber	Hacer	Poder	Poner
cabré	**diré**	**habré**	**haré**	**podré**	**pondré**
cabrás	**dirás**	**habrás**	**harás**	**podrás**	**pondrás**
cabrá	**dirá**	**habrá**	**hará**	**podrá**	**pondrá**
cabremos	**diremos**	**habremos**	**haremos**	**podremos**	**pondremos**
cabréis	**diréis**	**habréis**	**haréis**	**podréis**	**pondréis**
cabrán	**dirán**	**habrán**	**harán**	**podrán**	**pondrán**

Querer	Saber	Salir	Tener	Valer	Venir
querré	**sabré**	**saldré**	**tendré**	**valdré**	**vendré**
querrás	**sabrás**	**saldrás**	**tendrás**	**valdrás**	**vendrás**
querrá	**sabrá**	**saldrá**	**tendrá**	**valdrá**	**vendrá**
querremos	**sabremos**	**saldremos**	**tendremos**	**valdremos**	**vendremos**
querréis	**sabréis**	**saldréis**	**tendréis**	**valdréis**	**vendréis**
querrán	**sabrán**	**saldrán**	**tendrán**	**valdrán**	**vendrán**

Futuro compuesto de indicativo

Verbos regulares

1.ª conjugación -AR CANTAR	2.ª conjugación -ER COMER	3.ª conjugación -IR VIVIR
habré cantado	**habré** comido	**habré** vivido
habrás cantado	**habrás** comido	**habrás** vivido
habrá cantado	**habrá** comido	**habrá** vivido
habremos cantado	**habremos** comido	**habremos** vivido
habréis cantado	**habréis** comido	**habréis** vivido
habrán cantado	**habrán** comido	**habrán** vivido

Participios irregulares

abrir › **abierto**	escribir › **escrito**	poner › **puesto**	romper › **roto**
cubrir › **cubierto**	hacer › **hecho**	prever › **previsto**	satisfacer › **satisfecho**
decir › **dicho**	imprimir › **impreso, imprimido**	resolver › **resuelto**	ver › **visto**
descubrir › **descubierto**	morir › **muerto**	revolver › **revuelto**	volver › **vuelto**

Condicional simple

Verbos regulares

1.ª conjugación -AR CANTAR	2.ª conjugación -ER COMER	3.ª conjugación -IR VIVIR
cantaría	comería	viviría
cantarías	comerías	vivirías
cantaría	comería	viviría
cantaríamos	comeríamos	viviríamos
cantaríais	comeríais	viviríais
cantarían	comerían	vivirían

Verbos irregulares

Caber	Decir	Haber	Hacer	Poder	Poner
cabría	diría	habría	haría	podría	pondría
cabrías	dirías	habrías	harías	podrías	pondrías
cabría	diría	habría	haría	podría	pondría
cabríamos	diríamos	habríamos	haríamos	podríamos	pondríamos
cabríais	diríais	habríais	haríais	podríais	pondríais
cabrían	dirían	habrían	harían	podrían	pondrían

Querer	Saber	Salir	Tener	Valer	Venir
querría	sabría	saldría	tendría	valdría	vendría
querrías	sabrías	saldrías	tendrías	valdrías	vendrías
querría	sabría	saldría	tendría	valdría	vendría
querríamos	sabríamos	saldríamos	tendríamos	valdríamos	vendríamos
querríais	sabríais	saldríais	tendríais	valdríais	vendríais
querrían	sabrían	saldrían	tendrían	valdrían	vendrían

Presente de subjuntivo

Verbos regulares

1.ª conjugación -AR CANTAR	2.ª conjugación -ER COMER	3.ª conjugación -IR VIVIR
cante	coma	viva
cantes	comas	vivas
cante	coma	viva
cantemos	comamos	vivamos
cantéis	comáis	viváis
canten	coman	vivan

Verbos irregulares

Irregularidades vocálicas

• **E > IE (verbos en -AR y -ER)**

Comenzar	Otros verbos
comience	calentar, cerrar, despertarse, negar, pensar...
comiences	
comience	
comencemos	
comencéis	
comiencen	

Entender	Otros verbos
entienda	encender, perder, querer, tender...
entiendas	
entienda	
entendamos	
entendáis	
entiendan	

• **E > IE + E > I (verbos en -IR)**

Mentir	Otros verbos
mienta	convertir, divertirse, herir, invertir, sentir, sugerir...
mientas	
mienta	
mintamos	
mintáis	
mientan	

• **O > UE (verbos en -AR y -ER)**

Soñar	Poder	Otros verbos
sueñe	pueda	acordarse, acostarse, contar, soler, volver...
sueñes	puedas	
sueñe	pueda	
soñemos	podamos	
soñéis	podáis	
sueñen	puedan	

• **O > UE + O > U**

Dormir	Otros verbos
duerma	morir
duermas	
duerma	
durmamos	
durmáis	
duerman	

• **U > UE**

Jugar
juegue
juegues
juegue
juguemos
juguéis
jueguen

• **E > I**

Pedir	Otros verbos
pida	elegir, reírse, repetir, servir, vestirse...
pidas	
pida	
pidamos	
pidáis	
pidan	

• **I > Y**

Construir	Otros verbos
construya	concluir, contribuir, destruir, huir...
construyas	
construya	
construyamos	
construyáis	
construyan	

Verbos con la primera persona irregular en presente de indicativo

• **Verbos en -ZC-** ***(conduzco, conozco, obedezco, produzco, traduzco)***

Conducir	Conocer	Obedecer	Producir	Traducir
condu**zc**a	cono**zc**a	obede**zc**a	produ**zc**a	tradu**zc**a
condu**zc**as	cono**zc**as	obede**zc**as	produ**zc**as	tradu**zc**as
condu**zc**a	cono**zc**a	obede**zc**a	produ**zc**a	tradu**zc**a
condu**zc**amos	cono**zc**amos	obede**zc**amos	produ**zc**amos	tradu**zc**amos
condu**zc**áis	cono**zc**áis	obede**zc**áis	produ**zc**áis	tradu**zc**áis
condu**zc**an	cono**zc**an	obede**zc**an	produ**zc**an	tradu**zc**an

Otros verbos

agradecer, crecer, desaparecer, nacer, ofrecer, parecer, reducir...

• **Otros verbos irregulares en la primera persona** ***(caigo, digo, hago, oigo, pongo, salgo, tengo, traigo, valgo, vengo)***

Caer	Decir	Hacer	Oír	Poner
caiga	**diga**	**haga**	**oiga**	**ponga**
caigas	**digas**	**hagas**	**oigas**	**pongas**
caiga	**diga**	**haga**	**oiga**	**ponga**
caigamos	**digamos**	**hagamos**	**oigamos**	**pongamos**
caigáis	**digáis**	**hagáis**	**oigáis**	**pongáis**
caigan	**digan**	**hagan**	**oigan**	**pongan**

Salir	Tener	Traer	Valer	Venir
salga	**tenga**	**traiga**	**valga**	**venga**
salgas	**tengas**	**traigas**	**valgas**	**vengas**
salga	**tenga**	**traiga**	**valga**	**venga**
salgamos	**tengamos**	**traigamos**	**valgamos**	**vengamos**
salgáis	**tengáis**	**traigáis**	**valgáis**	**vengáis**
salgan	**tengan**	**traigan**	**valgan**	**vengan**

Verbos con irregularidades propias

Haber	Ir	Saber	Ser	Ver
haya	**vaya**	**sepa**	**sea**	**vea**
hayas	**vayas**	**sepas**	**seas**	**veas**
haya	**vaya**	**sepa**	**sea**	**vea**
hayamos	**vayamos**	**sepamos**	**seamos**	**veamos**
hayáis	**vayáis**	**sepáis**	**seáis**	**veáis**
hayan	**vayan**	**sepan**	**sean**	**vean**

Verbos con cambios gráficos

• G › J	• C › Z	• Z › C	• GU › G	• G › GU	• C › QU
Coger	**Convencer**	**Cazar**	**Distinguir**	**Investigar**	**Tocar**
co**j**a	conven**z**a	ca**c**e	distin**g**a	investi**gu**e	to**qu**e
co**j**as	conven**z**as	ca**c**es	distin**g**as	investi**gu**es	to**qu**es
co**j**a	conven**z**a	ca**c**e	distin**g**a	investi**gu**e	to**qu**e
co**j**amos	conven**z**amos	ca**c**emos	distin**g**amos	investi**gu**emos	to**qu**emos
co**j**áis	conven**z**áis	ca**c**éis	distin**g**áis	investi**gu**éis	to**qu**éis
co**j**an	conven**z**an	ca**c**en	distin**g**an	investi**gu**en	to**qu**en

Dar
dé
des
dé
demos
deis
den

Fíjate:
El verbo *dar* lleva una tilde diacrítica en la primera y tercera personas del singular para que no se confunda con la preposición *de*.

Estar
est**é**
est**é**s
est**é**
estemos
estéis
est**é**n

Fíjate:
El verbo *estar* cambia la sílaba tónica habitual del presente de subjuntivo en todas las personas del singular y la tercera del plural.

Pretérito perfecto de subjuntivo

Verbos regulares

1.ª conjugación -AR CANTAR	2.ª conjugación -ER COMER	3.ª conjugación -IR VIVIR
haya cantado	**haya** comido	**haya** vivido
hayas cantado	**hayas** comido	**hayas** vivido
haya cantado	**haya** comido	**haya** vivido
hayamos cantado	**hayamos** comido	**hayamos** vivido
hayáis cantado	**hayáis** comido	**hayáis** vivido
hayan cantado	**hayan** comido	**hayan** vivido

Participios irregulares

abrir › **abierto**	poner › **puesto**
absolver › **absuelto**	freír › **frito**
cubrir › **cubierto**	resolver › **resuelto**
decir › **dicho**	revolver › **revuelto**
escribir › **escrito**	rompe › **roto**
hacer › **hecho**	satisfacer › **satisfecho**
imprimir › **impreso**	ver › **visto**
morir › **muerto**	volver › **vuelto**

Pretérito imperfecto de subjuntivo

Verbos regulares

El pretérito imperfecto de subjuntivo se forma fácilmente a partir de la tercera persona del plural del pretérito indefinido:

1.ª Conjugación -AR CANTAR > cantaron	2.ª Conjugación -ER COMER > comieron	3.ª Conjugación -IR VIVIR > vivieron
cantara/cantase	comiera/comiese	viviera/viviese
cantaras/cantases	comieras/comieses	vivieras/vivieses
cantara/cantase	comiera/comiese	viviera/viviese
cantáramos/cantásemos	comiéramos/comiésemos	viviéramos/viviésemos
cantarais/cantaseis	comierais/comieseis	vivierais/vivieseis
cantaran/cantasen	comieran/comiesen	vivieran/viviesen

Verbos irregulares

Los verbos irregulares del pretérito imperfecto de subjuntivo son los mismos que los del pretérito indefinido. También se forman a partir de la tercera persona del plural del pretérito indefinido:

Andar > anduvieron	Caber > cupieron	Dar > dieron	Estar > estuvieron
anduviera/se	cupiera/se	diera/se	estuviera/se
anduvieras/ses	cupieras/ses	dieras/ses	estuvieras/ses
anduviera/se	cupiera/se	diera/se	estuviera/se
anduviéramos/semos	cupiéramos/semos	diéramos/semos	estuviéramos/semos
anduvierais/seis	cupierais/seis	dierais/seis	estuvierais/seis
anduvieran/sen	cupieran/sen	dieran/sen	estuvieran/sen

Haber > hubieron	Hacer > hicieron	Ir / Ser > fueron	Poder > pudieron
hubiera/se	hiciera/se	fuera/se	pudiera/se
hubieras/ses	hicieras/ses	fueras/ses	pudieras/ses
hubiera/se	hiciera/se	fuera/se	pudiera/se
hubiéramos/semos	hiciéramos/semos	fuéramos/semos	pudiéramos/semos
hubierais/seis	hicierais/seis	fuerais/seis	pudierais/seis
hubieran/sen	hicieran/sen	fueran/sen	pudieran/sen

Poner > pusieron	Querer > quisieron	Saber > supieron	Tener > tuvieron	Venir > vinieron
pusiera/se	quisiera/se	supiera/se	tuviera/se	viniera/se
pusieras/ses	quisieras/ses	supieras/ses	tuvieras/ses	vinieras/ses
pusiera/se	quisiera/se	supiera/se	tuviera/se	viniera/se
pusiéramos/semos	quisiéramos/semos	supiéramos/semos	tuviéramos/semos	viniéramos/semos
pusierais/seis	quisierais/seis	supierais/seis	tuvierais/seis	vinierais/seis
pusieran/sen	quisieran/sen	supieran/sen	tuvieran/sen	vinieran/sen

• Verbos con *j* en la raíz	• E > I	• O > U	• I, E > Y
Decir > dijeron	**Elegir > eligieron**	**Dormir > durmieron**	**Caer > cayeron**
dijera/se	eligiera/se	durmiera/se	cayera/se
dijeras/ses	eligieras/ses	durmieras/ses	cayeras/ses
dijera/se	eligiera/se	durmiera/se	cayera/se
dijéramos/semos	eligiéramos/semos	durmiéramos/semos	cayéramos/semos
dijerais/seis	eligierais/seis	durmierais/seis	cayerais/seis
dijeran/sen	eligieran/sen	durmieran/sen	cayeran/sen
Otros verbos	**Otros verbos**	**Otros verbos**	**Otros verbos**
Traer y los terminados en *-cir/-ucir*	divertirse, medir, mentir, pedir, reír...	morir	concluir, construir, creer, destruir, huir...

Glosario

	En mi lengua
A	
Abdomen, el	
Abierto/a	
Abogado/a, el/la	
Abrazo, el	
Abrigo, el	
Abrir	
Acampada, la	
Acampar	
Acceso, el	
Accidente, el	
Aceite, el	
Aceptar	
Acera, la	
Aclararse	
Acogedor/a	
Acontecimiento, el	
Acostarse	
Acostumbrado/a	
Actualmente	
Adecuado/a	
Adelgazamiento, el	
Adosado/a	
Aeropuerto, el	
Afectado/a, el/la	
Afeitarse	
Afición, la	
Aficionado/a, el/la	
Afirmación, la	
Afirmativo/a	
Agenda, la	
Agobiado/a	
Agradable	
Agricultura, la	
Agua, el (mineral)	
Agujero, el	
Ahorrar	
Aire, el (acondicionado)	
Ajo, el	
Al cabo de	
Albergue, el	
Alegrarse	
Alegre	
Alérgico/a	
Alga,el/Algas, las	
Alimentación, la	
Alimentarse	
Alimento, el	
Aliviado/a	
Almacenar	
Almendra, la	
Almohadilla, la	
Almuerzo, el	
Alojarse	
Alquilar	
Alquiler, el	
Altitud, la	
Aluminio, el	
Amable	
Amarillo/a	
Amenazar	
Amigo/a, el/la	
Ampliar	
Anaconda, la	
Ancho/a	
Anciano/a, el/la	
Animal, el	
Anoche	
Anteayer	
Antiguo/a	
Antivirus, el	
Anunciante, el/la	
Anuncio, el	
Añadir	
Apagar	
Aparato, el	
Aparcamiento, el	
Aparcar	
Apartamento, el	
Apellido, el	
Apetito, el	
Aplicación, la	
Aportar	
Aprendizaje, el	
Aprobar	
Aprovechar	
Apoyo, el	
Apuntar	
Apuntarse	
Apuntes, los	
Archivo, el	
Armario, el	
Arqueológico/a	
Arquitectura, la	
Arrastrar	
Arreglar	
Arroba, la	
Arroyo, el	
Arroz, el	
Artesanía, la	
Artista, el/la	
Asa, el	
Asado/a	
Ascensor, el	
Asesoramiento, el	
Asesorar	
Así	
Asiento, el	
Asignatura, la	
Asistir	
Aspecto, el	
Aspiradora, la	
Asustado/a	
Atención, la	
Auditorio, el	
Aula, el (multimedia)	
Autobús, el	
Autoevaluación, la	
Auxilio, el	
Avance, el	
Ave, el	
Avergonzarse	
Avión, el	
Ayuntamiento, el	
Azúcar, el	
Azul	
B	
Bachillerato, el	
Bailar	
Bajar (la basura)	
Bajo/a	
Balcón, el	

	En mi lengua
Banco, el	
Banderola, la	
Bañador, el	
Bañera, la	
Baño, el	
Barato/a	
Barca, la	
Barco, el	
Barriga, la	
Barrio, el	
Basura, la	
Batalla, la	
Beca, la	
Bello/a	
Beneficio, el	
Benéfico/a	
Beso, el	
Bibliografía, la	
Biblioteca, la	
Bicicleta, la	
Bienestar, el	
Bienvenido/a	
Billete, el	
Biodegradable	
Biografía, la	
Blanco/a	
Boca, la	
Bocadillo, el	
Bodega, la	
Boletín, el	
Bolsa, la	
Bombero/a, el/la	
Bombilla, la	
Bondad, la	
Bongó, el	
Bonito/a	
Borrar	
Bosque, el	
Bote, el	
Botella, la	
Brazo, el	
Brik, el	
Broma, la	
Bromista	
Bucear	

	En mi lengua
Buceo, el	
¡(Buena/Mucha) Suerte!	
¡Buen provecho!	
¡Buen viaje!	
Bufete, el	
(de abogados)	
Buitre, el	
Buscador, el	
Buscar	
Buzón, el	

C

	En mi lengua
Cabeza, la	
Café, el	
Cafetería, la	
Caja, la	
Cajón, el	
Calcular	
Calefacción, la	
Calentamiento, el (global)	
Calentar	
Calidad, la	
Cálido/a	
Calle, la	
Callejero/a	
Calma, la	
Calor, el	
Calzado, el	
Cama, la	
Cámara, la	
Camino, el	
Camiseta, la	
Campeonato, el	
Campus, el	
Cancelación, la	
Cansado/a	
Cantante, el/la	
Capacidad, la	
Capital, la	
Cara, la	
Carcajada, la	
Carne, la	
Carnívoro/a	

	En mi lengua
Caro/a	
Carrera, la (de correr)	
Carrera, la (universitaria)	
Cartel, el	
Cartón, el	
Casarse	
Casero/a	
Castañuelas, las	
Cata, la (de vinos)	
Catedral, la	
Causa, la	
Cebolla, la	
Celebrar	
Cena, la	
Cenar	
Céntrico/a	
Centro, el	
Centro comercial, el	
Centro de salud, el	
Cereal, el	
Cerrar	
Certamen, el	
Chalé, el	
Chancla, la	
Charlar	
Chatear	
Chimenea, la	
Chiste, el	
Chorizo, el	
Ciclo, el	
Ciencia, la	
Cifra, la	
Cilíndrico/a	
Cine, el	
Cinta, la	
Circuito, el	
Circular	
Círculo, el	
Citar	
Ciudad, la	
Civilización, la	
Claro/a	

	En mi lengua
Clásico/a	
Cobrar	
Coche, el	
Cocina, la	
Cocinar	
Colaborador/a	
Colaborar	
Colega, el/la	
Colegio, el	
Colonial	
Colorido/a	
Comercio, el	
Comida, la	
Cómodo/a	
Compartir	
Completar	
Completo/a	
Compra, la	
Comprar	
Compromiso, el	
Conceder	
Concienciación, la	
Concienciar	
Conclusión, la	
Concurso, el	
Conducir	
Conductor/a, el/la	
Confeccionar	
Conferencia, la	
Confianza, la	
Conflicto, el (armado)	
Confuso/a	
Conjunto, el	
Conmigo	
Conocer	
Consejo, el	
Conservatorio, el	
Consola, la	
Consumir	
Consumo, el	
Contabilidad, la	
Contacto, el	
Contaminación, la	
Contaminante	
Contaminar	

	En mi lengua
Contar	
Contemplar	
Contenedor, el	
Contento/a	
Contrargumentar	
Contraseña, la	
Contratar	
Contribuir	
Conveniente	
Convivencia, la	
Cooperar	
Copa, la	
Copiar	
Correo electrónico, el	
Correr	
Cortar	
Coser	
Cosmético, el	
Costa, la	
Costar	
Costumbre, la	
Creativo/a, el/la	
Crema, la (solar)	
Cristal, el	
Croqueta, la	
Crucero, el	
Cuadrado/a	
Cuadrado, el	
Cuarto, el	
Cuchara, la	
Cuchillo, el	
Cuello, el	
Cuenta, la (de correo)	
Cuento, el	
Cuero, el	
Cuerpo, el	
Cueva, la	
Cuidado, el	
Cultivar	
Cultura, la	
Cumbre, la	
Cumpleaños, el	
Curso, el	

D

	En mi lengua
Dado, el	
Danza, la	
Dar una vuelta.	
Dato, el	
De repente	
Década, la	
Decorar	
Dedo, el	
Defecto, el	
Deforestación, la	
Deletrear	
Demandar	
Dentista, el/la	
Deporte, el	
Deportivo/a	
Depositar	
Derecha, la	
Derechos humanos, los	
Derretir	
Desaparecer	
Desarrollarse	
Desarrollo, el	
Desayunar	
Desayuno, el	
Descansar	
Descanso, el	
Descargar	
Desconectar	
Desconfianza, la	
Desconfiar	
Descortés	
Descubrimiento, el	
Descubrir	
Desechable	
Desechar	
Desecho, el	
Deseo, el	
Desesperación, la	
Desfavorecido/a	
Deshielo, el	
Desierto, el	
Desperdicio, el	
Despertar(se)	

	En mi lengua
Destacar	
Deteriorarse	
Deuda, la	
Devolución, la	
Día, el	
Diagonal	
Difícil	
Dignidad, la	
Dimensión, la	
Dinero, el	
Dióxido de carbono, el	
Dirección, la	
Discapacidad, personas con	
Discriminación, la	
Discurso, el	
Diseñador/a gráfico/a, el/la	
Diseñar	
Diseño, el	
Disfrutar	
Disperso/a	
Dispositivo, el	
Distribuir	
Diversión, la	
Divertido/a	
Divertirse	
Doble (adj.)	
Docena, la	
Documental, el	
Doler	
Dominio, el	
Donar	
Donativo, el	
Dormitorio, el	
Dosis, la	
Ducha, la	
Ducharse	
Dueño/a, el/la	
Dulce	
Dulces, los	
Duración, la	
Durante	
Duro/a	

E	En mi lengua
Echar	
Ecología, la	
Ecológico/a	
Económico/a	
Edad, la	
Edificio, el	
Educación, la	
Efecto invernadero, el	
Elaborar	
Electrónico/a	
Emblemático/a	
Embutido, el	
Emigrar	
Emisión, la	
Emocionante	
Empezar	
Empresa, la	
Enamorarse	
Encantado/a	
Encantar	
Encargarse	
Encuesta, la	
Energía, la (renovable)	
Enfadado/a	
Enfermedad, la	
Enfermo/a	
¡Enhorabuena!	
Enlace, el	
Enseguida	
Entidad, la	
Entorno, el	
Entrada, la	
Entrar	
Entregar	
Entristecer	
Entusiasmar	
Envase, el	
Envejecimiento, el	
Envidia, la	
Envío, el	
Época, la	
Equilibrado/a	

	En mi lengua
Equipaje, el	
Equipamiento, el	
Equipo, el	
Equitativo/a	
Equivaler	
Escalada, la	
Escalera, la	
Escenario, el	
Escribir	
Escultórico/a	
Escultura, la	
Eslogan, el	
Espacial	
Espacioso/a	
Especie, la	
Espectáculo, el	
Espiritual	
Estación, la	
Estadio, el	
Estancia, la	
Estantería, la	
Estatua, la	
Este, el	
Estómago, el	
Estrategia, la	
Estrecho/a	
Estrella, la	
Estreno, el	
Estropeado/a	
Estropear	
Estudio, el	
Etiqueta, la	
Etnia, la	
Evento, el	
Exactitud, la	
Excepto	
Excluir	
Exclusión, la	
Excursión, la	
Excusa, la	
Éxito, el	
Experiencia, la	
Explotación, la	
Exportador/a	
Expulsar	

	En mi lengua
Extensión, la	
Extraño/a	
Extremo/a	
F	
Fácil	
Fantástico/a	
Faringitis, la	
Farmacéutico/a, el/la	
Farmacia, la	
Fastidiar	
Fauna, la	
Favor, el	
Fecha, la	
Festival, el	
Festivo/a	
Ficha, la	
Fiebre, la	
Finalizar	
Físico/a	
Flan, el	
Flora, la	
Fomentar	
Forma, la	
Formación profesional, la	
Foro, el (de discusión)	
Forzoso/a	
Frecuencia, la	
Fregar	
Freír	
Frigorífico, el	
Frío, el	
Frío/a	
Fruta, la	
Fuente, la	
Fuerza, la	
G	
Gafas, las (de sol)	
Garaje, el	
Garantía, la	
Garantizar	

	En mi lengua
Gas, con/sin	
Gas, el	
Gastos, los	
Gastronomía, la	
Generar	
Género, el	
Genial	
Gente, la	
Gesto, el	
Gigante, el/la	
Gimnasio, el	
Glaciar, el	
Globo, el	
Gobierno, el	
Golpe, el	
Gordo/a	
Gorra, la	
Graduado/a, el/la	
Graduarse	
Gráfico/a	
Gramo, el	
Grande	
Grasa, la	
Gratuito/a	
Gripe, la	
Guardar	
Guía, el/la	
Guía de viaje, la	
Guitarra, la	
H	
Habitación, la	
Habitante, el/la	
Habitual	
Hacer prácticas.	
Hambre, el	
Hamburguesa, la	
Harina, la	
Hectárea, la	
Helado, el	
Herencia, la	
Hermano/a, el/la	
Hielo, con/sin	
Histórico/a	
Hoja, la	

	En mi lengua
Hora, la	
Horario, el	
Horizontal	
Hospital, el	
Hostal, el	
Huevo, el	
Humanidad, la	
Húmedo/a	
Huracán el	
I	
Ideal	
Identificar(se)	
Idioma, el	
Iglesia, la	
Igualdad, la	
Ilusionado/a	
Impacto, el	
Impartir	
Implicación, la	
Importante	
Importar	
Imprenta, la	
Impresora, la	
Imprimir	
Incendio, el	
Incluido/a	
Indeciso/a	
Indefenso/a	
Independiente	
Industria, la	
Infancia, la	
Infantil	
Informal	
Informe, el	
Infusión, la	
Ingeniería, la	
Ingeniero/a, el/la	
Ingrediente, el	
Inquilino/a, el/la	
Inscribirse	
Insólito/a	
Inspirar	
Instituto, el	
Instrumento, el	

	En mi lengua
Interactuar	
Intercambio, el	
Interesante	
Interesar	
Internauta, el/la	
Intérprete, el/la	
Intervención, la	
Inundación, la	
Inútil	
Invento, el	
Inventor/a, el/la	
Inversión, la	
Invertir	
Invierno, el	
Ir (de compras)	
Irregular	
Irritar	
Isla, la	
Izquierda, la	

J

	En mi lengua
Jabón, el	
Jamás	
Jamón, el	
Jardín, el	
Jersey, el	
Jornada, la	
Joya, la	
Jubilación, la	
Jubilado/a	
Juego, el	
Jugar	
Jugo, el	
Juguete, el	
Justo/a	
Juventud, la	

L

	En mi lengua
Labor, la	
Lado, el	
Lana, la	
Lápiz, el (de memoria)	
Lástima, la	
Largo/a	
Lata, la	
Lavabo, el	
Lavadora, la	
Lavar(se)	
Lavavajillas, el	
Leche, la	
Lechuga, la	
Legumbre, la	
Lento/a	
Letra, la	
Levantar(se)	
Libertad, la	
Libre	
Libro, el	
Limpiar	
Limpiar el baño/ la cocina	
Limpieza, la	
Limpio/a	
Litro, el	
Llamativo/a	
Llegada, la	
Llorar	
Llover	
Lluvia, la	
Local (adj.)	
Local, el	
Localización, la	
Localizar	
Lógico/a	
Lucro, el	
Luego	
Lugar, el	
Lujo, el	
Luminoso/a	
Luna, la	
Luz, la	

M

	En mi lengua
Maceta, la	
Madera, la	
Madre, la	
Maíz, el	
Maleta, la	
Malo/a	
Mango, el	
Mantener	
Manzana, la	
Manual, el (de ayuda)	
Mañana, la	
Maquillaje, el	
Maquillar(se)	
Mar, el	
Maravilla, la	
Maravilloso/a	
Marca, la	
Mariposa, la	
Marisco, el	
Mascota, la	
Máster, el	
Matemáticas, las	
Material, el (de apoyo)	
Matrícula, la	
Matricularse	
Matrimonio, el	
Maya	
Mayor	
Medicamento, el	
Medioambiente, el	
Mediodía, el	
Medir	
Mejor	
Memorizar	
Mencionar	
¡Menos mal!	
Menú, el	
Mercado, el	
Merendar	
Merienda, la	
Merluza, la	
Mesa, la	
Mesero/a, el/la	
Meseta, la	
Mesilla, la	
Metal, el	

	En mi lengua
Metodología, la	
Metro, el	
Microondas, el	
Mientras	
Mineral, el	
Minoritario/a	
Mirador, el	
Misión, la	
Mismo/a	
Mixto/a	
Mochila, la	
Modernista	
Moderno/a	
Molestar	
Mono, el	
Montaña, la	
Montón, un	
Monumento, el	
Morir	
Mosaico, el	
Motivo, el	
Móvil, el	
Mueble, el	
Mundial	
Mundo, el	
Muralla, la	
Museo, el	
¡Muy bien!	

N

	En mi lengua
Nacer	
Nacionalidad, la	
Naranja, la	
Nariz, la	
Nativo/a, el/la	
Natural	
Naturaleza, la	
Navegador, el	
Navegar	
Necesario/a	
Necesidad, la	
Necesitado/a, el/la	
Negativo/a	
Negocio, el	
Nervioso/a	
Nevar	
Nevera, la	
Niebla, la	
Nieto/a, el/la	
Nieve, la	
¡No me digas!	
Noche, la	
Nochevieja, la	
Nombre, el	
Norte, el	
Nota, la (de un examen)	
Notar	
Noticia, la	
Novela, la	
Novio/a, el/la	
Nube, la	
Nublado/a	
Nunca	
Nutria, la	

O

	En mi lengua
Objetivo, el	
Obligación, la	
Océano, el	
Oeste, el	
Oferta, la	
Oficina, la	
Ofrecer	
Oído, el	
Ojalá	
Ojo, el	
Oportunidad, la	
Opinión, la	
Orden, la	
Ordenador, el	
Oreja, la	
Orgánico/a	
Organización, la	
Organizar	
Orgulloso/a	
Orientación, la	
Oriental	
Origen, el	
Orquesta, la	
Oso hormiguero, el	
Otoño, el	

P

	En mi lengua
Padre, el	
Paella, la	
Pagar	
Página, la	
Página web, la	
Pago, el	
País, el	
Paisaje, el	
Palacio, el	
Pan, el	
Panorama, el	
Pantalla, la	
Papel, el	
Paquete, el	
Parada, la	
(de autobús)	
Paraguas, el	
Paraje, el	
Parar	
Parchís, el	
Pared, la	
Pareja, la	
Parque, el	
(de atracciones)	
Participación, la	
Pasar la aspiradora.	
Pasear	
Paseo, el	
Pasillo, el	
Paso, el	
Pasta, la	
Pastel, el	
Pastilla, la	
Pata, la	
Patata, la	
Paté, el	
Patio, el	

	En mi lengua
Pecho, el	
Pedir	
Pegar (un documento)	
Película, la	
Peligro, el	
Peligroso/a	
Pelo, el	
Pelota, la	
Peluquería, la	
Pena, la	
Península, la	
Periódico, el	
Periodista, el/la	
Periodo, el	
Permiso, el	
Perro/a, el/la	
Personaje, el	
Pescado, el	
Pescar	
Picante	
Picar	
Pie, el	
Piedra, la	
Pimentón, el	
Pimiento, el	
Pinar, el	
Pincho, el	
Pingüino, el	
Pino, el	
Pinza, la	
Piña, la	
Pirámide, la	
Piscina, la	
Piso, el	
Pista, la (de tenis, de pádel...)	
Plancha, a la	
Planeta, el	
Plano/a	
Planta, la	
Plantación, la	
Plástico, el	
Plátano, el	

	En mi lengua
Plato, el	
Plato, el (de comida)	
Playa, la	
Plaza, la	
Pobreza, la	
Política, la	
Pollo, el	
Poncho, el	
Poner	
Poner en marcha	
Poner mala cara	
Portada, la	
Portarse	
Portátil, el	
Postre, el	
Practicar	
Práctico/a	
Preferir	
Premio, el	
Prenda, la	
Preocupado/a	
Preparar	
Prestación, la	
Prestigioso/a	
Primaria, la (educación)	
Primavera, la	
Privacidad, la	
Problema, el	
Producir	
Producto, el	
Profesión, la	
Programa, el	
Prohibir	
Promocionar	
Proporcionar	
Propuesta, la	
Protagonista, el/la	
Protección, la	
Proteger	
Proteína, la	
Proyecto, el	
Público, el	

	En mi lengua
Puerta, la	
Puesto, el	
Pulmón, el	
Pulpo, el	
Punta, la	
Punto, el	
Puntual	
Purificado/a	

Q

¡Qué alivio!	
¡Que aproveche!	
¡Qué me dices!	
Quejarse	
Queso, el	
Quitar el polvo.	
Quizá(s)	

R

Ración, la	
Rana, la	
Rápido/a	
Raro/a	
Ratón, el	
Raza, la	
Razón, la	
Realizar	
Recaudar	
Recepción, la	
Recepcionista, el/la	
Receta, la	
Reciclable	
Reciclado/a	
Reciclaje, el	
Reciclar	
Recoger	
Recogida, la	
Recolectar	
Recomendar	
Recorrer	
Recreativo/a	
Rectangular	
Recto/a	

	En mi lengua
Recuerdo, el	
Recuperar	
Recurso, el (económico/ informático)	
Red social, la	
Reembolso, el	
Refrescante	
Refresco, el	
Refugiado/a, el/la	
Regalar	
Regalo, el	
Registrarse	
Relacionar	
Reloj, el	
Renovable	
Reparación, la	
Reparar	
Reputación, la	
Reserva, la	
Reservar	
Residuo, el	
Respetar	
Respeto, el	
Respirar	
Responsabilidad, la	
Restaurante, el	
Reutilizar	
Ridículo/a	
Rincón, el	
Ritmo, el	
Roca, la	
Rogar	
Rojo/a	
Rondador, el	
Ropa de abrigo, la	
Rostro, el	
Rueda, la	
Ruido, el	
Ruidoso/a	
Ruina, la	
Ruta, la	

S

	En mi lengua
Sábana, la	
Safari, el	
Sagrado/a	
Sal, la	
Sala, la (de conferencias)	
Salmón, el	
Salón, el	
Salud, la	
Saludable	
Saludar	
Sanitario/a	
Sano/a	
Sardina, la	
Satisfecho/a	
Sección, la	
Seco/a	
Secretaría, la	
Secundaria, la (educación)	
Sed, la	
Segunda mano, (ser de)	
Seguro, el	
Selva, la	
Semana, la	
Semanal	
Senderismo, el	
Separar	
Serie, la	
Series de televisión, las	
Serio/a	
Servicio, el	
Servilleta, la	
Siempre	
Sierra, la (ref. a la montaña)	
Siesta, la	
Siglo, el	
Siguiente	
Silla, la	
Sin ánimo de lucro.	
Sitio web, el	
Sociable	
Social	
Sociedad, la	
Sofá, el	
Sol, el	
Solidaridad, la	
Solidario/a	
Solo/a	
Sombrero, el	
Sonreír	
Sopa, la	
Soportar	
Sorprendente	
Sorprender	
Sostenible	
Suave	
Subir (a la red)	
Submarinismo, el	
Suceso, el	
Sucio/a	
Suelo, el	
Suerte, la	
Sufrimiento, el	
Sugerir	
Sumar(se)	
Supermercado, el	
Suplicar	
Sur, el	
Surgir	
Suspender (un examen)	

T

	En mi lengua
Tablero, el	
Taller, el (de coches)	
Tapa, la	
Tapas, las	
Tapón, el	
Tarea, la	
Tarta, la	
Taza, la (del váter)	
Teatro, el	

	En mi lengua
Techo, el	
Teclado, el	
Tejido, el	
Tela, la	
Teléfono, el	
Temperatura, la	
Templado/a	
Temprano	
Tenedor, el	
Tener en cuenta	
Tener ganas de	
Terminar	
Terrestre	
Terror, el	
Tiempo libre, el	
Tienda, la	
Tienda de campaña, la	
Tierra, la	
Tirar	
Titular, el	
Toalla, la	
Tocar	
Tocar (la lotería)	
Tolerante	
Tomar	
Tomar la palabra	
Tomar nota	
Tomate, el	
Tono, el (ref. al color)	
Tormenta, la	
Tortilla, la	
Tortuga, la	
Tos, la	
Toser	
Tostada, la	
Tóxico/a	
Trabajador/a, el/la	
Trabajar	
Trabajo, el	
Tranquilidad, la	
Tranquilo/a	

	En mi lengua
Transbordador, el	
Transparencia, la	
Transporte, el	
Tren, el	
Triangular	
Triángulo, el	
Triste	
Trompeta, la	
Trozo, el	
Tubo, el	
Tuit, el	
Turismo, el	
Turista, el/la	
Tutor/a, el/la	

U

Ubicación	
Urbanización, la	
Urbano/a	
Uso, el	
Usuario/a, el/la	
Útil	

V

Vaqueros, los	
Variado/a	
Vaso, el	
¡Vaya, hombre!	
Vecino/a, el/la	
Vegetariano/a	
Ventilador, el	
Veraniego/a	
Verano, el	
Verde	
Verdura, la	
Vertical	
Vestido, el	
Vestir(se)	
Vez, la	
Viajar	
Viaje, el	
Videojuego, el	
Viento, el	

	En mi lengua
Vinagre, el	
Viñedo, el	
Visión, la	
Visionar	
Visita, la	
Visitar	
Vistas, las	
Vivienda, la	
Volcán, el	
Voleibol, el	
Voluntariado, el	
Voluntario/a (en un trabajo)	
Volver	
Vómito, el	
Vuelo, el	

Y

Ya	
Yoga, el	
Yogur, el	

Z

Zanahoria, la	
Zapatilla, la	
Zapato, el	
Zona, la	
Zoo, el	
Zumo, el	
Zurdo/a	

Créditos fotográficos

UNIDAD 1: Nos presentamos

Pág. 5: Restaurante: Magdalena Paluchowska, Shutterstock.com; Samsung: ricochet64, Shutterstock.com; Tienda: Sorbis, Shutterstock.com; **Pág. 10:** Zócalo, México: Vincent St. Thomas, Shutterstock.com.

UNIDAD 2: Mi casa, mi barrio

Pág. 15: BCN: J2R, Shutterstock.com; **Págs. 22-23:** BCN: nito, Shutterstock.com; Teatro Liceo: Iakov Filimonov, Shutterstock.com; La Boquería: Kaesler Media, Shutterstock.com; Mosaico Joan Miró: Fotokon, Shutterstock.com; Casa de los Paraguas: nito, Shutterstock.com; Fuente de Canaletas: Giorgiolo, Shutterstock.com; Farmacia Nadal: joan_bautista, Shutterstock.com.

UNIDAD 3: Vamos de viaje

Pág. 27: Metro Argentina: tateyama, Shutterstock.com; Bus EMT: Tupungato, Shutterstock.com; **Págs. 28-29:** Museo Nacional de Bellas Artes, Argentina: photosil, Shutterstock.com; Casa Rosada, Argentina: Angelo D'Amico, Shutterstock. com; Museo Teotihuacán: Fabio Imhoff, Shutterstock.com; **Pág. 32:** Guatemala: Lucy Brown - loca4motion, Shutterstock.com; **Págs. 34-35:** Plaza Garibaldi: NadyaRa, Shutterstock.com; Ciclotaxi: Byelikova Oksana, Shutterstock.com; **Pág. 36:** Cudillero: Natursports, Shutterstock. com; Barcelona: TTstudio, Shutterstock.com

UNIDAD 4: En familia

Pág. 39: Pau Gasol: Marcos Mesa Sam Wordley, Shutterstock.com; Javier Bardem: Featureflash Photo Agency, Shutterstock.com; Shakira: Kathy Hutchins, Shutterstock. com; Penélope Cruz: Tinseltown, Shutterstock.com; Isabel Allende: Markus Wissmann, Shutterstock.com; Rafael Nadal: Leonard Zhukovsky, Shutterstock.com; **Págs. 46-47:** Familia Obama: Everett Collection, Shutterstock.com; Lady Gaga: JStone, Shutterstock.com; Renée Zellweger: Everett Collection, Shutterstock.com; Zapato de Manolo Blahnik: Anrephoto, Shutterstock.com; Tienda de Custo Barcelona en la Diagonal (Barcelona): J2R, Shutterstock.com; Narciso Rodríguez: Everett Collection, Shutterstock.com; Carolina Herrera: s_bukley, Shutterstock.com; Custo Dalmau: Ovidiu Hrubaru, Shutterstock. com; Manolo Blahnik: Featureflash Photo Agency, Shutterstock.com.

UNIDAD 6: ¡Me encanta!

Pág.62: Bar de tapas (San Sebastián, España): Matyas Rehak, Shutterstock.com; **Pág. 63:** Mercado de San Miguel: Maks Ershov, Shutterstock.com; Central Golden Hall, Vinnitsa, Ucrania: bondvit, Shutterstock.com; Museo del Prado: Joseph Sohm, Shutterstock.com; **Págs. 64-65:** Museo Guggenheim: Melanie Lemahieu, Shutterstock.com; Jazz: Christian Bertrand, Shutterstock.com; San Mamés: imagestockdesign, Shutterstock.com; Parque de Doña Casilda: Jon Chica, Shutterstock.com; Puente colgante de Vizcaya: Karol Kozlowski, Shutterstock.com; Teatro Arriaga: nito, Shutterstock.com; **Pág. 66:** Juegos de mesa: AS photo studio, Shutterstock.com.

UNIDAD 7: Buenas intenciones

Pág. 78: Festival de música: Melanie Lemahieu, Shutterstock.com

UNIDAD 9: ¡Vaya día!

Pág. 108: Librería: DrimaFilm, Shutterstock.com.

UNIDAD 10: Estamos de fiesta

Pág. 115: Volkswagen Morado: Jarretera, Shutterstock.com; Coches de colores en La Habana: akturer, Shutterstock.com. **Pág. 121:** Móviles: Cineberg, Shutterstock. com.

UNIDAD 11: Viajes con encanto

Pág. 124: Guía de Frankfurt: anurakss, Shutterstock.com; **Pág. 125:** Barco: Leonard Zhukovsky, Shutterstock.com. **Pág. 128:** Casas Colgadas: Igor Plotnikov, Shutterstock. com.

UNIDAD 13: Vivencias

Pág. 147: Chavela Vargas: miguelca, Shutterstock.com; Retrato de Dalí: De Carl van Vechten - Van Vechten Collection at Library of Congress, dominio público, https://commons.wikimedia.org/w/index.php?curid=1316978; Sala Mae West, Teatro-Museo Dalí: Photo_Traveller, Shutterstock.com. **Pág. 152:** Retrato de Salvador Dalí hecho por García Lorca: De Federico García Lorca - https://sancheztaffurarquitecto.wordpress.com/2014/02/11/resena-federico-garcia-lorca-recopilacion-6-dibujos/garcia-lorca-retrato-de-salvador-dali-1927/, dominio público, https://commons.wikimedia.org/w/index.php?curid=54673482; Dalí en la década de 1960: De Roger Higgins, World Telegram staff photographer - Esta imagen está disponible en la División de Impresiones y Fotografías de la Biblioteca del Congreso de los Estados Unidos, dominio público, https://commons.wikimedia.org/w/index.php?curid=1304063.

Pág. 154: La Bodeguita del Medio: Adwo, Shutterstock.com; Calle de La Habana: Maurizio De Mattei, Shutterstock.com; Bailando salsa en La Habana: Lesinka372, Shutterstock.com; Turistas en La Bodeguita del Medio: Salvador Aznar, Shutterstock.com. **Pág. 155:** Habana Vieja: Kamira, Shutterstock.com; Cocotaxi: Rostislav Ageev, Shutterstock.com; Paladar: Lesinka372, Shutterstock.com.

UNIDAD 14: ¿Cómo era antes?

Pág. 160: Boda real: Hans Christiansson, Shutterstock.com; Carrera: Stefan Holm, Shutterstock.com. **Pág. 167:** Sagrada Familia: Mapics, Shutterstock.com; Museo Guggenheim: Matyas Rehak, Shutterstock.com; Ciudad de las Artes y las Ciencias: FCG, Shutterstock.com.

UNIDAD 15: Dentro de 50 años

Pág. 171: Bicicletas recicladas: por cortesía de http://supercheria.es/blog/reciclaje-upcycling/. **Pág. 173:** Mercadillo: Paul McKinnon, Shutterstock.com. **Pág. 178:** Kursaal: Alberto Loyo, Shutterstock.com; Anahí Berneri: Jorge Fuembuena, por cortesía del Festival de San Sebastián. **Pág. 179:** Foto premiados 65.ª edición: Montse Castillo, por cortesía del Festival de San Sebastián; Penélope Cruz y Javier Bardem: Pablo Gómez, por cortesía del Festival de San Sebastián; El Kursaal en cifras: Ulises Proust, por cortesía del Festival de San Sebastián.

UNIDAD 16: En línea

Pág. 183: Paneles publicitarios: Lissandra Melo, Shutterstock.com; Móvil Instagram: PixieMe, Shutterstock.com. **Pág. 188:** Amazon: Sundry Photography, Shutterstock.com; eBay: StockStudio, Shutterstock.com; Zalando: Ulf Wittrock, Shutterstock.com. **Pág. 190:** Televisores antiguos: Take Photo, Shutterstock. com; Cartel original de la Copa Mundial de Fútbol 82: https://www.pinterest.es/pin/340866265541140423/; Danone: Casimiro PT, Shutterstock.com; Simca 1000: Sibuet Benjamin, Shutterstock. com; Logo ColaCao: ColaCao (Idilia Foods) - https://www.colacao.es/, dominio público, https://upload.wikimedia.org/wikipedia/commons/f/f1/Cola_Cao_Logo.png. **Pág. 191:** Bolígrafos Bic: Vangelis_Vassalakis, Shutterstock. com; Logo de Nocilla: Marca Nocilla - http://www.brandemia.org/nocilla-redisena-su-logo-y-su-envase-en-una-vuelta-a-sus-origenes/, dominio público, https://upload.wikimedia.org/wikipedia/commons/1/16/Logo_de_Nocilla.jpg; Tapón de la Casera: Pepe Martorell - Trabajo propio, CC BY-SA 4.0, https://commons.wikimedia.org/w/index.php?curid=10380334; Modelo de Adolfo Domínguez: catwalker, Shutterstock.com.

UNIDAD 17: Compartir espacios

Pág. 202: Gloria Estefan: s_bukley, Shutterstock.com. **Pág. 203:** Juan Luis Guerra: Miguel Campos, Shutterstock.com; Chavela Vargas: Miguel Campos, Shutterstock.com; Julieta Venegas: Kathy Hutchins, Shutterstock.com; Marc Anthony: Everett Collection, Shutterstock.com; Ricky Martin: Everett Collection, Shutterstock.com; Shakira: DFree, Shutterstock.com.

UNIDAD 18: Un poco de educación

Pág. 215: Universidad de México: csp, Shutterstock.com; Estudiantes, Perú: meunierd, Shutterstock.com.

UNIDAD 19: ¿Para qué sirve?

Pág. 219: Sinclair Spectrum: Roman Belogorodov, Shutterstock.com; PlayStation: charnsitr, Shutterstock.com. **Pág. 226:** Estación de Chamberí: Giron Photography, Shutterstock.com. **Pág. 227:** Restaurante Botín: Eric Crama, Shutterstock.com.

UNIDAD 20: ¿Para qué sirve?

Pág. 233: Refugiados: Janossy Gergely, Shutterstock.com; Inmigrantes en Grecia: Ververidis Vasilis, Shutterstock.com. **Pág. 238:** Tienda de comercio justo: Martien van Gaalen, Shutterstock.com.**Pág. 239:** Granja de seda natural: JoanneJean, Shutterstock.com

UNIDAD 21: ¡Súmate!

Pág. 245: Deforestación: Rich Carey, Shutterstock.com; Inundación: Asianet-Pakistan, Shutterstock.com. **Pág. 249:** Parque de atracciones: Evgeny Kuzhilev, Shutterstock. com. **Pág. 250:** Turismo en masa: Flystock, Shutterstock.com; Inundación: AJP, Shutterstock.com.

UNIDAD 22: Rebobinamos

Pág. 208: Teléfono móvil: Wachiwit, Shutterstock.com. **Pág. 215:** Mariachis: Kobby Dagan, Shutterstock.com; Gloria Estefan: Jaguar PS, Shutterstock.com.

Apéndice: Pronunciación y ortografía

Pág. 221: Flamenco: Krzyzak, Shutterstock.com